JN087152

Political Economy of the Financial Crises in Japan and the U.S.
7 Lessons from Government Bailouts in the 1990s-2000s

日米金融危機の政治経済学

平成金融危機 & リーマン・ショック **7**つの教訓

参議院議員
滝波宏文 [著]
Takinami Hirofumi

中央経済社

序文 「災い転じて福となす」――本書に至る経緯と含意

経緯――コロナ禍を超えて：再びあるか，経済大国第２位での金融危機

「災い転じて福となす」

危機時に当たり，苦しい中でも前向きに進もうとする人々の心を後押しして
くれる，昔からの箴言，ことわざです。今般，その言葉に導かれ，ようやく完
成に至った本書――筆者の博士論文である瀧波[1]（2021）：「1990年代-2000年代
の日米金融危機における公的資金投入の政治経済学的分析（Political Economy
Analysis of Government Bailouts during the 1990s-2000s Financial Crises of
Japan and the U.S.A.)」に，序文・あとがきを中心に加筆し，読みやすさの観
点から修正を加えたもの――を，世に問いたいと思います。

上記からも分かるように，本書は，日米金融危機における公的資金投入を扱
うものです。具体的には，その政治的・経済的・社会的なインパクトの大きさ
から，いまだ多くの方々の記憶に印象深く残っているであろう，いわゆる「平
成金融危機」と「リーマン・ショック」との政治経済学[2]的な比較分析です。

日本が経済大国第２位の地位を中国に奪われたのは2010年。2008年のリーマ
ン・ショック時には日本はいまだ米国に次ぐGDPであったわけであり，本書
が取り扱う日米金融危機とは，世界二大経済大国における危機でした。――現
在，中国では，大手不動産開発会社である恒大集団の経営不安が，金融危機の
トリガーになるのではないかとの懸念が渦巻いています。「中国では不動産バ
ブルははじけないという『神話』がある[3]」は，まさに我が国が，いつか来た

---

1 戸籍上，筆者の氏名の１字目は，旧字体の「瀧」であるが，政治活動には――初出馬時に党
本部から有権者に書いてもらうのが難しいであろうとの示唆を受け――新字体の「滝」を使って
いる。アカデミアの世界では以前より，戸籍上の「瀧」を使用しているので，博士論文自体は旧
字体で著したが，本書については政治活動にも関わるので，「滝」の字を使用している。
2 本来的に多義的な学際分野であるが，本研究においては「経済政策の策定過程を政治学ある
いは社会科学一般に関連付けて論じる」（戸矢哲朗（2003），『金融ビッグバンの政治経済学―金
融と公共政策策定における制度変化』，東洋経済新報社，xiii頁）ことを指す。
3 「中国恒大集団トップの実像」，『朝日新聞』，2021年10月27日。

道のように見えます。──再びあるか，経済大国第2位での金融危機……今こ
そ，1990年代-2000年代における日米金融危機の教訓を振り返る意義があるの
ではないでしょうか。

　一方，本書は，直近の世界的経済危機であるコロナ危機（新型コロナ・ウイ
ルス（COVID-19）のパンデミックとそれに伴う経済危機）とは，学術上，直
接関係するものではありません。しかし，筆者個人が博士論文を仕上げ本書を
上梓するにあたっては，実はコロナ危機が大きなきっかけとなりました。

　それは，参議院議員を務める筆者の，中央そして地元における活動両面にわ
たるものでありました。

　まず，コロナ危機が始まった2020年の当初から，「リーマン超えの危機」に
なると言われたことを受け，本研究の中心的結論の1つである"（危機時には）
「資本注入」が鍵"との考えに基づき，党本部でも訴え，自民党「企業等への
資本性資金の供給PT（プロジェクト・チーム）」のメンバーとして同年5月18
日の提言の取りまとめに参画しました[4]。同提言は，令和2年度（2020年度）
第2次補正予算及び関連法に盛り込まれた，地域金融機関への資本注入等を用
意する金融機能強化法の延長と資金枠の拡大（12兆円→15兆円）や，地方の中
堅・中小企業への資本注入機能を用意するREVIC[5]（地域経済活性化支援機構）
法の延長，そして，日本政策投資銀行・日本政策金融公庫・商工組合中央金庫
等による優先株・劣後ローンの提供につながりました。その結果，──積極的
な財政政策及び金融（マネタリー）政策と相まって──，当時懸念された，
『問題化した企業』[6]の破綻により経済の底抜けが起き下方スパイラルが生じる

4　「たきなみ（滝波）宏文」Facebookページ2020年3月29日投稿【コロナ経済危機対策 〜過去
　　の経済危機を踏まえて】
　　<https://www.facebook.com/hirofumi.takinami/posts/3124554217564202（2021年6月18日現在）>，
　　同2020年5月25日投稿【緊急事態宣言全面解除／資本性資金供給PT参加・提言／新しい生活様
　　式】参照。

5　Regional Economy Vitalization Corporation of Japan。2010年に日本でのリーマン・ショック
　　の非金融的な影響への危機対応として行われた，資本注入を含むJAL救済を行った「企業再生支
　　援機構」の後身。

6　『問題化した企業／金融機関等』は，本研究の分析枠組み（「『問題化した金融機関』のバラン
　　スシートを通じた分析」）及び中心的結論につながる重要なコンセプトであるため，特に『 』を
　　使って括っている。

というような事態は，現在のところ回避されています。

　この中央でのコロナ対策としての政策立案活動の一方，地元では，平時であれば週末福井県内あちこちで開催され，地元選出国会議員として次から次へと出席をしていた各種の式典が，コロナ禍で一斉に中止となりました。そもそも緊急事態宣言で地元への移動もできない時期もあり，懇親会等の停止と併せて，議員活動上，誠に稀有なことに，足を止めて沈思黙考できるまとまった時間が生じました[7]。

　筆者はかねてより，学術的な中長期にわたる視座に基づき，政策立案・実施が進められるべきであるとの考えを有しており，選挙に出馬する直前に著した，博士論文の前段階である瀧波（2012）[8]において大枠を描いていた本研究を，何とかいつか完成させたいとは思っていました。しかしながら，息つく暇のない議員活動の中で，この長年の課題達成は，正直，風前の灯火となりかけていた。——そこに降って沸いたコロナ禍です。今回，経済危機対応として実際の政策立案にも生きたこの研究を，冒頭の「災い転じて福となす」として，改めて発奮して完成に至ることができ，誠にホッとしています。

　この間，2021年7月12日早稲田大学大学院アジア太平洋研究科の教授会にてご出席者全員の賛同で博士論文の合格をいただくに至るまで，多くの方々のご助力をいただきました。新旧指導教官の北村歳治先生・篠原初枝先生や，フィ

7　あまり知られていないと思うが，国会議員は，一般に月曜から金曜は東京にて，少なくとも自民党においては朝8時前後にスタートする党本部の部会（経産部会など各省別が多い）での議論を皮切りに，衆参の本会議・委員会そして議員連盟等の会合に次々に出席して質疑等を重ね（同じ時間帯に幾つかの会合を梯子することもしばしばである），その合間に地元からの要望や役所からの説明等を受け，夜も懇親会を数階建てで顔を出して，遅くに一日を終わるという「分刻み」のスケジュールを日々こなしている。
　　週末は，概ね，金曜に地元に移動し，先述の各種式典の合間に，支援者や首長・地方議員等の元を訪ね，街頭演説やビラ配りをするなど，寸暇を惜しんで「地元回り」をした上で，月曜に上京をする。
　　それをサポートしてくれる秘書・スタッフが数名ずつ地元と東京の事務所にそれぞれ居るので，いわば地方本社と東京支社を，社長が毎週行き来する「小規模事業主」のビジネスモデルと言えよう。
　　全ての国会議員が手を抜いていないとは言わないが，私含め大抵の国会議員は通常このようなハード・スケジュールの日々を過ごしているものと認識している。
8　瀧波宏文（2012），「日米金融危機対応における公的資金投入—米国は日本から学んだのか—」，『アジア太平洋研究科論集』，早稲田大学大学院アジア太平洋研究科，24号（2012年10月），1-22頁。

リップ・リプシー先生はじめスタンフォード大学のご縁で支えていただいた皆様，そして，インタビューを受けていただき本研究を通じて初めてお会いした安倍晋三元総理……その詳細は，「あとがき」にて記しますが，それらの皆様との出会いなくして，本研究の完成はあり得ませんでした。

含意——3つの観点からのメッセージ

　さて，序文においては，本著に至る経緯の話はここまでとして，ここで本研究の「含意」について触れたいと思います。

　若干読みやすくしてあるものの，博士論文をベースとしている第1章〜終章は，「金融危機対応」に焦点を絞った「学術的」内容ですが，ここで，金融危機対応以外を含めた，そして，学術的制約を超えた——政治的メッセージと呼んでも構いませんが，あくまで同論文を根拠とする——本研究の広い「含意」を，政治経済学／公的資金投入／国際比較分析という観点で，以下それぞれ示したいと思います。（これらは，第2章において先行研究の整理に用いる3つの視点に対応するものです。）

⑴　政治経済学の観点からの含意：「正解」たる政策は，必ずしも人気政策ではない

　まず，政治経済学の観点での，本論文の含意・メッセージを示せば，「『正解』たる政策は，必ずしも人気政策ではない」ということです。

　ここで政策における「正解」とは何かをあえて定義すれば，「将来振り返って，あの時あの政策選択をしたおかげで，現在の繁栄があると言い得る，その政策」でしょう。換言すれば，「歴史の検証に耐える」政策ということです。（第2章第4節第3項の「公益」についての議論参照。）

　本研究が導き出した結論は，日米金融危機（平成金融危機＆リーマン・ショック）のような著しく深刻な金融危機において，対応政策の「正解」は，（厳しい検査・資産査定付き）「資本注入」という公的資金投入でしたが，その不人気さは，日米金融危機に共通して第3章で詳述するとおりです。残念ながら，日本金融危機時の長銀・日債銀「国有化」のように，「公衆[9]」受けの良い

政策に走ってしまえば，経済停滞をもたらしかねないことも，十分にありま
す[10]。当然のことですが，「公衆」の多くが選好する政策が，歴史の検証に耐え
る「正解」たる政策となるとは限りません。「賢い」民主主義とは何かを常に
考えなければならないし，とりわけ危機時にはそうでしょう。

　もちろん日米のように先進民主主義国家においては，一般に「公益政治[11]」
環境下にあるであろうことが想定され，「公衆」に不人気な政策選択を行うこ
とは容易ではありません。第1章第2節第2項で説明するように，本研究にお
いて「先進」とは，「公衆」が，より民主的に政策決定に大きく影響を与えて
おり，かつ，高度に産業化された環境においてより広い経済活動の自由を得て
いるという意味で，政治的かつ経済的に先進的，との趣旨です。

　ここで「先進」という表現自体に表れているように，筆者としてこのような
先進性を評価するのはもちろんです。一方で，留意すべきは，（「利益集団政
治[12]」に対し）「公益政治」が常に「正解」を導ける，というわけではないとい
うことです。とりわけ，「公益」をめぐるバイアスの可能性，すなわち，客観
的な「公益」（公衆にとっての客観的な社会的・経済的な利益の総計）と「公
衆の支持」（公衆からの主観的な支持）には，ずれがあり得るということを忘
れてはならないでしょう。特に，「メディアによる公衆支持の形成・解釈」機
能，つまり，「公衆」が何を支持しているかの解釈を主に「メディア」が務め，
そして，「メディア」が「公衆」の意見を単に鏡として映すだけでなく，時に

9　本書においては，戸矢（2003）に倣い「組織されない」国民を指すものとして，「公衆」との
　用語を用いる（同書xii頁参照）。これは，同書が提示する「公益政治」の概念を本書が発展的に
　使用することを踏まえたものである。また，単に「国民」とすることは，政治過程における別の
　アクターとして本書で捉える「企業・利益集団」「政治家」「官僚」等も，基本的に国民によって
　構成されていることを，揺るがせにすると考えるからである。

10　「資本注入」と「国有化」の違いなど詳細については，第2章第4節第2項（分析枠組み　そ
　の1：『『問題化した金融機関』のバランス・シートを通じた分析）参照。

11　政治過程において，公衆の支持が重要化し，国家アクター（政治家と官僚）が，利益集団の
　圧力から独立して行動する政治。戸矢（2003），前掲は，金融ビッグバン・1998年金融国会を含
　む1995年以降の日本の金融政治において，公衆の支持を獲得するという目的のため「公益政治」
　が支配的となったことを示している。第2章第2節第3項参照。

12　国家アクター（政治家と官僚）と利益集団との，財・サービスの交換に基づく政治。戸矢（2003）
　が，「公益政治」と対比して使用する概念であり，本研究では，この戸矢（2003）の整理を基礎
　として修正・発展させた，「『公益政治』における国家・社会アクターによる『自己存続』モデル」
　を分析枠組みの1つとしている。第2章第2節第3項及び同第4節第3項参照。

主体的にそれを主導することに十分な注意が必要でしょう[13]。安易にポピュリ
ズムに流されることなく、国・社会として「正解」たる経済政策に辿り着くた
め、とりわけ「公益政治」環境下で強力な影響力を発揮する「メディア」にも、
『オピニオン・リーダー』[14]の一員として、その責任の一端を負ってもらえれ
ば……と思います。

　さもなくば、将来の繁栄に辿り着けず、困るのはその国・社会全体です。こ
の一例が、正に本論文の示す日米金融危機における彼我の差でしょう。すなわ
ち、当時多くの日本の「メディア」が求めた「国有化」（長銀・日債銀）は、
本論文で詳述したように、失敗と見受けられるものとなっている一方、反対し
ていた「資本注入」等の救済的な公的資金投入は、リーマン・ショックを超え
た今では、金融危機時の適切な対応であるとの世界的な認識が広がっています。

　もし日本が米国のように国有化無しに日本金融危機に対応できていたら、
「失われた10年」にならなかったのではないかと夢想してしまうほど、米国金
融危機からの脱却は、十分に評価し得るものであったし、その米国の対応は一
つの「正解」を示すものであったと言えるでしょう。そして、この両国の危機
対応の差こそが、平成の約30年間で比べた場合、日本のGDPが約1.6倍に留まっ
たのに対し、米国は約3.5倍にまで到達[15]した大きな一因と言い得るのではな
いでしょうか。

　このような「ポピュリズムとの闘い」は、当然日本だけの問題ではなく、過
去のものでもありません。「公衆」への人気度合いも考慮したのでしょう、米
国における金融危機の再発防止を目的に作られた米国のドッド・フランク法は、
AIG救済時に採られた方法などFRB[16]による特定の救済を含め、政府による
金融機関の救済を禁止しています[17]。また、オバマ大統領も同法署名の際、「ア

13　第2章第4節第3項（分析枠組み　その2：「公益政治」における国家・社会アクターによる「自
　　己存続」モデル）参照。
14　本書では、政治過程の分析にあたり、「政治家」、「官僚」、「企業・利益集団」、「メディア」及
　　び「公衆」を、個別アクターとして捉えているが、これらのグルーピング（例、『オピニオンリー
　　ダー』：「公衆」以外の全てのアクターの総称）については、特に『　』を使って括っている。詳
　　細は第2章第4節第3項参照。
15　経済産業省（2019）、「グローカル成長戦略　〜地方の成長なくして、日本の成長なし〜」、
　　2019年5月15日、1頁。
　　<https://www.meti.go.jp/press/2019/05/20190515003/20190515003-2.pdf（2021年1月10日現在）>。

メリカ国民は二度とウォール街の過ちのしりぬぐいをさせられることはない。今後納税者の資金を使った救済はいっさい行わない」と宣言しました[18]。しかし，実際には米国も将来また金融危機に入ったら，救済（Bailout），すなわち，救済的な公的資金投入なしで行くことは難しいでしょう。日米金融危機の経験からすると，そのままでは，日本の平成金融危機における長期経済停滞という失敗の「二の舞」になりかねないからです[19]。

　ここで，金融危機対応における公的資金投入のように，不人気政策ではあっても，「将来振り返って，あの時あの政策選択をしたおかげで，現在の繁栄があると言い得る」政策，即ち，「歴史の検証に耐える」政策として，なさねばならないものに，原子力を含む現実的で責任あるエネルギー政策があるということを申し上げておきます。

　筆者は，東日本大震災を大きな1つのきっかけに財務省を辞して出馬をし，当選後は，世界でも最大級の原子力集積地であるふるさと福井県選出の国会議員として，エネルギー分野を最大の旗印としています。実はその背景には，本論文が示す，平成金融危機における公的資金投入の遅れによる我が国の長期経済停滞（とこれとは対照的な，リーマン・ショックでの迅速な公的資金投入による米国の危機からの早期脱却）への反省があります。その原子力を含むエネルギー政策についての筆者の考えについては，ここで書き切れるものではなく，本書のテーマとも外れるため，稿を改めたいと思います。

　しかし，強く申し上げたいのは，人気がなくてもなさねばならない政策はあり，逆に，耳当たりの良い政策が国・社会の繁栄につながるとは限らないことに，令和の今，我々日本人は気付かねばならない，ということです。

16　米国の中央銀行。直接はFederal Reserve Board（連邦準備制度理事会）の訳であるが，本書では，（多くの日本の金融関係の著作・記事同様に）理事会そのものだけでなく，その下に統括される各地区の連邦準備銀行（ニューヨーク連銀など）を含めた米国連邦準備制度全般を指すものとする。

17　Anat Admati and Martin Hellwig (2013), *The Bankers' New Clothes: What's Wrong With Banking and What to Do About It*. Princeton University Press. p. 138。

18　前掲書，187頁。

19　なお，bail-in（株主，そして預金者など債権者による損失負担）の議論について，第4章第5節参照。

　なお，「公衆」との関係において，米国が，米国金融危機時において，「日銀特融」に当たる形でFRBからAIGへ資本注入するなど，初期段階に「中央銀行からの拠出」によって公的資金投入を実施し，その後に，比較的「公衆」の影響を受けやすい「政治家」の集合体である，議会の了解を必要とする「税金原資」による公的資金投入に移行したことは，注目に値します。「公衆」に不人気な公的資金投入の実行にあたって，結果的に，巧みなステップを経たとも見得るからです。この点，日本金融危機において，日銀がそういった救済的な公的資金投入に踏み込まなかったことと比較して，今後の検証・研究の対象となるでしょう。

　この点，金融危機の初期段階における「中央銀行からの拠出」による公的資金投入の重要性を，新たな日米金融危機からの「教訓」と見ることもできるでしょうが，本論文においては，非伝統的な量的緩和の効果を含め，中央銀行の政策の是非について深く立ち入ることは控えています。とりわけ，本研究は，星＆カシャップ（2010）[20]に依拠しつつその修正を図っており，そこから大きく離れて，同論文の示す8教訓には出てきていない中央銀行に特化した教訓を打ち立てることには，慎重であるべきと考えたからです。

　もちろん，2000年代の日本に始まり，欧米にも拡大・深化した量的緩和[21]や，それが支えているとも見える，2010年代の米国等の金融界の再生や新型コロナ・ウイルス感染拡大下における（ある種「異様」な）世界的株価の好調など，中央銀行の政策とその効果については，本研究からも興味深い論点が多くありますが，それらについて論じることは他に譲ります。

⑵　公的資金投入の観点からの含意：一般的な政策ツール化と拡張

　次に2つ目，公的資金投入について――とりわけ「資本注入」の関係で――，含意・メッセージを示します。

20　Takeo Hoshi and Anil K. Kashyap（2010），"Will the U.S. bank recapitalization succeed? Eight lessons from Japan"，*Journal of Financial Economics*．Vol. 97（3）．pp. 398-417.
　　以下，本研究において，本文では外国の著者はカタカナで表記する。
　　一方，注や参考文献等では，日本語版を引く時は日本語の表記と頁数など（例，ラインハート＆ロゴフ（2011），10頁），英語版を引用する時は英語の表記と頁数など（例，Kindleberger and Aliber（2015），p. 20）を使用する。
21　第4章第2節第8項のQE1についての脚注参照。

　今，世界ではリーマン・ショック──国際的には“GFC”(Global Financial Crisis：世界金融危機) と呼ばれます──は遠くなり，新型コロナ・ウイルスの感染拡大という別種の危機を迎えました。防疫・医療体制の立て直しについては本論文の大きく枠外ですが，コロナ対策に伴う経済活動の停滞に対しては，本研究の含意・示唆が大いにあります。

　すなわち，コロナ経済危機の当初から言われた「リーマン超え」の著しく深刻な経済危機であるなら，──先に本書に至る「経緯」でも若干触れましたが，──本研究の「中心的結論」の1つである「日米金融危機のような著しく深刻な金融危機において，問題は『資産』サイドではなく，『資本』サイドである。すなわち，『不良資産買取り』ではなく，『資本注入』が鍵である」が生きてきます。（第4章第5節参照。）

　実際，今回のコロナ経済危機対応として，日本の政府・与党は，資本性資金の供給に意を払い，例えば，令和2年度（2020年度）第2次補正予算関連法案として，──上述のように私自身も企画立案に参画し──地域金融機関への資本注入等を用意する金融機能強化法の延長と資金枠の拡大や，地方の中堅・中小企業への資本注入機能を用意する地域経済活性化支援機構法の延長等を行っています。

　重要なのは，当該危機において，いかなる企業が「経済の底抜けを起こしている／起こしつつある穴そのものであり，当該危機の深刻さを代表するものとして考え得る」のか，すなわち，『問題化した企業』とは何か，です。ここでまさに，本論文の分析枠組みの「『問題化した金融機関』のバランス・シートを通じた分析」が，全ての企業でバランス・シートは使用されるため，（もちろん「金融機関」を「企業」と読み替えて，）援用可能です。

　過去の危機において，この『問題化した企業』は，例えば，日本でのリーマン・ショックの影響時のJAL，東日本大震災時の東京電力をはじめとする電力会社などが該当します。これらは日本金融危機時の主要金融機関と同様，日本経済に不可欠な「全国レベル」の大企業です。しかし，今回のコロナ経済危機は，需要蒸発と言われるように，経済の底抜けリスクが広範にあり得ることに注意せねばならず，そのような日本経済全体を守るために支えねばならない

「全国レベル」の大企業に加えて，地域経済を守るために支えなければならない「地方の中堅・中小企業」，そして，資本不足により貸し渋り等の波及を起こさせないように支えねばならない「地域金融機関」にも，いざという時に資本注入の備えが必要ではないか——上記の法改正は，この考えを踏まえたものと言え，他にも，日本政策投資銀行（政投銀），商工組合中央金庫（商工中金），日本政策金融公庫（日本公庫）といった政府系金融機関が，優先株取得や劣後ローン貸出しなど，資本性資金の供給をしています。これにより，実際に，ANAへの劣後ローン提供等が行われています。

　この点，資本注入を中心とした公的資金投入が，次第に「一般的な政策ツール（手段）」化してきていると指摘できます。日本金融危機（平成金融危機）時の公的資金投入へのアレルギーを考えると，「隔世の感」がありますが，やはりリーマン・ショック対応を通じ，危機時に有効な政策として公的資金投入がそれなりに人口に膾炙してきたものと考えられ，歓迎したいと思います。

　しばしば「民主主義には時間がかかる」と言われますが，同質の先例によって，「正解」であろう対応策を『オピニオン・リーダー』達が知り，それを「公衆」に説いて納得させるという，先例からの「学習」があってこそ，民主主義国家での効果的な政策成立の可能性が高まります。

　公的資金投入についても，そのような「学習」の面が強いと言えると考えられます。ただし，本書で繰り返し説明するように，本質的に公的資金投入は，不人気政策・イデオロギー的議論惹起・非常的性格などの「特異な性質」を有しており，政策立案者はその導入にあたって注意を怠ってはならないでしょう。

　また，公的資金投入の「対象」も，平成金融危機時には，「金融機関を守るのではない，皆さまの預金を守るのだ」という説明に基づき，（商業）銀行など預金基盤を有する金融機関しか公的資金投入の対象と意識されていませんでした。しかし，米国金融危機（リーマン・ショック）においては，リーマン破綻の翌日に，「保険会社」AIGへの巨額資本注入が実施され，そして，2009年のGM・クライスラーへの出資など自動車産業への公的資金投入と，預金を取扱わない金融機関だけでなく，更に各種産業にまで公的資金投入の対象が広が

りました。(その後，日本でも，電力会社や航空会社といった事業会社に公的資金投入がされたのは，上記のとおりです。)

　この「拡張」も，平成金融危機の当時を知る者には驚きでしょうが，前述したように本論文の分析枠組みの「『問題化した金融機関』のバランス・シートを通じた分析」が，全ての企業に対し援用可能であることから，国家経済（あるいは地域経済）に不可欠な企業であれば，公的資金投入の対象になり得るのは，自然な結果とも言えるでしょう。

　今後も，金融危機だけでなく様々な形での経済危機において，とりわけ「資本注入」は，——当該経済にとって不可欠だがその存続がいわば経済の底抜けを起こしている／起こしつつある「穴」そのものであり，その危機の深刻さ自体を代表する『問題化した企業』について，優先株取得等により同企業の資本を支えて「時間かせぎ」をし，経済の底抜けを防ぐ一方，将来危機を脱し株価が元に戻れば，売却時には取得価格との差で，投入した公的資金以上に政府側にリターンが戻ってくる可能性も見込めるという——「切り札」的な手法として，活用されていくものと思われます。

(3)　国際比較分析の観点からの含意：日本異質論の消失

　3つ目，そして締めくくりに，国際比較分析の観点からの，本論文の含意・メッセージを示します。

　2011年7月の*The Economist*誌は，当時の米オバマ大統領と独メルケル首相が和装で富士山をバックに並ぶ浮世絵のようなイラストで表紙を飾ったことで，大きく耳目を集めました。その内容は，「20年前，日本の経済バブルが弾けた。それ以降，日本のリーダー達は物事を『先延ばし』にし，行動しているフリをしてきた」，「日本の政治家には進路を変更する多くのチャンスがあった。そして，長くそれを避ければ避けるほど，それは難しくなったのである。西側の仲間たちはこの例をもって心に留めておくべきである」とするもので，当時の米国の債務上限問題及び欧州財政危機に面して，政治が決められない欧米の状況を「日本化（Turning Japanese[22]）」と呼び，警鐘を鳴らしたものでした。

　この記事に対して，まず指摘できるのは，本論文による日米金融危機の比較

分析を踏まえれば，日本金融危機における対応は，単に「先延ばし」だけが問題だったのではないということです。「公益政治」下で「公衆」受けも考え金融機関に甘く対応できないという政治的制約の中で，国家による強制的倒産に当たる「国有化」を経済の底で行ってしまい，折角，著しく深刻な金融危機からの脱却の鍵である「資本注入」を行っていたのに，それだけではない「混然としたメッセージ」（mixed message）を市場に送ってしまい，経済の底抜けを起こしている「穴」を十分に塞ぐことができなかったことも，大きな問題でした。

　これは，直接には，本研究のもう1つの「中心的結論」である，「『国有化』は金融危機対応として経済回復を遅らせかねず，むしろ『問題化した金融機関』の債務超過が確定する前に，できる限りスピーディーに十分な『資本注入』を行うべきである」につながるものです。（こちらも，第4章第5節参照。）

　ただ，さらに国際比較分析の観点でより視点を高く捉えれば，この*The Economist*記事では，欧米が「同じ地平線の日本」を見ている，ということに気付きます。つまり，従来指摘されることの多かった「日本異質論[23]」が消え失せています。――「気を付けないと日本のようになってしまう」という論調は，裏を返せば，（反面教師かもしれませんが，）自分達の「先例」としての日本を認めているわけです。

　近年，我が国が「課題先進国」と言われることが多くなっていますが，金融危機対応は，まさにその最初の一例だったのではないでしょうか。先に「民主主義には時間がかかる」との文脈で紹介した，先例によって『オピニオン・リーダー』達が「正解」を知り，「公衆」の納得につながる「学習」の重要性を思い返してください。本書が結論付けた「米国は日本の金融危機対応の経験から大いに『学んだ』」は，――（筆者が前出のリプシー先生と共に共著した）リプシー＆瀧波（2013）[24]において論じた「後発優位の原則」を援用すれば――日本金融危機対応の「先例」こそが，同じく経済大国かつ先進民主主義国

22　"Turning Japanese : The absence of leadership in the West is frightening-and also rather familiar", *The Economist*, July 30, 2011. pp. 7-8.

23　第2章第4節第3項（「『公益政治』における国家・社会アクターによる『自己存続』モデル」）参照。

である米国の金融危機からの早期脱却をもたらした，と換言できます。日本の経験なくして，リーマン・ショック後の今の米国の繁栄はなかった，とも言えましょう。

　そして，上記の「日本異質論の消失」は，実は，我が国の国際戦略上，大きな意味を持ちます。戦後，我が国の目覚ましい高度成長を警戒した米国が仕掛けてきた論調こそが，日本の経済社会システムは欧米と異なり，閉鎖的で不公正で「異質」な資本主義国である，という「日本異質論」であったからです。それが1986年の日米半導体協定，1989～90年の日米構造協議等の理論的バックグラウンドとなり，結果的に日本市場の開放や欧米市場への輸出制限など，政治的・人為的な日本経済へのブレーキとなりました。

　元来，米国は，「No. 2を叩くのが上手い国」です。だからこそ戦後，超大国の地位を維持してきています。すなわち，ソビエト連邦を冷戦で潰し，ライジング・サンの日本を上記の日米構造協議や1985年プラザ合意等で抑え込んだ。いずれも，「あいつらは欧米と違う」と「国際標準」からのズレを糾弾しつつ，です。今，その指弾の先は，2010年に経済大国第2位の地位に就いた中国です。いわゆる新冷戦において，「国家資本主義」・「権威主義的資本主義」という異質論を掲げているのは，今回も同じです。

　ここで，我が国としては，もはや「異質」な国ではなく，欧米と「同じ地平線の日本」であるということの戦略的な価値を認識し，強調すべきであると考えます。もちろん，今では，我が国の資本主義・民主主義は欧米同様のものとなり，中国共産党の下の中国の経済社会システムとは実質的にも大きく異なっています。しかし，アジアのオリエンタルな国として，いつ何時，また異質論で不利を押し付けられるか分からないのが，我が国の地政学的な位置です。その意味でも，本書の示す平成金融危機＆リーマン・ショックの政治過程・経済社会の経緯が，正に「先例」となり得べき「同じ地平線の日本」であることを実

24 Phillip Y. Lipscy and Hirofumi Takinami (2013), "The Politics of Financial Crisis Response in Japan and the United States", *Japanese Journal of Political Science*, Cambridge University Press, Vol. 14 Part 3, pp. 321-353, Sep. 2013.

際に描き出していることは大変重要です。いみじくも半導体をはじめとして経済安全保障が重視される今，この意義を改めて噛みしめる必要があるでしょう。

決意──引き続き「実践家」として

　序文の締めくくりにあたり，明記しておきたいことがあります。それは，2012年に選挙に出馬を決めた時に強く自任したことであり，今も変わらない思い──私は，やはり「実践家（practitioner）」であり続けたい，ということです。

　今後も，（決して研究に身を捧げるわけではなく，）あくまで実社会において，「歴史の検証に耐える」政策を打つことで，より良い「くに（国・郷）」を創っていく活動に奉職したい。それは，中央省庁の役人から，第二の人生として──ふるさと福井に帰り──政治家の道を志した際に，自分は何をしたいのかを自問自答した結果の答えです。すなわち，研究職に引き籠るつもりは全くありません。

　もちろん，上述のように，──その時々の短期的な視点や雰囲気，人気・不人気ではなく──学術的な中長期にわたる視座に基づき，政策立案・実施が進められるべきと考えており，その意味でアカデミアとのつながりが我が国のポリシー・メイキングにもっと必要であると思います。そのために，博士論文を仕上げ，本書を著したわけです。しかし，それは，あくまで政治家として，（第一の人生であった官僚から変わらず）「実践家」として，引き続き，「くに創り」──より良い我が「国」日本，そして，故「郷」福井を創るための活動──の基盤として行ったものであるということを，読者の皆様にご理解いただきたいと思います。

　ポスト・コロナの時代において，日本の津々浦々・山々河々に，より多くの「災い転じて福となす」がありますように。

2022年2月　福井県大野市の我が家にて

参議院議員　滝波　宏文

目　　　次

第3章 ■ 今こそ振り返るべき，日米金融危機の経緯

第4章 ■ 日米金融危機対応の比較
　　：公的資金投入における日米の学習・教訓

第 1 章

米国は日本から学んだのか？
：日米金融危機の教訓

第1節 ‖ 日米金融危機対応における「学習」と「教訓」

　本研究は，金融機関への公的資金投入について，1997年の北海道拓殖銀行・山一証券の破綻，2008年のリーマン・ブラザーズ破綻とAIGの倒産危機・救済をそれぞれのピーク[1]とする，1990・2000年代における日米の金融危機（いわゆる平成金融危機とリーマン・ショック）への対応を題材に，特に政治経済学的観点から比較分析することを目的とする。（以下，特に断りなく「日米金融危機」，「日本金融危機」，「米国金融危機」と記す場合，この各ピークを中心とする危機を指す。）

　すなわち，本研究のテーマは，「日米金融危機における公的資金投入の政治経済学的比較分析」である。

　両危機は，互いに独立して別の国で起こったものの，後に詳述するように，

1　ここで両金融危機について，何を「ピーク」とするかは諸論あるであろう。まだ2000年代の米国金融危機については，比較的，リーマン・ショックと翌日のAIG倒産危機・救済を以てピークとする点に異論は少ないかと思うが，これに対し，1990年代から2000年代にかけての日本金融危機については，より長く危機が続いただけに，例えば，長銀・日債銀の破綻・国有化がピークだとする見方も十分あり得ると思う。しかしながら，本研究においては，日米金融危機の比較の観点からも，各金融危機の中心として，金融危機を起こした直接の引き金である主要金融機関の連続破綻，つまり，経済の底抜けをもたらしたショックを以て「ピーク」とすることとしたい。

それぞれの国における主要金融機関の連続破綻を直接の引き金とするなど同種の金融危機であり，日米両国は，共に経済大国かつ先進[2]民主主義国家であるなど政治経済的に似通った条件・制約の下で対応を迫られたと言える。よって，学術的にも両危機対応を比較する意義が大いにあると思われる。

　社会経済に甚大な影響を与えたこれらの危機であるが，両者を比較した研究は必ずしも多くはない。日米の国情の違い（例えば，間接金融中心vs.直接金融中心，議院内閣制vs.大統領制）から手を出しあぐねる比較であることは否めないが，両危機の経済的・政治的・歴史的重要性に鑑みれば，学術的なレンズの絞りを調整して，一見これら相違の下に隠れている，比較の基盤となる共通性を整理し，比較分析を行い，将来の金融危機そして経済危機への対応における示唆を更に導出することは，非常に重要ではないかと考える。

　とりわけ，本研究では，金融を含め各国経済が著しく拡大すると共にグローバル化した現代の世界経済下において，歴史的に近接して世界の二大経済大国——少なくとも2008年米金融危機の発生時点で。日本が経済大国第2位の地位を中国に明け渡したのは，2010年である——において発生したこの両危機に対する対応，特に公的資金投入に関し，日米の間で何らかの「学習（learning）」があったのか，そして，公的資金投入に関する日米金融危機からの「教訓（lessons）」は何か，ということを研究課題（リサーチ・クエスチョン）として焦点を当てたい。

　ここで，「学習」については，1990年代から2000年代前半にわたる日本金融危機に対する日本の政策運営の経験を，2000年代後半における米国金融危機対応において米国が政策形成に反映させているか，という側面に主として注目するものである。つまり，先行した日本の経験を踏まえて米国が対応する，という意味での「学習」である。そして，「教訓」については，日米金融危機の経緯を踏まえ，今後の，両危機のように著しく深刻な金融危機における政策対応の在り方を示す将来への指針は何か，を模索するものである。

　この点，星＆カシャップ（2010）[3]は，その日米金融危機が起こった1990・

2　「先進」の趣旨については，序文及び次節第2項参照。

3　Hoshi and Kashyap（2010），前掲。

2000年代において同時代的な経済・金融研究を進めてきた識者が，共著でマクロ経済を支える金融のシステミック・リスクに焦点を当てて記した論文として，内外において評価されているものである。同論文は，公的資金投入に関する「日本の経験からの8つの教訓（lessons）」を掲げつつ，米国は十分「学んでいない（not learned）」という論調を示している。本研究は，この両氏の主張を基礎としつつも，2つの面から修正を加え，日米金融危機を通じた教訓を確立することを，眼目とするものである。

　その1つ目の修正面は，星＆カシャップ（2010）が，政治的制約については立ち入らないと明記していることに関係する。後述するように非常に大きな政治的ショックをもたらす特徴を有する公的資金投入について，そのように政治的な文脈を度外視し，両金融危機対応の学術的な整理を止まらせてよいものかは，大いに疑問である。そこで，同論文に対し，公的資金投入という金融危機対応政策についての政策形成過程を踏まえた，「政治経済学的な側面」からの修正を図る。

　2つ目の修正面は，「時点の違い」によるものである。星・カシャップが同論文を著した時（2010年。Working Paperは2008年12月）は，まだ米国金融危機の回復がどうなるか，先行きが不透明な時期であった。一方，本研究は，それから10年以上を経て，米国金融危機時における政策担当者の回顧録を含め関係文献の蓄積もなされ，また，米国経済の回復が順調に相当進み，今般の米国の危機対応が総じて効果的であったと評価しやすい時期となっている「今」（2021年時点）の視点に基づく。

　この2つの面からの修正を念頭に，改めて両危機対応を別の観点（後述する本研究の分析枠組み：「『問題化した金融機関』のバランス・シートを通じた分析」，及び，「『公益政治』における国家・社会アクターによる『自己存続』モデル」）から捉えた場合，星＆カシャップ（2010）とは異なる結論が得られるのではないだろうか。──本研究はこのような問題意識に基づき，星・カシャップ（2010）を修正する形，つまり，同論文に欠けた政治的制約を巡る分析を政治経済学的観点から埋め，加えて，十年以上後の今，同論文が基礎とできなかった米経済の順調な相当の回復そして回顧録等の文献も踏まえ，上記バ

ランス・シート分析等を通じ，教訓自体の再考にも踏み込むことで，日米金融危機対応の比較研究に新たな知見の積み上げを図るものである。

すでに，筆者は以前の論文，瀧波（2012）[4]において，前段の1つ目の修正面（星＆カシャップ（2010）に欠けた政治的制約を巡る分析を政治経済学的観点から埋める）の一部を論じたところであるが，その際は，星＆カシャップ（2010）の8教訓については変更せず「所与」のものとして，これら8つの各教訓における日米間の学習の再評価のみに焦点を当てるという「限定的」なものであった。

本書[5]においては，さらに，その後の米国経済の状況・文献蓄積も踏まえ，「教訓自体の見直し」にも踏み込み，——日本金融危機からだけではなく，日米の両金融危機を通じたものとして——新たに「公的資金投入に関する日米金融危機の教訓」として，【7教訓】[6]を示すものである。

そして併せて，これら修正後の各教訓ごとに，改めて日米間の学習を確認し，——前著である瀧波（2012），そしてそれ以前に記した瀧波（2011）[7]の頃より——本研究の仮説である「米国の金融危機対応にあたっては，日本の金融危機対応の経験から，政策決定・執行過程に影響を与える学習効果が存在した」の検証を行う。

要するに，本書は，本研究における前著である瀧波（2012）等を基礎として，星＆カシャップ（2010）の見直しの完成を図るものである。

なお，金融危機対応における金融機関への公的資金投入の必要性について，

4　瀧波（2012），前掲。
5　本稿において「本書」と「本研究」は基本的に同義で使用しているが，瀧波（2012）そして後述の瀧波（2011）等を前段階として本書で完成する一連の研究という意味を指す場合には，特に「本研究」を用いている。
　なお，瀧波（2012）・瀧波（2011）等については，本書につながる研究の前段階に位置付けられるものであり，多くのフレーズを本書と共有している。
6　本研究の眼目は星＆カシャップ（2010）の示す8教訓を修正し，新たな7教訓を提示することであるが，両者を分かりやすく区別するため，新教訓については【 】で括り，元の星＆カシャップ（2010）の教訓については，①〜⑧で示す。
7　瀧波宏文（2011），「日米金融危機の政治経済学：金融機関救済に関する比較研究」，『フィナンシャル・レビュー』，財務省財務総合政策研究所，第106号（2011年3月），111-125頁。

経済学的ないしは金融論的に演繹的に立証することは，本研究の目的とするところではなく他に譲る。むしろ本書では，金融危機対応における公的資金投入の必要性を想定の上，日米政府がどのように効果的な公的資金投入に辿りついているかを，政治経済学的に帰納的な視点で分析・比較するものである。そして，教訓・学習をテーマに，政治的制約の中であるべき政策を選択し実施していく「処方箋」を示す，公共政策論でもある。

　具体的には本書では，後述する本書の分析枠組み——戸矢（2003）[8]を基礎として米国への適用にも向けて修正・発展させた「『公益政治』における国家・社会アクターによる『自己存続』モデル」，及び，アドマティ（2009）[9]の観点を基に発展させた「『問題化した金融機関』のバランス・シートを通じた分析」——を用い，金融危機に対応する関係者（アクター）の役割を分析し，また，流動性（キャッシュ・フロー）問題対応vs.ソルベンシー（純資産）問題対応という視点[10]を援用しながら，議論を進める。

　ここで，本章の構成を示せば，まず次節において，改めて本書の研究課題を提示し，その背景についての説明を行う。具体的には，研究対象政策である公的資金投入に注目する理由を示し，日米金融危機の共通性と比較の意義を，研究対象時期の明示と併せて，整理する。また，研究課題中のキーワードである「学習」・「教訓」の定義を行う。続く第3節では，本書全体の構成を示す。

8　戸矢（2003），前掲。

9　Anat Admati（2009），"Lecture note for the class of Finance", Stanford Graduate School of Business.

10　流動性問題vs.ソルベンシー問題の詳細については，次章第4節第2項及び第4章第2節第3項参照。
　　また，「キャッシュ・フロー」，「純資産」と訳することについては，次章第2節第1項のHoshi and Kashyap（2010）説明における注，参照。

第2節 「公的資金投入」による日米金融危機対応における，学習と教訓：「政治経済学」的観点からのアップデート

第1項 「公的資金投入」に注目する理由

　前節で説明したように，本書の「研究課題（リサーチ・クエスチョン）」は，端的には「政治経済学的観点から，公的資金投入による日米金融危機対応の間で学習があったのか？　両危機からの教訓は何か？」である。この研究課題の背景として，本項ではまず，本書の研究対象政策として，「公的資金投入」に注目する理由を説明する。

　日本金融危機を経験した多くの者――日本人だけでなく，外国人，例えば，英国出身のジャーナリストで日本金融危機についての著書もあるジリアン・テットのように，日本金融危機を追った世界の人々――は，米サブプライム危機とそれに続くリーマン・ブラザーズ（リーマン）破綻に対し，強い「既視感[11]」を感じたであろう。その際,「金融危機対応においては公的資金投入が重要」という思いも広く共有されたのではないか。日本政府は2008年年初の時点ですでにG7の場でそのような主張をしたが，この時はまだリーマン破綻の前でもあり，「相手にされず」と報じられている[12]。しかし，その後，米国が，AIG，シティ・バンク，バンク・オブ・アメリカ等を救済するに至って，この主張は国際的にも人口に膾炙するに至ったものと思われる（例えば，欧州危機に臨み公的資金投入の必要性を説くテット（2011）[13]）。本研究では，前述のように，このような金融危機対応における公的資金投入の必要性を前提として，日米政府がどのように効果的な公的資金投入に辿りついているかを，「政治経

11　ジリアン・テット（2009），『愚者の黄金　大暴走を生んだ金融技術』，平尾光司監訳，日本経済新聞出版社，5 - 7 頁。（原著, Gillian Tett（2009）, *Fool's Gold: How the Bold Dream of a Small Tribe at J.P. Morgan Was Corrupted by Wall Street Greed and Unleashed a Catastrophe.* Free Press.）

12　J-CASTニュース,「日本の公的資金投入の薦め　G7で相手にされず」, 2008年 2 月27日, <http://www.j-cast.com/2008/02/27016904.html（2021年 5 月30日現在）>。

13　Gillian Tett（2011）, "America's six key lessons for the creation of 'euro Tarp'.", *Financial Times.* October 7, 2011.

済学」的に分析・比較したい。

　ここで，本書で議論を進めるに従い，日米金融危機における公的資金投入について，浮き上がってくる「研究的パズル（謎）」があることを先に提示しておきたい。それは，「日米両国は，同種の大規模な金融危機に対し，政治経済的に似通った条件・制約の下で対応を迫られ，いずれも公的資金投入を伴う対応を行ったものであるが，その対応そして回復の『スピード』にかなりの差が生じている。それはなぜなのか？」である。——この点，上記の「研究課題（リサーチ・クエスチョン）」に答えるのに付随して，当該「研究的パズル（謎）」についても一定の見解を示していきたい。

　なお，公的資金投入は，金融以外の各種産業への例も見られる。例えば，日本でのリーマン・ショックの非金融的な影響への危機[14]対応として行われた2010年の企業再生支援機構によるJAL救済（不良資産買取り・出資を含む）や，東日本大震災に対応した2012年の原子力損害賠償機構による東京電力への出資及び2014年の日本政策投資銀行の九州電力・北海道電力の優先株取得，あるいは新型コロナ・ウイルス（COVID-19）のパンデミック（世界的大流行）対応として行われた日本政策投資銀行による2020年のANAへの劣後ローン提供等，そして，米国でのリーマン・ショックへの対応の一環であった2009年のGM・クライスラーへの出資などである。しかし，本研究では研究課題との関係において，一義的な研究対象としては，金融機関への公的資金投入を取り上げる。そのため，本研究にて「公的資金投入」とは，特に記さなければ，金融機関への公的資金投入を指す。

14　リーマン・ショック時，日本では，1990・2000年代の日本金融危機（平成金融危機）への公的資金投入を含む対応，そして，その日本金融危機時の経験を踏まえた，その後の日本の各金融機関による比較的リスク・テーク（リスク引き受け）を控えた「堅い」経営のため，「金融」危機にはつながらなかった。（むしろ後述の三菱UFJフィナンシャル・グループによるモルガン・スタンレー買収のように，世界的金融危機救済の支えの一端を担った。）
　一方，グローバル経済の収縮により，貿易など国際取引の後退から始まる実体（非金融）経済の冷え込みにより，我が国経済も深刻な（金融危機ではないが）「経済」危機を迎えた。よって，リーマン・ショック時における我が国経済の「底抜けを起こしている穴」（＝『問題化した企業』）は，金融機関ではない事業会社となったわけである。

さて，政治経済学的な分析上，金融機関への公的資金投入には注目に値する際立ったいくつかの特徴があると考えられる。

第1に，平時より——中央銀行を含む広義の——政府のツール（手段）として世界的に確立された財政政策・金融（マネタリー）政策[15]と違い，公的資金投入は経済政策としてオーソライズ（公認）されたツールとして必ずしも確立されてきておらず，一般に認識されてこなかったこと。換言すれば，非常的政策であり，「公衆」の目には「異常」的政策とも映り得るということ。

第2に，特定業種への政府の救済の色彩が強く，その性質上，「公衆」からの反発を招きやすい「不人気政策」であること。しかも，その不人気さは，当該特定業種が金融という比較的高収入かつ（「汗水を垂らして」働く実業とかけ離れた）「虚業」と受け止められる傾向によって，拍車がかかりやすい。

第3に，公的資金投入は，「大きな政府」か「自由な市場」かというイデオロギー的経済論議を回避しがたいこと。自由市場重視論者からすれば，市場の洗礼を受けて経営難に陥った銀行はそのまま倒産させるべきであり，そこへの公的資金投入とは，許されざる政府の介入に他ならないからである。米国の金融機関救済が「社会主義」と批判[16]されたことはいまだ多くの者の記憶に新しいと思われる。（「公衆」ではない）『オピニオン・リーダー[17]』において，このようなイデオロギー的論議が繰り広げられる場合，「公衆」も公的資金投入に容易に賛成しないであろう。

最後に，これらの性質の結果，公的資金投入は導入にあたり政治的な困難をきたしやすく，よって，後に日米金融危機対応の経緯を追う中でも確認するように，政治過程に対し看過できない大きな「政治的ショック」を与えてきていること。

15　金融に関連する政策については，大きく，日銀など中央銀行によるマネタリー（monetary）政策と，金融庁など各国の省庁による金融制度についての政策とがある。（国によって差異はあるが，中央銀行がマネタリー政策を担う点は基本的に共通している。）単に金融政策と呼ぶ場合，前者のマネタリー政策のみを指す場合と，両者全体を指す場合とがある。そこで，本書では，マネタリー政策を指す場合には，(先行研究など他の著作を引用する場合等を除き，極力)「金融（マネタリー）政策」と明記するようにしている。

16　例えば，2008年9月23日米国連邦議会上院銀行委員会公聴会でのジム・バニング議員発言（共和党・ケンタッキー州選出）。

17　本書では，「公衆」ではない全てのアクターの総称として，『オピニオン・リーダー』を用いる。次章第4節第3項（「公益政治」における国家・社会アクターによる「自己存続」モデル）参照。

　本研究では，以上の特徴から，特に「政治経済学」的に考察を加えるべきものとして，金融機関への「公的資金投入」を研究対象政策とする次第である。

　なお，「公的資金投入」は，典型的には，税金を原資として政府（ないしは預金保険機構などの政府機関）から出すものがイメージされているが，単なるつなぎ融資を超えたもの，すなわち，「不良資産買取り」や「資本注入」等であれば[18]，中央銀行から拠出しているものについても，公的資金投入として本研究の対象とする。よって，直接はニューヨーク連邦準備銀行（ニューヨーク連銀）からの拠出で行った米国のベアー・スターンズ救済及びAIG救済も，本書の分析対象である。（本書の目的から，同国の政治経済に大きなインパクトを与えたこれらの救済が外れることは，著しく不適当であろう。）

　その結果——米国金融危機において主要金融機関に対し，日本での日本長期信用銀行（長銀）・日本債権信用銀行（日債銀）の「国有化[19]」のような「非救済的」公的資金投入がなかったこととあいまって——，ここで公的資金投入とは，米国の文脈において今般の米国金融危機におけるいわゆる"Bailout（公的救済）[20]"と基本的に重なる[21]。（図1参照）

18　「不良債権買取り」や「資本注入」については，次節（日米金融危機の共通性・両者を比較する意義），そしてより詳しくは，後述する分析枠組み（次章第4節第2項）参照。

19　「国有化」の詳細については，後述する分析枠組み（次章第4節第2項）参照。

20　これに対し，Bail-inは，株主，そして預金者など債権者による損失負担を指す。第4章第5節参照。

21　そのため，本書の英文題名においては，公的資金投入の訳としてBailoutを使用する。（上記のとおり，正確には「公的資金投入」＝「Bailout（救済的公的資金投入）」＋「非救済的公的資金投入」。）

10

図1　日米の各金融危機（1990・2000年代）における公的資金投入
―原資／救済性からの整理―

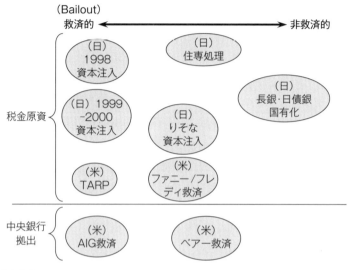

（出所）筆者作成

第2項　日米金融危機の共通性：両者を比較する意義

　めったに起こるべきではない金融危機ではあるが，歴史を振り返れば，むしろしばしば起こってきた現象と言い得るものであり，経済史上，枚挙にいとまがない。キンドルバーガー＆アリバー（2015）は，有名なオランダでのチューリップ熱など17世紀の各金融危機にまで遡り，今般の米国金融危機までを含む歴史上の金融危機を幅広く概観した結果，金融危機を"A Hardy Perennial（何度も蘇る多年草）"と呼んでいる[22]。ラインハート＆ロゴフ（2011）は，過去800年近く，計66か国を対象[23]として包括的な金融危機分析を行い，とりわ

　22　Charles P. Kindleberger and Robert Z. Aliber（2015）, *Manias, Panics, and Crashes: A History of Financial Crises*. 7th edition. Palgrave Macmillan. p. 5.
　23　カーメン・M・ラインハート＆ケネス・S・ロゴフ（2011），『国家は破綻する　金融危機の800年』，村井章子訳，日経BP社，4頁。この日本語版の特徴は，日本金融危機に関連する記述が特に記された序文が付加されていることである。なお，原著は，Carmen M. Reinhart and Kenneth S. Rogoff(2009), *This Time is Different: Eight Centuries of Financial Folly*, Princeton: Princeton University Pressである。

け最も完全なデータを入手できたとする[24]1800年以降のマクロ経済指標や公
的債務等の時系列データを整理した結果，銀行危機の後，政府債務が平均で
86％以上急増することを示しつつ[25]，1800年以降だけでソブリン・デフォルト
（公的債務危機）が少なくとも計318回引き起こされたとしている[26]。このよう
に歴史上度々発生するだけに，単に金融危機といっても様々なものがあり，危
機のタイプそして対応する政治体制・経済状況が大きく違えば，対応策及びそ
こに至る政治過程を比較する価値を減じるであろう。そこで，日米金融危機を
（同じ土俵・地平線に乗せて）比較する意義の確認として，両者の共通性を整
理したい。

共通性（1）──銀行危機

　第1に，まず上記ラインハート＆ロゴフ（2011）による金融危機の5分類
──公的対外債務危機，公的国内債務危機[27]，銀行危機，通貨危機，インフレ
危機[28]──のうち，日米金融危機はいずれも「銀行危機」に当たる。一方，例
えば，共に通貨下落が引き金とはなっておらず，1997年のアジア通貨危機とは
異なる。米国金融危機に続いて生じたギリシア等の2010年欧州財政危機は，民
間金融機関ではなく公的部門から発生する公的対外債務危機に当たり，これと
も日米金融危機は異なる。

共通性（2）──アセット・バブルの崩壊

　第2に，両金融危機は，いずれもアセット・バブルの崩壊が端緒となった。
共に，特に不動産価格の高騰とその終焉が象徴的である。（両危機が，住専問
題そしてサブプライム・ローン問題と，いずれも住宅関係を先駆けとして発生
したことは注目される。）金融規制の自由化と高いレバレッジ（借入）がバブ
ルを増幅させたことも共通する[29]。

24　前掲書，127頁。
25　前掲書，223頁，338頁及び図14.5。
26　前掲書，77頁。うち対外債務によるデフォルトが250回，国内債務で68回。
27　この公的対外債務危機と公的国内債務危機とで，上述のソブリン・デフォルトを構成する。（よ
　り正確に言えば，ソブリン・デフォルトを起こしかねない危機である。）
28　ラインハート＆ロゴフ（2011），前掲，2-3頁及び第1章（危機の種類と定義：31-57頁）参照。
29　Robert Madsen and Richard Katz（2009），"Comparing Crises: Is the Current Economic
　Collapse Like Japan's in the 1990s?"，*Foreign Affairs*, May/June 2009参照。

共通性（3）──主要金融機関の破綻

　第3に，どちらもそれぞれの国の主要金融機関の大型破綻が直接の引き金となった。上記のアセット・バブル崩壊が金融機関の経営・財政状況を悪化させ，その結果，短期間に連続する大型破綻を生んだ。三洋証券・北海道拓殖銀行・山一証券の破綻と，リーマン破綻及びAIG救済は，いずれも1997年11月，2008年9月の各ひと月内に起きたことである。1980年代後半の米国S&L（Saving and Loan Association：貯蓄貸付組合）問題も金融機関の破綻による危機ではあるが，『問題化した』「貯蓄貸付組合」は，そもそも国の主要金融機関とまでは言えない規模・プレゼンスであった。

共通性（4）──深刻さのレベル

　第4に，これらのバブル崩壊の度合い・危機の深刻さのレベルが飛びぬけていることである。S&L問題が，概して「不良資産買取り」，つまり金融機関の「資産」サイドへの公的援助で解決されたとされていることに対し，1990・2000年代の日米金融危機が，主たる公的資金投入方式として，「資本」サイドへの直接援助である「資本注入」に至ったことも，両危機の格段の深刻さの証左である。（後述の分析枠組み：「『問題化した金融機関』のバランス・シートを通じた分析」（次章第4節第2項）参照。ここで，この種の金融危機時に『問題化した金融機関』は，当時の経済の底抜けを起こしている穴そのものであり，当該金融危機の深刻さを代表するものとして考え得ることに，留意されたい。）

　他にも，1980年代末から1990年代前半の北欧の金融危機もアセット・バブルによるものであるが，価格／家賃率で言えば，その住宅価格は大きく他の先進国と変わらない動きであったのに対し，日本の方がOECD平均の倍以上上昇し，その後20年にわたって下落しており，深刻さの違いが分かる（図2参照）。

図２　住宅価格評価：価格／家賃率
日本vs.北欧

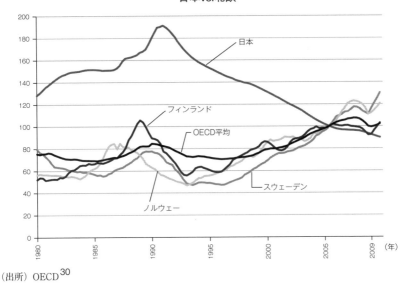

（出所）OECD[30]

共通性（５）──経済大国・先進民主主義国

　第５に，日米は，資本主義に基づく経済大国であり，かつ，先進民主主義国家である。序文でも記したように，ここで，「先進」とは，「公衆」が，より民主的に政策決定に大きく影響を与えており，かつ，高度に産業化された環境においてより広い経済活動の自由を得ているという意味で，政治的かつ経済的に先進的，との趣旨である[31]。

　上述のように1980年代末から1990年代前半にかけて金融危機に襲われた北欧諸国（スウェーデン・ノルウェー・フィンランド）も先進民主主義国家と認められるが，経済の規模は日米両国に比して小さく，また通貨についても，自国

30　Organisation for Economic Co-operation and Development（OECD）Data: Housing Prices <https://data.oecd.org/price/housing-prices.htm（April 30, 2011現在）>。

31　この定義は，瀧波（2011），前掲 <https://www.mof.go.jp/pri/publication/financial_review/ fr_list6/index.htmの「106／2011年３月」欄の「〈特別寄稿〉」（2021年５月30日現在）>より，筆者が使い始めたフレーズである（118頁）。

　　なお，先述のとおり，同論文は，瀧波（2012）より前に筆者が記した，本書につながる研究の初期段階に位置付けられるものであり，多くのフレーズを本書と共有している。

14

通貨で自国経済が相当に支えられる主要通貨国ではない[32]。要するに，経済大国ではなく，日米両国とは異なる。

なお，これら北欧3国で採られた金融危機対応は，それぞれに意義深く——例えば，スウェーデンに特徴的な一時国有化の上での，グッドバンク・バッドバンク分離[33]による不良債権処理など——，金融危機対応の一モデルをそれぞれ提示していることは否定しないが，本研究においては，本項の整理にも基づき，日米金融危機対応の比較に集中するものである。

共通性（6）——デフレと低成長圧力

第6に，いずれも危機によりデフレと低成長圧力にさらされている。米国金融危機を受け，欧米でこのような現象を「日本化」（"Japanization / Japanisation[34]" あるいは "Japanification[35]"）と表現されたことは，象徴的であろう[36]。

---

32 例えば，北欧金融機危時，スウェーデン・フィンランドは，統一通貨ユーロに向けた前段階としての欧州通貨単位（ECU：European Currency Unit）へのペッグ（連動）から離脱し，フロート（変動相場制）に移行せざるを得なくなった。（なお，ノルウェーは一貫して通貨統合には参加せず。）相沢幸悦（1992），『EU通貨統合の展望』，同文舘出版，49-72頁，及び，田中素香（1996），「後期EMS——資本移動自由化，通貨統合，中心・周辺問題」，同編，『EMS—欧州通貨制度—』，有斐閣，138-167頁参照。

　　この点，徳丸（2018）は，「小国開放経済であるスウェーデンにおける金融危機の本質は，海外債務者からの信任喪失にある，金融システム，ひいては経済システム全体が崩壊する可能性であった。」としている。同論文は，1992年9月の夜，翌日のロンドン市場でスウェーデンの銀行が資金を一切調達できないとの情報があらゆる方面から入ってきて，市場が開いて数時間でスウェーデンの金融システムが崩壊することが明らかであったこと，それを以て政治家の説得を含め数時間で政府保証を発出したことを紹介している。（徳丸浩（2018），「1990年代における金融危機管理のケース分析」，『金融危機管理の成功と失敗』日本評論社，75-121頁。Stefan Ingves (1999), "Swedish Experiences and Solution Procedure of Non-Performing Loan Problem including its Macroeconomic Impact", 内閣府経済社会総合研究所，「エコノミック・リサーチ」7号，July 1999参照。）

33 『問題化した金融機関』の資産を優良・非優良に分離し，それぞれグッドバンク（good bank）とバッドバンク（bad bank）に引き継がせ，特にバッドバンクに対し公的支援をするなどして，不良資産問題に対応する政策。大森健吾（2020），「金融危機対応の政策手段と金融危機管理—パンデミック後を見据えて—」，『調査と情報』第1124号，国立国会図書館，9頁参照。

　　後述の2008年3月米国でのベアー・スターンズ救済は，このグッドバンク・バッドバンク分離の一類型である。

34 例えば，Panos Mourdoukoutas (2011), "What the Japanization of the World Economy means for Stocks, Bonds, and Commodities", *Forbes*, July 29, 2011や，Richard Milne (2011), "West Shows worrying signs of 'Japanisation'", *Financial Times*, August 20, 2011。

35 例えば，Martin Fackler (2010), "Japan Goes From Dynamic to Disheartened", *The New York Times*, October 16, 2010.

36 みずほ総合研究所（2011），「日本化現象のグローバル化 ～ 日本化現象は日本固有のものでは

共通性（7）──戦前の金融危機との相違

　第7に，1930年代の世界大恐慌とは，深刻さのレベルを含め共通点もあるものの，日米金融危機が，市場に大きく委ねられた変動為替制，それに伴う自由度そして独立性のある中央銀行の金融（マネタリー）政策，そして非常に拡大し国境を越えて密接につながるグローバル経済を現実化した自由貿易という状況の下で起こった点が，異なる。これは，1920年代の昭和金融恐慌に対しても，同様である。換言すれば，1990・2000年代の日米金融危機と違い，世界大恐慌及び昭和金融恐慌は，世界的な金本位制などにより柔軟性を欠く為替市場，いまだ制限的な中央銀行の金融政策，そして帝国主義や保護貿易主義などにより制約的な国際貿易の環境下にあった。

　もちろん，世界大恐慌や昭和金融恐慌において採られた政策──例えば，昭和金融恐慌における金融モラトリアム（支払猶予令）[37]──の意義を否定するものではないが，上記のような国際経済環境の違いや第二次世界大戦を挟む時代的な差異を考えると，世界大恐慌及び昭和金融恐慌での金融危機対応策が，1990・2000年代の日米金融危機に直ちに適用可能かは，『オピニオン・リーダー』間でも議論があるであろう。政治経済学的観点からすれば，とりわけ「公衆」の反応が重要となることが多い現代の先進民主主義国家における政策形成過程において，それを「公衆」に対しても説得的に展開できるかは，疑問があろう。いずれにせよ，本研究においては，本項の整理にも基づき，1990・2000年代の日米金融危機対応の比較に集中するものである。

共通性（8）──外部性ショックによるものではないこと

　最後に，1970年代の石油ショック，スタグフレーションの際のような，あるいは2020年新型コロナ・ウイルス（COVID-19）のパンデミック（世界的大流行）のような，明らかな外部性ショックによるものではない。

　このように，日本・米国両国は，同種の金融危機（日米両金融危機）に対し，政治経済的に似通った条件・制約の下で対応を迫られた，と言い得よう。もち

　ない，日本化現象が世界にもたらすものはなにか ～」，『みずほリポート』，2011年10月27日参照。同論文は，2011年7月以降に急速に海外のメディアで日本化現象という概念が話題になったことを指摘している。

37　高橋亀吉・森垣 淑（1993），『昭和金融恐慌史』，講談社学術文庫。

ろん，前節で例示したような国情の違い（間接金融中心vs.直接金融中心，議院内閣制vs.大統領制）は存在するが，それゆえに同じ土俵に乗せて比較する意義を欠くというものではない。上記のようなレベルで分析のレンズの絞りを調整すれば，比較の基盤となる共通性はむしろ強く存在しており，日米のような資本主義・民主主義に基づく経済大国が，将来また主要金融機関の大型破綻を引き金に深刻な金融危機に陥る場合，当該比較研究の結論は，その対応にあたり十分かつ大いに示唆に富むものとなろう。

第3項　本書における「日米金融危機」の具体的時期

　第1項のように公的資金投入に着目することに伴い，日米の研究対象時期を以下のとおりとする。

　「日本金融危機」として，1990年初の株価暴落に象徴されるバブル崩壊を踏まえた1992年の宮澤首相「公的援助」発言から始まり，公的資金投入が政治的タブー化した1995年の住専問題，三洋証券・北海道拓殖銀行・山一証券の巨大連続破綻が起きた1997年，そしていわゆる「失われた10年」を経て，2003年のりそな銀行への資本注入を契機とした株式市場の底打ちまでをカバーする。要するに，本書における「日本金融危機」とは，いわゆる「平成金融危機」に該当する。

　そして，「米国金融危機」として，2006年米国住宅価格の反転に伴うサブプライム・ローン問題に発し，2008年ベアー・スターンズ及びファニー・メイ，フレディ・マック救済，そしてリーマン破綻，AIG救済と7,000億ドルの財政資金を用意したTroubled Asset Relief Program（TARP：不良資産救済プログラム），そして，2009年オバマ政権発足後，株価反転等の一段落までを対象とした。要するに，本書の「米国金融危機」とは，一般に（日本において）「リーマン・ショック」と総称される危機を指す。

　分析の中で，必要な限りで80年代における米国のS＆L（Savings and Loan Association）問題への対応や，北欧等欧州の経験の検証等も排しないが，あくまで上記の日米両国各期間の比較を中心として考察を進める。

第4項　ここで「学習」・「教訓」とは？

　本研究においては，その研究課題：「政治経済学的観点から，公的資金投入による日米金融危機対応の間で学習があったのか？　両危機からの教訓は何か？」から明らかなように，先行した日本金融危機への対応からの，米国の「学習」に焦点を当てている。そして，「学習」すべき，「教訓」の内容を論じている。

　しかし，一口に「学習」と言っても，その内容は様々な段階があり得よう。積極的に先例と「意識」をして，その「先例と同じ」ような対応を採ったのか，あるいは，先例と意識してはいるが，その対応が適切ではなかった（「反面教師」）として異なる対応を採ったのか。そもそも先例としてのはっきりした意識はなかったが，「結果として」先例と同じ／異なる対応となったのか……何を以て「学習」した（＝「学んだ」）と判じるのかの「定義」が必要と考えるところ，本項ではその点を整理したい。

　併せて，「教訓」についても，定義を整理したい。なぜならば，「学習」同様，「教訓」は本書の研究課題の中心となる言葉であり，かつ，「学習」したかどうかは，先例と同じ対応だったかどうかではなく，「教訓」に沿ったかどうかに拠ることになるからである。つまり，「学習」と「教訓」はセットとなるキーワードである。

　まず，本研究において，一義的には，「学習」・「教訓」共に，星＆カシャップ（2010）が使用する "learn"・"lesson(s)" の用例に基づく定義を採用する。

「学習」──消極的学習

　同論文は，米国が打ち出した政策が「結果として」日本の教訓から外れていなければ「学んだ」とするメルクマールで，「学習」を捉えている。逆に言えば，日本金融危機から彼らが導出した8つの「教訓」に沿わない政策対応を米国がしている場合，──日本を意識しているかどうかにかかわらず──「学んでいない」（"not learned"）としている。そこでは，米国が日本金融危機における日本の対応を「先例として意識」していたかどうかは，捨象されており，「結果として」「学んだ」と言えるかどうかだけを問うている。この彼らの定義

は，いわば，「消極的学習」と呼べよう。本研究においても，星＆カシャップ
(2010) の見直しをするに当たり議論のベースを揃えるために，特に断らなけ
れば，星＆カシャップ (2010) 同様，「学習」とは，この「消極的学習」を指
すものとする。

「積極的学習」

　一方，より積極的に，日本の経験を「先例として意識」して，日本の対応の
良し悪しを検討し，それに基づき米国の危機対応を決定するという学び，いわ
ば「積極的学習」の方が，むしろ世の中で一般的な「学習」のイメージであろ
う。そして，政治過程を追って政治経済学的分析を行う本書においては，この
ような「積極的学習」が米国の対応で見られるとすれば，研究課題の「日米金
融危機対応の間で学習があったのか？」の部分について，よりプラスの結論を
導くものと言い得よう。

　そこで，本研究では，星＆カシャップ (2010) の見直しを終えた上で，この
ような「積極的学習」が，米国金融危機対応の際に米国で見られたかどうかも，
検証する。その際は，「積極的学習」を指していることを，明記して論じる。

「教訓」

　別途，「教訓」については，上述のように，星＆カシャップ (2010) が題名
にも使っている "lesson(s)" の訳そのものとして用い，その定義で終始一貫し
たい。日本語における「教訓」は，世の中一般的には道徳的な側面を含み得る
語であるが，本研究における「教訓」は，星＆カシャップ (2010) 同様，その
ような道徳的側面は含まず，政策的インプリケーション・指針という趣旨で使
用する。

第3節 ｜ 本章以下の構成

　本研究の構成は以下のとおりである。
　まず，本章では，研究課題とその背景（「公的資金投入」に注目する理由，
日米金融危機の共通性・両者を比較する意義，研究対象期間，「学習」・「教訓」

の定義）を示した。

　次の第2章において，先行研究，そしてそれを踏まえた，本研究が使用する2つの分析枠組みを提示する。

　続く第3章で，日米各金融危機対応の「経緯」をそれぞれ概観し，本研究の分析枠組みを通じ，両危機における公的資金投入をめぐる政策決定・執行過程を分析する。

　これを受け，第4章において，日米金融危機対応，特に公的資金投入の比較考察を行う。具体的には，星＆カシャップ（2010）の8教訓を踏まえ，政治経済学的観点及び米国金融危機からの回復を相当に確認できる現在の視点から，2つの分析枠組みを通じ，星＆カシャップ（2010）が示す「日本の経験からの8つの教訓」の是非を検討し，本研究としての教訓自体の修正を行う。併せて，当該修正に基づく新たな各教訓（lessons）における日本から米への学習（learning）を整理する。つまり，（日本金融危機からだけでなく）日米両金融危機を通じた公的資金投入における教訓を構築し，それを基礎として，「米国の金融危機対応にあたっては，日本の金融危機対応の経験から，政策決定・執行過程に影響を与える学習効果が存在した」との，本研究の仮説の検証を行う。

　終章では，以上を受け，要約を含めた結論をとりまとめる。

第**2**章

金融危機についてのこれまでの研究と，本書の分析の枠組み

第1節 ┃ 大量の金融危機研究：3つの視点で整理

　金融危機についての先行研究は，大量かつ多岐にわたる。学術的なものに限っても，金融論，経済学はもちろん，歴史学，統計学，会計学そして政治学等々と依拠する分野は様々であり，さらに国際機関等による政策的／実務的なレポート，回顧録やジャーナリストによる著作など，関連する文献はおびただしいものがある。

　そこで，本書の原著に当たる博士論文，瀧波（2021）においては，この第2章において，研究テーマである「日米金融危機における公的資金投入の政治経済学的比較分析」を踏まえ，〈1〉日米金融危機の比較，〈2〉公的資金投入，〈3〉政治経済学という3つの視点に留意しつつ，先行研究を詳細に整理した。

　しかし，本書においては，読みやすさのため簡略化し，代表的な研究を中心に，次章以降の理解に必要な範囲に基本的に限定して説明する。具体的には，表1に示す各先行研究である。

表1　代表的な先行研究

	日本金融危機中心	米国金融危機中心
視点〈1〉 日米金融危機の比較 （国際比較学）	・Hoshi & Kashyap（2010） ・Lipscy & Takinami（2013） ・白川（2009）	・Kindleberger & Aliber（2011） ・ラインハート＆ロゴフ（2011）
視点〈2〉 公的資金投入 （公共政策論）	・Hoshi & Kashyap（2010） ・内藤（2002） ・佐藤（2014）	・Admati（2009） ・IMF（1998） ・IMF（2009）
視点〈3〉 政治経済学	・戸矢（2003） ・上川（2005, 2010） ・久米（2009）	・Rosas（2009） ・Admati & Hellwig（2013）

（出所）筆者作成

　前章で記述したとおり，本研究において，「日米金融危機」とは，1997年の北海道拓殖銀行・山一証券の破綻をピークとする日本の金融危機（「日本金融危機」）と，2008年のリーマン・ブラザーズ破綻とAIGの倒産危機・救済をピークとする米国の金融危機（「米国金融危機」）を指す。1920年代の日本での昭和金融恐慌，1930年代の米国発の世界大恐慌はもちろん，1980年代後半に米国で起きたS＆L（Savings and Loan Association）問題等も，本研究の直接の対象ではないため，本章で整理する先行研究は，上記の1990・2000年代における日米の両金融危機の，少なくともいずれかをカバーするものに絞る。

　本章の構成としては，まず次の第2節で日本金融危機を中心とした研究を，第3節で米国金融危機を中心とした研究をそれぞれ概観する。その際，上記の3つの視点ごとに，項を分けて，先行研究を概説する。（なお，視点〈1〉日米金融危機の比較については，両節で内容的に重複しかねないところ，第2節では，世界経済から見るとローカル性のある日本金融危機を特に取り上げ，それをベースとして，今般の世界的な危機につながった米国金融危機を分析している研究を説明している。一方，第3節では，世界全体で過去に起ってきた諸金融危機を幅広くカバーしている先行研究の中で，日米金融危機がどのように扱われ，対比されているかを記述している。）第4節では，このうち本研究と特に関連の深い先行研究との関係を整理しつつ，本書の分析枠組みを提示する。

最終節の第5節では，本章のまとめを行う。

第2節 ｜ 「日本金融危機」（平成金融危機）を中心とした，これまでの研究

第1項　視点〈1〉　日米金融危機の比較

まず日米金融危機の比較の視点から説明を始める（視点〈1〉）。1990年代の日本金融危機を中心とする研究の中で，米国金融危機以降10年ほどという時間的制約もあり，いまだ必ずしも多くはないが，日米両危機を直接比較しているものとして，カッツ（2009）[1]，マドセン＆カッツ（2009）[2]，大村（2008）[3]，ポーゼン（2010）[4]，前出の星＆カシャップ（2010）[5]，そして，リプシー＆瀧波（2013）[6]などがある。

「日本の経験からの8つの教訓」（星＆カシャップ）

このような中，学術的に，特に公的資金投入に特化して，具体的に日本金融危機からの教訓に焦点を当てており，本書の研究課題である「公的資金投入に関し，日米の間で何らかの『学習（learning）』があったのか，そして，公的資金投入に関する日米金融危機からの『教訓（lessons）』は何か」に直接関連するのが，星＆カシャップ（2010）である。日米の学会において第一線（星はUCサンディエゴ教授等を経て東大教授。カシャップは，シカゴ大教授）にあり，日米金融危機について，同時代的な経済・金融研究を深めた識者である両

1　Richard Katz（2009），"The Japan Fallacy: Today's U.S. Financial Crisis Is Not Like Tokyo's "Lost Decade""．*Foreign Affairs*, March/April 2009.
2　Madsen and Katz（2009），前掲。
3　大村敬一（2008），「アメリカの公的資金投入議論にわが国の経験は生かせるのか」，『金融財政事情』，2008年5月5日版，81-85頁。
4　Adam S. Posen（2010），"The Realities and Relevance of Japan's Great Recession: Neither Ran nor Rashomon", For STICERD（Suntory and Toyota International Centres for Economics and Related Disciplines）Public Lecture, London School of Economics, May 24, 2010.
5　Hoshi and Kashyap（2010），前掲。
6　Lipscy and Takinami（2013），前掲。

氏による同論文は，特に本研究の基礎とするに値するものと考えられる。

　同論文は，公的資金投入に関する「日本の経験からの８つの教訓」として，①銀行が資本支援を断る可能性，②救済パッケージを十分に大型とすること，③ソルベンシー（純資産[7]）問題解決における資産買取りプログラムの限界，④支援を信用性のある検査プログラムと結び付ける重要性，⑤不良資産のリストラの重要性，⑥適切な整理（resolution）権限[8]の価値，⑦（中小企業向け貸出促進など）政治主導的貸出の危険，⑧銀行の回復におけるマクロ経済成長の重大な役割，を挙げる。

　そして，このうち教訓①については，米国が資本注入を実施する際，いくつかの金融機関が公的支援を得たくないと強固にこだわったこと，教訓④については，米国の資本注入が当初厳格な監査・検査を経ずして実施されたこと，教訓⑥については，シティ・バンクへの追加資本注入の際，「国有化」

7　ソルベンシー（"solvency"）の訳としては，一般に「支払能力」が使われることが多い。よって，筆者自身も以前の論文である前掲，瀧波（2012）において，このソルベンシーの訳として「支払能力」と付記した。

　しかしながら，本書では，対比する概念（流動性＝キャッシュ・フロー）との区別の分かりやすさの観点から，今回，敢えて「純資産」と訳を修正することとしたい。（なお，ソルベンシーには，純資産以外に，将来の損失に備えて積み立てられる準備金等が含まれる場合もあるが，本研究ではその点，概念単純化のため捨象している。）

　ソルベンシー（純資産）問題とは，『問題化した金融機関』が既に，純資産（＝資産－債務）がマイナス，つまり，債務超過に陥っているかもしれないという問題である。一方，流動性（キャッシュ・フロー）問題とは，『問題化した金融機関』において，いまだ純資産はプラス（＝債務超過ではない）であるが，一時的に当座のキャッシュ・フロー，つまり，流動性の確保に支障を生じているという問題である。

　ここで，ソルベンシー問題を，「支払能力」問題と訳してしまうと，専門家でなければ，流動性問題で単にキャッシュがショートしているだけでも，支払の能力が不足しているのではないか，と思ってしまい，両者の区別が難しくなるきらいがあると考える。

　このソルベンシー問題 vs. 流動性問題の区別については，本章第4節第2項及び第4章第2節第3項で，さらに詳細に論じている。

　また別途，流動性についても，直訳すれば"liquidity（リクイディティー）"であるが，同様に分かりやすさの観点から，「キャッシュ・フロー」を訳に当てている。

　なお，先述のとおり，本書での訳はいずれも筆者によるものである。

8　本件についても，重要な概念であるため，訳の修正を行いたい。筆者は以前の論文である前掲，瀧波（2012）において，この教訓⑥を「適切な整理（resolution）『当局』の価値」とした。これは，"Value of having adequate resolution Authority"の訳であり，"Authority"が大文字から始まっていたことも踏まえ，『当局』と訳したところであったが，国有化（nationalization）を勧めるという同教訓の趣旨を改めて考慮すると，『権限』と訳すことがより分かりやすく明解であろうと考え，今回の訳に修正したものである。（この点，2016年8月24日，共著者の一人である星教授自身に確認したところ，"Authority"はむしろ小文字であるべきだった，権限という訳でよいとのことであった。）

（nationalization）に進むことができたはずであるが米国政府はそれをしなかっ
たこと等を以て，それぞれ米国は「学んでいない」（"Lessons not learned"）
3つのケースとしている。

　一方，教訓⑦については，（自動車産業への援助に懸念を残しつつも）総体
として非金融の「ゾンビ会社」を作るには至っていないことを以て，日本から
「学んだ」ケースと位置付けている。

　その他の教訓②，教訓③，教訓⑤及び教訓⑧については，それぞれ，用意さ
れたリソースが十分と証明されるかどうかいまだ明らかではないこと，不良資
産買取り案で米国政府が時間を浪費したこと，不良資産が多くの金融機関のバ
ランス・シート上に残っており投げ売りの悪影響等の問題が存在すること，米
国で経済成長がどれだけ資本注入の助力となるかについて判断するにはまだ早
すぎること等を理由に，学んだか「曖昧なケース」（"The ambiguous cases"）
4つであるとする。

　要するに，全体として日本金融危機対応からの「学習」について「否定的」
である（表2参照）。

　ただし，同論文は，後述のように，政治的制約については立ち入らないとし
ている。また，同論文掲載の時点ではまだ米国の対応評価をするには早すぎる
として，判断を留保している部分が多く見られる。

　そこで，本研究の眼目は，第4節（分析枠組み）にて詳述するように，研究
課題――「公的資金投入に関し，日米の間で何らかの『学習（learning）』が
あったのか，そして，公的資金投入に関する日米金融危機からの『教訓
（lessons）』は何か」――に最も直接関連する画期的な先行研究である当該星
＆カシャップ（2010）の，8項目の「教訓」及び日本から米国への「学習」に
関する評価を，本研究の分析枠組みを通じ，現時点で政治経済学的観点から見
直し，「日米金融危機を通じた教訓」を確立することである。

26

表2　星＆カシャップ（2010）による「日本の経験からの8つの教訓」
／日本から米国への「学習」の評価

		日本→米の学習に関する星＆カシャップの評価	（主な理由）
教訓①	銀行が資本支援を断る可能性	×	TARP 2（「資本注入」）を実施する際，いくつかの金融機関が公的支援を得たくないと強固にこだわった
教訓②	救済パッケージを十分に大型とすること	△	危機に対処するのに用意されたリソースが十分と証明されるかどうかは（いまだ）明らかではない
教訓③	ソルベンシー（純資産）問題解決における資産買取りプログラムの限界	△	「不良資産買取り」案（TARP 1等）に時間を浪費した
教訓④	支援を信用性のある検査プログラムと結び付ける重要性	×	TARP 2が当初厳格な監査・検査を経ずして実施された
教訓⑤	不良資産のリストラの重要性	△	不良資産が多くの金融機関のバランスシート上に残っており，投げ売りの悪影響等の問題が存在する
教訓⑥	適切な整理（resolution）権限の価値	×	シティへの追加資本注入の際，「国有化」に進むことができたはずだが，しなかった
教訓⑦	（中小企業向け貸出促進など）政治主導的貸出の危険	○	（自動車産業への援助に懸念が残るものの，）総体として非金融の「ゾンビ会社」を作るには至っていない
教訓⑧	銀行の回復におけるマクロ経済成長の重大な役割	△	米国で経済成長がどれだけ資本注入の助力となるかについて判断するには，まだ早すぎる
総計（総評）		○1，△4，×3（全体として学習に否定的）	

（注1）○学んだ，△曖昧，×学んでいない　（注2）TARP：Troubled Asset Relief Program
（出所）星＆カシャップ（2010）を踏まえ筆者作成

米国の後発者としての優位さ（リプシー＆瀧波）

　この他，リプシー＆瀧波（2013）は，筆者が共著で記したものであるが，日本の「失われた10年」の原因を，「日本異質論」の流れで日本固有の問題と切って捨てる既存の国際的論調が多いのに対し，日本は戦後の先進国における初の——流動性の罠及びバランス・シート不況を伴う——深刻な金融危機に陥った"First-mover Disadvantage（先行者としての不利な立場）"の下にあったのではないかとの仮説を，日米金融危機における金融（マネタリー）政策／公的資金注入／財政政策の各政策の比較を通じて，立証を図ったものである。逆に言えば，米国は，"second-mover"，つまり「後発者」として優位に，より効率良く迅速に危機対応することが可能であったことを，両危機の過程を追って説明している。

実務家による検証（白川ほか）

　実務レベルでも，リーマン・ショックを経て，日本金融危機を検証して米国金融危機への教訓にしようという動きが見られた。IMF[9] Working Paperとして出されたサイード，カン＆徳岡（2009）[10]や，2009年10月のIMF Global Financial Stability Report[11]，経済財政諮問会議[12]に提出された岩田・吉川（2008）[13]，渡辺喜美金融担当大臣（当時）の私的研究会である「金融市場戦略チーム」の報告書（金融庁（2008））[14]，日本銀行から出された白川（2009）[15]

9　International Monetary Fund。国際通貨基金。

10　Murtaza Syed, Kenneth Kang and Kiichi Tokuoka（2009），""Lost Decade" in Translation : What Japan's Crisis could Portend about Recovery from the Great Recession", IMF Working Paper, WP/09/287. Washington : International Monetary Fund.

11　International Monetary Fund（2009），*Grobal Financial Stabilty Report: Navigating the Financial Challenges Ahead*. October 2009. Chapter III（Market Interventions during the Financial Crisis- How Effective and How to Disengage?）.

12　2001年の中央省庁等再編時に内閣府に設置された重要政策に関する会議の1つ。総理を議長とし，経済財政政策に関する重要事項についての調査審議を行う。

13　岩田一政・吉川洋（2008），「日本の経験から得られる金融危機への教訓」，経済財政諮問会議提出資料，2008年10月31日。

14　金融庁 金融市場戦略チーム（2008），「第二次報告書—『開かれた金融力のある国』を目指して」，2008年6月12日。

15　白川方明（2009），「経済・金融危機からの脱却：教訓と政策対応—ジャパン・ソサエティNYにおける講演の邦訳」，2009年4月23日，日本銀行。<https://www.boj.or.jp/announcements/press/koen_2009/ko0904c.htm/（2021年6月1日現在）>

などである。

　このうち，白川（2009）は，白川日銀総裁（当時）がニューヨークで行った講演を邦訳したものであるが，日米金融危機の類似点も説明しつつ，「日本の『失われた10年』の教訓」と，それを踏まえた「危機の解決のために現在必要な政策対応」を示している。具体的には，失われた10年の教訓として，（1）大胆だと思って採った行動であっても，事後的にみれば必ずしも大胆ではなかったという場合がある（実体経済の悪化と金融危機の負の相乗作用の大きさを把握することは大変難しい），（2）金融システムの安定を確かなものにするための大胆で迅速な政策対応は，政治的に不人気になりがち（危機管理対応が，銀行救済ではなく，金融システム全体を救うために行われることに，国民の理解を得る必要がある），（3）マクロ経済政策は万能薬ではない（力強い経済成長には，別途，過剰の整理及び企業のビジネスモデル調整による生産性向上が必要），を挙げる。そして，危機解決に必要な政策対応の4柱として，第1に，流動性の潤沢な供給，第2に，信用市場の機能の支援，第3に，マクロ経済政策による有効需要の喚起，第4に，公的資本の注入とバランスシートの不確実性の除去，を列記している。

　公的資金投入の関係では，この第4の柱の説明として，「金融機関から不良資産を切り離したうえで，その自己資本を回復させることは，金融の健全性を回復するうえで不可欠な，しかし最も困難な課題です。まず，自己資本の不足額を確定することが難しいという問題があります。証券化商品は多層構造になっており，複雑なリスク・プロファイルをもっているうえ，ここ1年余の間は市場流動性が低下しているため，適正価値を割り出すことが難しくなっています。しかも，実体経済と金融システムの負の相乗作用が追加的な損失を発生させ，金融機関の資本不足への懸念を高めています。この負の循環に歯止めをかけようとしても，目標が逃げ水のように動いていく（moving target）という，把握が難しい現象が生じます。しかも，金融機関に対して十分な金額の公的資本注入を行うという合意を得ることは政治的に難しいことです。」，「これが，公的資本の注入が不十分なものとなり，しかも遅れがちになる理由です。これらの困難を乗り越えるための簡単な解決法は存在しません。政策当局としては，金融機関の資産の悪化状況の把握に全力を尽くしたうえで，たとえ公的

資本の注入が不人気であるとしても，金融システムの安定確保の重要性を国民に説明し，必要な政策対応を受け入れ易くする必要があります。」（傍点筆者）としており，示唆に富む。

第2項　視点〈2〉　公的資金投入

　次に，公的資金投入の視点から日本金融危機を中心とした先行研究を説明する（視点〈2〉）。上述の大村（2008），星＆カシャップ（2010）等も公的資金投入について焦点を当てたものである。

　この他，先行研究として，吉川（1999）[16]，内藤（2002）[17]，星＆カシャップ（2005）[18]，氷見野（2005）[19]，深尾（2007）[20]，西村（2009）[21]，佐藤（2014）[22]などが挙げられる。

世界大恐慌時の「資本注入」方式に着目（内藤）

　このうち，内藤（2002）[23]は，RTC方式（「不良資産買取り」を通じS&L問題の解決に効を奏したと言われる[24]）について，日本経済の状況を比較分析した上で，日本金融危機への適用に否定的な考えを述べている。いわく，「金融

16　吉川顕麿（1999），「公的資金投入と自己資本 ―「金融早期健全化法」「金融再生法」と金融再編―」，『金沢経済大学論集』，第33巻第2号（通巻83号），1-16頁。
17　内藤純一（2002），「平成デフレと1930年代米国の大恐慌との比較研究―信用経済がもたらす影響を中心に」，『PRI Discussion Paper Series』，No. 02A-12，2002年4月，財務省財務総合政策研究所。
18　星岳雄，アニル・カシャップ（2005），「銀行問題の解決法：効くかもしれない処方箋と効くはずのない処方箋」，伊藤隆俊，H・パトリック，D・ワインシュタイン編，『ポスト平成不況の日本経済』，日本経済新聞社，139-178頁。
19　氷見野良三（2005），『検証 BIS規制と日本』，第2版，金融財政事情研究会。
20　深尾光洋（2007），「失われた10年における銀行監督と会計」，『三田商学研究』，第50号第4巻，慶應義塾大学商学部，15-37頁。
21　西村吉正（2009），「不良債権処理政策の経緯と論点」，池尾和人編，『バブル／デフレ期の日本経済と経済政策 4　不良債権と金融危機』，慶応義塾大学出版会，251-283頁。
22　佐藤一郎（2014），「りそな銀行への公的資金投入の意義に関する考察 ―10年経過時点における再評価の試み―」，『城西現代政策研究』，第7巻 第2号，城西大学，3-14頁。
23　内藤純一（2002），「平成デフレと1930年代米国の大恐慌との比較研究―信用経済がもたらす影響を中心に」，『PRI Discussion Paper Series』，No. 02A-12，2002年4月，財務省財務総合政策研究所。
24　Resolution Trust Corporation。1989年に設立された米国の整理信託公社。

機関の破綻が次々と表面化し始めた95年ごろ，いわゆる金融エコノミストたちの有力な意見として，ハード・ランディング路線なるものがあった。それは，政府が不良債権問題にもっと早くから断固とした姿勢で取組み，問題金融機関を市場原理にゆだねて速やかに破綻させれば，問題ははるかに早期に，かつコストは軽度に済んだだろうという見方であった。……金融エコノミストたちは米国の80年代から90年代に実施されたことを念頭において，RTC構想をはじめとする対応策を論じた」が，日本金融危機時の経済状況は，企業の債務負担，経済に占める金融機関の比重，資産デフレの進行といった点で，1980年代から1990年代にかけての米国とは状況が違いすぎるため，「この処方箋は適当ではない」と指摘する[25]。

　同著はむしろ，日本金融危機が，1930年代世界大恐慌時の米国との類似点——自己増殖的な資産デフレと信用収縮，金融機関と企業の相次ぐ破綻，そして対外的債権国であるがゆえの高貯蓄と低投資等——が多いことを示し，大恐慌時に採られたRFCモデル（多くの銀行への「資本注入」で効果を挙げたとされる[26]）に日本も行き着いたことが適当，と示唆している。

「りそな方式」（佐藤）

　佐藤（2014）[27]は，2003年りそな銀行への公的資金投入の意義について，10年経過時点での再評価を行い，当時の金融危機対応会議の議事録や日本銀行の金融政策決定会合の議事録を精査した結果，「精緻な調査や議論を経て決定・対応されたものとは言えず，多分に"見切り発車"的な性格の濃い……一種の"実験"であり，政府・金融当局等の当事者にとっても，はたしてそれがうまくいくかどうかについての絶対的な自信があったわけではない」が，その後の金融システムの安定や株価の推移から「りそな対応は"結果的に"一定の成功を収めたものと，現時点では評価できる」としている[28]。

　分析中，「りそなの場合は，実質的な経営陣（表面上の肩書きに限定せず，

25　前掲論文，15-16頁。
26　Reconstruction Finance Corporation。1932年に設立された復興金融公社。
27　佐藤一郎（2014），「りそな銀行への公的資金投入の意義に関する考察　—10年経過時点における再評価の試み—」，『城西現代政策研究』，第7巻 第2号，城西大学，3-14頁。
28　前掲論文，11頁。

真の経営意思決定を担う者という意味で）の総入れ替えとも言える人事政策とガバナンスの強化が行われた。この点において，破たんを経ていない金融機関への対応としては特殊」と指摘し，これを「りそな方式」と呼んで特出する点[29]は興味深い。

第3項　視点〈3〉　政治経済学

　最後に，政治経済学からの日本金融危機の先行研究について整理する（視点〈3〉）。

日本における「公益政治」の登場（戸矢）

　日本金融危機の政治経済学的分析として特に注目されるのが，戸矢（2003）である。1996年に橋本内閣が提唱した「金融ビッグバン」の改革遂行の政治過程を分析した同書は，同時に1998年の金融国会における公的資金投入を中心とした金融危機対応に関する政治経済学的分析も行っている。これらの「金融政治」（戸矢は，「金融における政策決定過程[30]」の意で用いていると考えられる）の研究により，彼は，「金融ビッグバンを含む1995年以降の金融政治の新しい発展の本質は，政権交代が起こりうる金融危機の世界において，金融政治の決定因として『いまや公衆が重要である』ということ」と結論づけている[31]。

　戸矢は，政治過程におけるアクターを，国家アクター（政治家と官僚）と社会アクター（企業・利益集団と公衆）に分類し，両者の相互作用の2つのパターンとして，国家アクターと利益集団との財・サービスの交換に基づく「利益集団政治」と，国家アクターが利益集団の圧力から独立して行動する「公益政治」とを挙げ[32]，金融ビッグバン・1998年金融国会を含む1995年以降の金融政治において，公衆の支持を獲得するという目的のため「公益政治」が支配的となったことを示している[33]（図3「日本政府における政治的インプットのダ

29　佐藤一郎（2014），前掲，4頁。
30　戸矢（2003），前掲，15頁。
31　前掲書，348頁。
32　前掲書，20頁。
33　前掲書，第7章。

イアグラム」参照)。

　その背景の説明として同書は，以下のように説明している。従前，戦後の日本政治は「仕切られた多元主義」(しばしば業界の利益を擁護する自民党議員の介入を伴いながら，省庁内外の交渉に従事する原局・原課の監督のもとで，業界内・業界間交渉を通して政策が策定される制度[34]) に基づいていたため，「『利益集団政治』になりがちであった[35]」。しかし，「スキャンダル，政策の失敗，そして金融危機が，多くの金融機関の破綻とともに起きた結果，公衆は金融問題に対して非常に敏感に反応するようになった[36]」という状況下で,「政治家，官僚，企業は『国民の敵』になることによりその政治的影響力を失うリスクにさらされ」たため，各アクターは「究極の目標」である「組織存続」を追求し,「公衆の利益 (公益) を促進しよう」とした[37]ものとしている。要するに，彼は，「利益集団政治」が消えたわけではないが，「公益政治」の傾向の方が強くなったとするわけである。

　この日本における「公益政治」の登場の見解は，その後の小泉政権の到来や民主党政権の成立をまさに予見したかのようであり，平成時代が終わり令和にも入った現在の視点からすれば，その先見性と説得性は高く評価されよう。

　そして，とりわけ，本書との関係で重要なのは，戸矢の言う「仕切られた多元主義」・「利益集団政治」とはすなわち，「失われた10年」の1990年代に入る前，日本経済が強かった時期に，「鉄の三角形 (トライアングル)」,「日本株式会社 (Japan Inc.)」等と内外で通説的に強調された「日本政治の特殊性」を指すものであり，戸矢 (2003) は，それが1995年以降は (先進民主主義国家に

34　前掲書，268頁。≪bureaupluralism≫ (Masahiko Aoki (1988), *Information, Incentives, and Bargaining in the Japanese Economy*. Cambridge University Press) に依拠する概念であり，同書は，≪compartmentalized pluralism≫ (佐藤誠三郎・松崎哲久 (1986),『自民党政権』中央公論社), ≪パターン化された多元主義 (patterned pluralism)≫ (Michio Muramatsu and Ellis S. Krauss (1987), "The Conservative Policy Line and the Development of Patterned Pluralism.", Kozo Yamamura et al. eds. *The Political Economy of Japan Vol.1: The Domestic Transformation*. Stanford University Press), ≪官僚的包括型多元主義 (bureaucratic-inclusive pluralism)≫ (猪口孝 (1983),『現代日本政治経済の構図——政府と市場』東洋経済新報社) と並べて，「戦後日本の政策策定を特徴づけるインフォーマルな交渉過程」を概念化したものとしている (同10頁参照)。
35　前掲書，288頁。
36　前掲書，291頁。
37　前掲書，22頁。

おいて一般的な）「公益政治」に「変容」していることを証しているからである。

　つまり，戸矢（2003）は，本書が取り上げる金融問題について，政治経済学的分析を先駆的に行う中で，日本政治の特殊性による「日本異質論」に基づき日米の政治過程の比較をそもそも無理，とする主張を退ける，「鍵」を提示する先行研究と言える。

　そこで，本書においては，図3に示した同書の日本に関するダイアグラムを基礎として，国際的な適用も可能なように修正・発展させたモデルを確立し，これを本書の分析枠組みの1つとして，その後の日本，具体的には，2003年の日本金融危機の収束まで延長して適用し，併せて，米国金融危機対応の政治過程に援用することを通じ，政治的制約面を考慮した両危機対応の比較を試みたい。

図3　戸矢（2003）による日本政府における政治的インプットのダイアグラム

金融政治の新しい発展（1995～）

変化：（1）　1993年以降の世界：連立政権と政権交代の可能性
　　　（2）　失敗：政策の失敗（金融危機）とスキャンダル

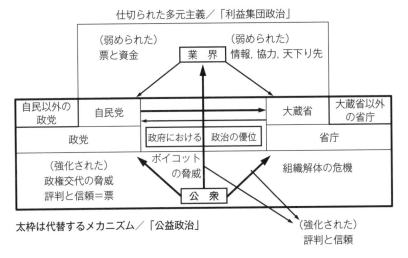

（出所）戸矢（2003），284頁

　この他，日本金融危機の主な政治経済学的研究としては，上川（2005）・
（2010）[38]が，それぞれ高度成長期後1990年代に至る経済政策，小泉政権の構
造改革について，政治経済学的な分析を行っており，金融危機対応についても
取り上げている。両書は戸矢同様に「組織存続」の理論を基礎にしているよう
に見受けられ[39]，日本金融危機の戸矢の分析の延長適用にあたって参考となる。

　上川の両著における主張は，前著が，「官僚組織が長期的な観点からの組織
存続を図るのか，短期的な観点からの組織存続を図るかは，政治家が官僚組織
に対して即座に致命的な制裁を科すことを可能とする制度が機能しているかど
うか[40]」によって決まるという仮定に基づけば，1970年代後半から1990年代前
半にかけての金融政策及び1990年代の金融行政の政策過程における，大蔵省と
日本銀行の各政策行動が適切に説明できる，というものである。具体的には，
1990年代の金融行政における大蔵省については，金融部門を付随的な職務とす
る組織構造をとっていたゆえに，政治家から金融部門の分離という組織として
致命的な制裁を科される可能性が高かったため，「公的資金の投入も含めた抜
本的な対応策をとろうとはせず，先送り策をとり続けた[41]」と断ずる（この点，
最初に公的資金投入を住専問題対応として主導したのが大蔵省であったことを
軽視しすぎている疑問があることについては，後述する[42]）。

　また，後著は，(1)（小泉政権が従来の自民党政策とは異なる経済政策を実
施できたのは，1990年代の政治改革・行政改革により首相の権力が強化され，
官邸主導で政策が決定されるようになったからという「通説」に対し，それ
ら）制度改革だけでは不十分であり，加えて，首相の政策理念が支持されるよ
うな時代状況，与党の衆参両院での多数確保，信賞必罰かつ優秀な人材発掘の
人事，経済環境の好転という諸条件が叶ったため，小泉は「強い首相」足り得
た，(2) 小泉政権の官邸主導にもかかわらず，（政官財の）「鉄の三角形」は依

38　上川龍之進（2005），『経済政策の政治学—90年代経済危機をもたらした「制度配置」の解明』，
　　東洋経済新報社。同（2010），『小泉改革の政治学』，東洋経済新報社。
39　例えば，上川（2005）は，終章（結論と含意）において「本書では……官僚組織を組織存続
　　を究極の目的として合理的に行動する，目的合理的なアクターと仮定した」としている（332頁）。
40　上川（2005），323頁。
41　前掲書，335頁。
42　次章第2節第2項（1995年住専問題）参照。

然として強固である，といった主張を行っている。

不人気政策たる公的資金投入（久米）

　後述するように戸矢の分析枠組みへの修正の1つとして，本書では「メディア」を新たな『社会アクター』として特に追加するが，この関連で久米（2009）[43]が，日本金融危機における公的資金投入についての政治過程を，メディア論調，そして，「公衆」の反応である世論との関連で分析しているのが，大いに参考になる。

　この久米（2009）は，「公衆」の支持を求める「公益政治」の環境下において，金融機関への公的資金投入が政治的制約という意味でどれだけ顕著に不人気な性格を有するかを，データも駆使して示しているもの，と言える。具体的には，新聞報道の数値化によるデータ分析そして世論調査の数値を追い，最終的に竹中プランが採用された政治的条件を検討して，「金融危機が国民世論と政治アクターに十分に深刻なものと認識されることが投入にあたっての重要な条件である」，「公的資金投入がより大きな政策パッケージの一部として提示されることが，その実施を容易にする」との2つの結論を導出している。

　同論文の，「政治的反発の強い公的資金投入策がどのような形で実施されていったか」という問題意識は，本研究が共有するものである。

　この他，西畑（2012）[44]は，公的資金投入等の金融セクターに対する公的支援に対する世論の反発を，"Public Anger"（世論の怒り）と表現し，「平成金融危機」におけるメディアの関連キーワード（「責任追及」等）の使用頻度で，その度合いを計測している。池尾（2009）[45]は，経済学者の手によるものではあるが，2期間3時点モデルを通じ最適破綻処理政策を整理しつつ，この理論的整理を踏まえて日本金融危機時における破綻処理制度の整備過程を追ってお

43　久米郁男（2009），「公的資金投入をめぐる政治過程——住専処理から竹中プランまで」，池尾和人編，『バブル／デフレ期の日本経済と経済政策4　不良債権と金融危機』，慶応義塾大学出版会，215-249頁。

44　西畑一哉（2012），「平成金融危機における責任追及の心理と真理 —Public Anger（世論の怒り）の発生とその対処 —」，『信州大学経済学論集』，第63号，41-122頁。

45　池尾和人（2009），「銀行破綻と監督行政」，同編，『バブル／デフレ期の日本経済と経済政策4　不良債権と金融危機』，慶応義塾大学出版会，79-108頁。

り，その際，世論の影響など多分に政治的文脈も考慮している。

　ジャーナリストの西野は，いわゆる西野三部作（軽部・西野（1999），西野（2001）・（2003）[46]）により，1992年から1998年にわたる日本金融危機の前段・中盤の政治過程を丁寧に追う中で，その最悪期（1996年秋〜1998年暮れ）について，「後に経済失政と呼ばれた政策パッケージが官僚主導の『無謬の合成』であったこと，その後の官僚機構の失権が一時的な『権力の空白』を生み，政策選択の迷走を招いた[47]」と結論付けている。

第3節 「米国金融危機」（リーマン・ショック）を中心とした，これまでの研究

第1項　視点〈1〉　日米金融危機の比較

　まず視点〈1〉で挙げたように日米金融危機の比較の意義を考えるには，大恐慌をはじめ過去に起こってきた諸金融危機を比較した先行研究を，確認することが重要である。

「何度も蘇る多年草」（キンドルバーガー）

　国際的観点からの金融危機の歴史的研究としては，今回の米国危機以前より，キンドルバーガーの『熱狂，恐慌，崩壊——金融恐慌の歴史』[48]が広く知ら

46　軽部謙介・西野智彦（1999），『検証 経済失政―誰が，何を，なぜ間違えたか』，岩波書店。西野智彦（2001），『検証 経済迷走―なぜ危機が続くのか』，岩波新書，同（2003），『検証 経済暗雲―なぜ先送りするのか』，岩波新書。これら三部作は，TBS記者であった西野が時事通信社記者の軽部とともに記した第一作を皮切りに，記者としての取材，政府資料，多くの関係者インタビュー等を通じ，日本金融危機の動向・事実関係を掘り下げ整理した文献である。後述する米国金融危機についてのSorkin（2010）と好対照をなすものであろう。

47　西野（2003），前掲，259頁。

48　チャールズ・P・キンドルバーガー（2004），『熱狂，恐慌，崩壊——金融恐慌の歴史』，吉野俊彦・八木甫訳，日本経済新聞社。なお，当該和訳本は，キンドルバーガーの死去前，最後に出た原著第四版（2000）に基づくものである。
　その後，原著は共著となり，共著者アリバーの手によるリーマン・ショックに関する記述も含めた最新版（第七版）が，前出のKindleberger and Aliber（2015）である。
　なお，一つ前の第六版についても和訳本（チャールズ・P・キンドルバーガー ＆ ロバート・Z・

れている。キンドルバーガーの2003年の死後は，アリバーが共著者として引き継ぎ，米国金融危機（リーマン・ショック）を含め記述を追加しており，その最新版が，キンドルバーガー＆アリバー（2015）である。

　同著は，17世紀，オランダでのチューリップ熱（1636-37年）やそれに10年強先立つ神聖ローマ帝国期ドイツでの三十年戦争初期に生じた金融危機（"Kipper und Wipperzeit"（貨幣変造者が横行した時代），1619-22年）以降[49]，特にヨーロッパを中心とした近現代の諸危機を物語的・記述的・定性的に分析し，最後の貸し手が救済に乗り出すと経済の下降は短期間で済む，と結論付けている[50]。そして，先述のように同著は，めったに起こるべきではない金融危機ではあるが，第1章のタイトル「金融危機——何度も蘇る多年草」に象徴されるように，歴史を振り返れば，むしろ度々起こってきた現象と言い得ることを示している。

「今回はちがう」シンドローム（ラインハート＆ロゴフ）

　ラインハート＆ロゴフ（2009）[51]は，今回の米国金融危機に至るまでの過去約800年[52]にわたる66か国における諸金融危機について，豊富なデータ・統計に基づき，金融危機を5種類（公的対外債務危機，公的国内債務危機，銀行危機，通貨危機，インフレ危機）に分類し，それぞれを定量的に分析している。そして，米国は，サブプライム危機の前段階で，深刻な危機に瀕した国に共通の兆候（資産価格インフレ，借入比率の増大，長期巨額の経常赤字，成長減速など）を示していたが，現代の金融政策当局の手腕に対する信頼等への過信により，"This time is different"（「今回はちがう」）シンドロームに陥っていたと論じる。

　記述的／定量的という分析アプローチの違いはあるものの，数百年にわたる

　アリバー（2014），『熱狂，恐慌，崩壊［原著第6版］金融危機の歴史』，高遠裕子訳，日本経済新聞社）が出ているが，他と同様，本書での訳は筆者によるものである。
49　前掲書，6頁。
50　前掲書，315頁。
51　ラインハート＆ロゴフ（2011），前掲。
52　この800年というのは主に公的対外債務危機に関する分析期間であり，銀行危機については，最も完全なデータを入手できたとする1800年以降の各危機を特に分析している。

諸金融危機を研究した両著に共通するのは，通常の経済学の議論を超えて，金
融危機は繰り返されるものであり，人間の根源的性質に根差すものであるとい
う見解である。

　視点〈1〉，日米金融危機の比較から注目すべきは，両著が共に，この日米
金融危機の規模の大きさについて，数多くの金融危機の中でも顕著で突出して
いることを示している点である。

　先述のようにラインハートとロゴフは，米国金融危機を「大恐慌以来最も深
刻なグローバル金融危機[53]」と位置づける一方，日本金融危機を，第二次世界
大戦後（米国金融危機まで）に先進国で起きた「5大危機」の1つに含めた上
で，その中でも「2007年までの戦後危機で最悪なのは1992年に日本で発生した
もの」（傍点筆者）と明記している[54]。キンドルバーガーの死後，前掲『熱狂，
恐慌，崩壊──金融恐慌の歴史』の記述を受け継いだ共著者アリバーは，リー
マン・ショック後の最新版において，歴史上の「10大金融バブル」に，（日本
金融危機を発生させた）1985〜89年日本の不動産・株式バブルと，（米国金融
危機を発生させた）2002〜2007年米国等の不動産バブルを含めている[55]。

第2項　視点〈2〉　公的資金投入

実務家による議論（IMFほか）

　視点〈2〉，公的資金投入を巡っては，中央銀行を含む政策当局等も，政策
論を中心とした議論を続けてきている。各国政府当局と共にG7，G20等でこ
の議論に参画する国際機関であるIMF（International Monetary Fund：国際
通貨基金）では，1998年5月のWorld Economic Outlookで「広範な銀行問題
の解決には，通常，銀行システムへの信頼を回復し，その健全性と利益性を取
り戻す道に向かわすための，慎重にデザインされた金融分野のリストラ戦略が
必要となる。典型的には，その戦略は，資本注入と一定数の銀行のリストラ，

53　ラインハート＆ロゴフ（2011），前掲，307頁。
54　前掲書，318頁。なお，ここで1992年は，危機の始まりの時を示しており，当該危機は，「失わ
　　れた10年」を引き起こすきっかけとなった，本研究における（1997年をピークとする）日本金融
　　危機を指す。同435頁参照。
55　Kindleberger and Aliber（2015），前掲，p. 18。

そして3つの鍵となる集団——銀行オーナーとマネージャー，預金者を含む債
権者，銀行監督者——が銀行のオペレーションを適切にモニターし，慎重な
（prudent）銀行経営を確保するインセンティブと能力を確立することを含む。」
（傍点筆者）とし，既に公的資金投入の一種である「資本注入」に対して一定
の評価を示している[56]。

　一方，その後の米国他の金融危機対応の経緯を踏まえた整理としては，前出
の2009年10月のIMF Global Financial Stability Reportが，明確に，2007年6月
から2009年6月までの13先進国を対象として，政府・中央銀行による異例の市
場介入（公的資金投入を含む）の有効性を検証し，「ほとんど全てのケースで
資本注入が信用リスク低減に効果的であった一方，銀行の債務に対する保証の
発表は，数ケースだけでしか効果的でなかった[57]。」（傍点筆者）として，より
「資本注入」に積極的な評価を与えている[58]。

　この他，今般の米国金融危機に際し，米国政府が採った公的資金投入策であ
るTARP（詳細後述）について分析した研究として，バーガー（2018）[59]，ブ
ラック＆ヘイゼルウッド（2010）[60]，バーガー＆ローマン（2017）[61]などがある
が，政策的／実務的な議論はもちろん，学術的な整理についてはいまだ途上で
あると思われ，改めて，日米金融危機の比較を通じて公的資金投入の現代的意
義を検討する学術的価値があると考えられる。

56　International Monetary Fund（1998），*World Economic Outlook-Financial Crises : Causes and Indicators.* May 1998. pp. 80-81.
　　ただし，この時点では，資本注入の事例があまり多くなかったということもあり，同レポートは，銀行の損失開示を遅らせてはいけないという点をむしろ重視する側面が強い。このような視点は，リーマン・ショック直後の2008年10月のWorld Economic Outlook（International Monetary Fund（2008），*World Economic Outlook-Financial Stress, Downturns, and Recoveries.* October 2008. pp. 151-153.）にもまだ投影されている。
57　International Monetary Fund（2009），前掲，p. 147。
58　ただし，「まだ包括的な評価をするには早すぎる」（p. 144）との留保は付している。
59　Allen N. Berger（2018），"The Benefits and Costs of the TARP Bailouts: A Critical Assessment", *The Quarterly Journal of Finance.* Vol. 08, No. 02, pp. 1-29.
60　Lamont K. Black and Lieu N. Hazelwood（2013），"The effect of TARP on bank risk-taking", *Journal of Financial Stability,* vol. 9, issue 4, pp. 790-803.
61　Allen N. Berger and Raluca A. Roman（2017），"Did Saving Wall Street Really Save Main Street? The Real Effects of TARP on Local Economic Conditions", *Journal of Financial and Quantitative Analysis,* Volume 52, Issue 5, October 2017, pp.1827-1867.

TARP 1からTARP 2への政策変更に関するバランス・シート分析 （アドマティ）

　上記の日米金融危機をはじめとする公的資金投入の国際的な比較研究の観点からは，アドマティ（2009）[62]のバランス・シート分析が注目される。バランス・シート（貸借対照表）は，必ずしも完全に国際的統一がされているわけではないが，バランス・シート上の左側に示される「資産」を，同じバランス・シート上の右側上部に示される「負債」が上回ってしまえば——つまり，バランス・シート上の右側下部に示される「資本」（＝「資産」－「負債」）が枯渇しマイナス（債務超過）になってしまえば——，企業破綻とみなす，という世界的な共通認識がある。各国金融当局者も，その認識の下で金融監督等を行っている。よって，金融危機対応の国際比較において，会計学的観点も踏まえたバランス・シート分析は，米国だけでなく日本を含む様々な国の，各種の公的資金投入を大きく分類・整理することを可能とすると考えられる。（なお，アドマティが，同様に金融機関のバランス・シート分析を通じ，自己資本規制の強化の重要性等について共著で著したのが，次項で取り上げるアドマティ&ヘルビッヒ（2013）である。）

　アドマティの分析は，経営が『問題化した金融機関』のバランス・シートがどのような状態になっているかを通じ，公的資金投入の分析を行うものである。今般の米国金融危機対応においては，公的資金投入の方式の変更がなされたが，アドマティは同分析によって，その変更の必然性を説明している。すなわち，米国政府は，後に詳しく見るように，TARP（Troubled Asset Relief Program「不良資産救済プログラム」：7,000億ドルの税金による公的資金投入計画）として，その名前が示すように当初の計画である「不良資産買取り」——TARP 1と呼ばれた——を実施しようとしたが，予想以上の資産価値の下落により頓挫し，「資本注入」——TARP 2と呼ばれる——に移行せざるを得なくなった。アドマティは，『問題化した金融機関』が債務超過状況に陥った場合，バランス・シート上「不良資産買取り」が必ずしも効かないことを指摘し，そのため「資本注入」による救済が必要となったと説明している。

　62　Admati（2009），前掲。

　米国金融危機時を含めスタンフォード大学ビジネス・スクール教授として長く金融を教え専門的な研究を続けてきているアドマティによる，現実に米国金融危機対応で起きた政策変更の必然性を，普遍性の高いバランス・シートを通じ喝破するこのシンプル・直截かつ的確な分析は，特に活用するに値するものと考えられる。とりわけ，米国金融危機の政治過程における政策変更の経緯を，日本金融危機と比較しながら政治経済学的に検討する際に，有用であろう。

　そこで本書では，このアドマティ（2009）を発展させた分析枠組み（次節第2項）を通じ，米国金融危機だけでなく日本金融危機における各公的資金投入も，1つのレンズの下に分析したい。

第3項　視点〈3〉　政治経済学

　残る視点〈3〉，政治経済学の視点について，米国を中心とした公的資金投入に関する政治経済学的分析を探すと，ジョンソン＆クワック（2011）[63]，ロサス（2009）[64]，リプシー（2018）[65]，アドマティ＆ヘルビッヒ（2013）[66]などが挙げられる。

レント・シーキング論（ロサス，アドマティ＆ヘルビッヒ）

　このうち，ロサス（2009）は，アルゼンチンやメキシコに着目しつつも，先進国から途上国まで幅広く含む1976-2003年の46か国46銀行危機を回帰分析した結果，権威主義的レジームでは金融機関の救済要求を受け入れやすく，民主的レジームでは納税者の利益を尊重して救済に向かいにくいという傾向を確認した，と主張する。

　前節で触れたアドマティ（2009）同様に，金融機関のバランス・シート分析

[63] サイモン・ジョンソン＆ジェームズ・クワック（2011），『国家対巨大銀行 ― 金融の肥大化による新たな危機』，ダイヤモンド社。（原著は，Simon Johnson and James Kwak（2010）, *13 Bankers : The Wall Street Takeover and the Next Financial Meltdown*, Pantheon Books, New York.）。

[64] Guillermo Rosas（2009）, *Curbing Bailouts: Bank Crises and Democratic Accountability in Comparative Perspective*. Ann Arbor, Michigan : University of Michigan Press.

[65] Phillip Y. Lipscy（2018）, "Democracy and Financial Crisis", *International Organization*, Volume 72, Issue 4, Fall 2018, pp. 937-968.

[66] Admati and Hellwig（2013）, 前掲。

を基に，同氏が共著で著したのが，アドマティ＆ヘルビッヒ（2013）である。同著は，（一義的には，公的資金投入など「危機時」の対応ではなく，金融危機後の再発防止のための「平時」の規制について論じたものであることに注意が必要だが）リーマン・ショックを踏まえ，自己資本規制の強化の重要性を特に訴えている。その際，上記のバランス・シート分析を通じ，預金保険，金融危機時の公的資金投入，借金への税制優遇などの "explicit and implicit government guarantees"（明示的及び黙示的な政府保証）[67] により，銀行が自己資本を抑えるインセンティブが生じることを説明している。その上で，"regulatory capture"（規制の虜。政治家や規制当局が規制対象にとりこまれてしまう状況を指す）の語を多く用いて，銀行と政府の "symbiotic relation"（共生関係）[68] を強調し，それが，今回の米国金融危機にもかかわらず自己資本規制がなかなか進まない理由であると，政治経済学的な議論を展開している。

　これらの多くは，いわゆる「レント・シーキング」論（特殊利益追求論）的な主張であり，金融危機時において巨大な金融機関が政府の公的資金投入を求め，その強力な政治力と――次節で更に詳述する戸矢（2003）が言うところの――「利益集団政治」環境のおかげで，実際に公的資金投入を得ている，という議論の展開が見られる。

第4節 ┃ 本書で使う分析枠組み

　前二節では，日米金融危機に関連する先行研究を，特に本書の研究テーマである「日米金融危機における公的資金投入の政治経済学的比較分析」に関連する3つの視点（〈1〉日米金融危機の比較，〈2〉公的資金投入，〈3〉政治経済学）から概観した。本節では，このうち本研究と特に関連の深い先行研究――星＆カシャップ（2010），アドマティ（2009）及び戸矢（2003）――との関係を整理しつつ，改めて本書の眼目と，そして「分析枠組み」を提示する。

67　Admati and Hellwig（2013），前掲，第9章に詳しい。
68　前掲書，p. 201。

　なお，これら以外の先行研究の視点を採り入れることを排除するものではもちろんなく，例えば久米（2009）の指摘の援用など，本書の該当するところで触れる。

第1項　本書のポイント：星＆カシャップの示す8つの教訓の見直し

　先に少々触れたように，本研究の眼目・ポイントは，特に公的資金投入に特化して，具体的に日本金融危機からの「教訓」に学術的な焦点を当てており，本書の研究課題――「公的資金投入に関し，日米の間で何らかの『学習（learning）』があったのか，そして，公的資金投入に関する日米金融危機からの『教訓（lessons）』は何か」――に直接関連する先行研究である，星＆カシャップ（2010）を見直し，「日米金融危機を通じた教訓」を確立することである。

　具体的には，――日本金融危機からの教訓として8項目を挙げ，日本から米国への学習に関し否定的に解する評価を示しているが，一方，政治的制約については立ち入らないとし，また，掲載（2010年2月）の時点ではまだ米国の対応評価をするには早すぎるとして多くの判断を留保している――星＆カシャップ（2010）について，本書の分析枠組みを通じ，改めて米国金融危機が一定に落ち着いた「現時点」で，「政治経済学的」観点から見直したい。

　ここで，2つの修正面（政治経済学的見直し，現時点での見直し）について，詳しく説明する。

見直し（1）――政治経済学的な観点の導入

　まず，「政治経済学的見直し」についてであるが，星＆カシャップ（2010）は，政治的制約については立ち入らないと明記している。すなわち，「最も明らかなのは，政府支援を提供すれば，当該政策は政治的抵抗を受け得るということである。日本では政治的反発が折に触れて非常に重要であった。政治的制約は様々な形で生じ，政策立案者は皆政治的支持を集めようとするであろうから，我々はこの論点に立ち入らない――それが金融危機において最も重要な課題であったとしても。代わりに，我々は日本で追求された特定の政策のデザイン面に関する教訓に集中する[69]」としており，様々な政治的制約・反発を伴う

複雑な政治過程は，取り上げないとしている。

　しかし，いみじくも彼らのこの記述でも示唆されているように，金融危機対応において政治的反発をどのように乗り越えるかは，正に最大の問題であろう。特に，次章の日米金融危機の経緯でも見るように，不人気かつ論争を呼びやすい政策で，重大な政治的ショックをもたらす性質を有する公的資金投入について，政治的な文脈を深く考慮せずに論じることは不十分ではないかと考える。そこで，本書では，星＆カシャップ（2010）の上述8項目の教訓及び日本から米国への学習に関する評価を，このような公的資金投入の特異な性質を踏まえた「政治経済学的観点」から再検討したい。

見直し（2）──時間経過によるアップデート

　次に2つ目の「現時点での見直し」であるが，同論文は，2010年2月学術誌掲載の時点ではまだ米国の対応評価をするには早すぎるとして，判断を留保している部分が多く見られる。初稿が2008年12月と，危機直後に書かれたものでもあることから，このような留保をしたことは穏健な態度ではあったであろう。

　しかし，現在では，同論文学術誌掲載からも10年以上経っており，米国金融危機自体については当座，脱却したものと言い得るであろう。そして，米国の公的資金投入の成否を踏まえた教訓のアップデートも可能であり，そうすべき時期に来ているのではないかと考える。そこで，本書では，後述するバランス・シート分析等をベースとして，公的資金投入を巡る政治的制約を踏まえつつ，同論文の8項目の教訓を巡る日本から米国への学習に関する評価，そしてそれら教訓自体の妥当性を，米国金融危機が一定に落ち着いた，「現在」の視点から見直したい。

　改めてまとめれば，本研究の眼目・ポイントは，星＆カシャップ（2010）の8項目の教訓及び日本から米国への学習に関する評価を，現在の視点から，バランス・シート分析等を基礎に，公的資金投入の顕著な性質を踏まえた政治経済学的観点から見直し，それに基づき日米金融危機を通じた教訓を確立することである。この検討は本研究の中心を担うものであるため，第4章で相応の紙

69　Hoshi and Kashyap（2010），前掲，p.410。

数を割いて議論することになる。

　以下，次項及び次々項においては，その見直しに当たっての2つの分析枠組みについて，それぞれ先行研究との関係を整理しつつ，説明する。

第2項　『問題化した金融機関』のバランス・シートを通じた分析　　（分析枠組み　その1）

危機下における金融機関のバランス・シート

　前章第2節第2項で若干触れたように，日米金融危機のような危機——より正確には，ラインハート＆ロゴフ（2011）による金融危機の5分類中，「銀行危機」に当たるもの——においては，その存続が『問題化した金融機関』は，いわば経済の底抜けを起こしている穴そのものであり，当該金融危機の深刻さ自体を代表するものとして考え得る。そこで，公的資金投入の政策分析にあたっては，当該金融機関のバランス・シートがどのような状態になっているかを通じて検討することが有益である。前節第2項で述べたように，バランス・シート（貸借対照表）は基本的に世界共通であることから，これを通じた分析によって，日米をはじめ世界各国の金融危機そしてその対応としての各種の公的資金投入を大きく整理することが可能と考えられる。

　そもそも，金融機関の経営問題に関連し，自己資本が重要であるということは，国際的にも基本的に広く認識されている。すなわち，国際的な金融規制の問題を取り扱っているバーゼル銀行監督委員会により，資産リスクのバッファーになると位置付けられた自己資本についての規制（いわゆるBIS規制）が1988年以降示されてきている。各国においても，この国際的な自己資本規制が前提となっている。

　ただし，これらは「平時」における各金融機関の経営問題に向けた対応であることに留意が必要である。一方，本研究が扱っているのは，（金融機関の経営問題が一挙に多行についてシステミックに噴出する）金融危機が起きてしまった（あるいは起きつつある）「危機時」の対応である。前出（前節第2項参照）のアドマティ（2009）は，この危機時の視点を前提として，経営が『問題化した金融機関』のバランス・シートがどのような状態になっているかを通

46

じ，公的資金投入の分析を行っている。

アドマティ（2009）を基に発展させた分析枠組み

　図4に示した「『問題化した金融機関』のバランス・シートを通じた分析」は，このアドマティの観点を基に発展させたものである。具体的には，アドマティが示した――それぞれ「静的（スタティック）」な――左右のバランス・シートと公的資金投入の方式との関係を，筆者においてさらに金融危機自体の深刻さと「動的（ダイナミック）」に結合させ，併せて，日米金融危機，S&L問題及びTARP １・２[70]の例を追加した。

　図4の左のバランス・シートのように，仮に資産の実質価値が負債を上回っていれば，当該金融機関は債務超過には至っていない（＝資本はプラス）。この状況，つまり「流動性（キャッシュ・フロー）問題」の場合，公的資金投入の目的は，流動性を補い心理的萎縮に備えることとなる。これは，「不良資産買取り」――つまり，（各バランス・シート左側に示される）「資産」サイドからの公的資金投入――により，当該不良資産を安定したキャッシュに差し替えることで，実現し得る。（ただし，個々のケースにおいて，買取価格をどうするかは，支援の必要性と納税者負担とのバランスを取る必要があり，難しい問題である。）

　一方，同図の右のバランス・シートのように，資産の実質価値が負債を下回っている場合，問題となる当該金融機関は債務超過（＝資本がマイナス）に陥っており，不良債権の買取りによる流動性供給では必ずしも十分ではなくなる。この「ソルベンシー（純資産）問題」の場合，もし政府が当該金融機関の倒産を認めないのであれば，「資本注入」――つまり，（各バランス・シート右側下部に示される）「資本」サイドからの公的資金投入――をする必要を生じる[71]。

70　Troubled Asset Relief Program １・２。詳細後述。
71　債務超過の場合でも，まだ「不良資産買取り」が有効な場合が有り得る。すなわち，もし政府が資産を実質（＝市場）値を十分に上回る価格で買い取ればである。しかし，それは価格決定に左右される。
　　一方，「資本注入」であれば，直接かつ無条件に債務超過ケースにも有効である。

図4　『問題化した金融機関』のバランス・シートを通じた分析

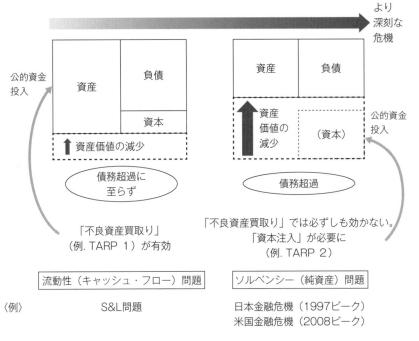

(注) TARP : Troubled Asset Relief Program
(出所) Admati（2009）を基礎として，筆者作成

資産価値の知覚プロセスの問題

　ここで問題は，市場心理に伴い絶え間なく変化する資産の実質価値が，どこまで縮小しているかは，容易に「知覚[72]」し難い，ということである。市場心理の悪化が続いていれば，資産価値も刻々と下落していくであろう（下方スパイラル）。

　我が国の金融危機の際も，当局発表の不良債権――実質価値が損なわれてい

72　人が外部の事象を，ひとまとまりの意味ある対象として捉えるという，一般的な意味で使う。「認知」でも同義となり得るかと思うが，「認める」の字が入っているため，「実態が分かっているが，認めようとしない」ことをメルクマールにしているように誤解される可能性が否めず，ここでは「知覚」の語を採った。あくまで，当局が（分かっていて）認めるかどうかではなく，それ以前におよそ人間として，変動する資産価値の足下の実態を正確にはつかみがたい，遅れも一定に生じざるを得ないことを問題としている。

48

るという意味において，「不良資産」の一種——の総計がどんどん膨らんでい
くこと[73]について，政府に批判が集まった[74]。今回米国でも，次章で詳述する
ように当初，「不良資産買取り」に該当するTARP 1（Troubled Asset Relief
Program 1）を始めたが，予想以上の資産価値の下落により頓挫し，TARP
2による「資本注入」に移行せざるを得なくなった[75]。

　これらの例は，（少なくとも事後的でなければ，）縮小する資産価値を正しく
判定することの困難性を，明らかにしている。仮に「下方スパイラル」が続い
ているのであれば，ある瞬間のスナップショットは，それを「知覚」する時に
はすでに「過去」の「まだましな」情報であることになる。つまり，変動する
資産価値の足下の実態を正確にはつかみ切れず，一定のタイムラグもあるとい
う「知覚プロセス」の問題である。そこにはどうしても一定の限界があり，
（過去の情報からの将来に向けた方向性の）「推測」が入らざるを得ない。これ
は人としての限界であり，（比較的正確な現下の情報を有するであろう）当局
であっても，それは乗り越えられないものがある[76]。ローレンス・サマーズ
（オバマ政権でNEC（National Economic Council：国家経済会議）委員長）が
米国金融危機について語った際にいみじくも言ったように，「（政府の）外にい
る人は，中にいる人は本当は何が起きているか知っているのだと思う傾向があ
る。……しかし，それは本当ではないのだ[77]。」

「不良資産買取り」に対する「資本注入」の優位性

　そして，この「知覚プロセス」の問題こそが，なぜ「資本注入」が「不良資
産買取り」より効くのかの理由である。これは，本分析枠組みが，「動的（ダ

73　経緯を含め，前掲，西村（2009）が詳しい。
74　本書では，危機時の会計制度・手法について詳しく論じることは控えるが，今回の米国金融危
機において，米国が（日本金融危機時の主張と違って）証券化商品の時価会計を一時停止して
対応したこと，そして，時価会計が下方スパイラルに拍車をかける効果があることには，留意が
必要であろう。武藤敏郎編著（2010），『甦る金融—破綻処理の教訓』，金融財政事情研究会，
293頁参照。
75　住専問題に取り組んだ西村元大蔵省銀行局長は，「金融不安と損失見込みのスパイラル的な増
加状況は，'07年夏以降のアメリカにおけるサブプライムローン問題深刻化の過程においても観察
できる」としている。（西村（2009），前掲，256頁。同書259頁にも関連記述あり。）
76　白川日銀総裁（リーマン破綻当時）も，自己資本の不足額に関し，把握が難しい現象について
言及している。白川（2009），前掲。第2章第2節第1項参照。
77　April 6, 2011. as a guest speaker at the class of "The Financial Crisis", Stanford Graduate
School of Business.

イナミック)」なもの——『問題化した金融機関』のバランス・シート，及び，公的資金投入の方式を，下方スパイラルのレベルによる金融危機自体の深刻さの「程度」と連動させている——である結果として，見えてくることである。

　要するに，金融危機時において，上記の「知覚プロセス」の制約上，人々は，現在自分達が直面しているのは「流動性（キャッシュ・フロー）問題レベル」の危機——『問題化した金融機関』は，債務超過には至っていないが，一時的に当座のキャッシュ・フロー，つまり，流動性の確保に問題を生じているレベルに止まっており，借入でもキャッシュさえ確保できれば持ち直す状況——なのか，あるいは，「ソルベンシー（純資産）問題レベル」の危機——『問題化した金融機関』は，そもそも債務超過に至っており，借入で当座のキャッシュを確保したとしても，もはや企業体として存続できない状況——なのか，確信が持てない。

　金融機関も規制当局も共に，（ソルベンシー問題となれば資本規制の順守失敗となりかねないことから）現在の危機は流動性問題レベルであると言うインセンティブを有しているが[78]，実のところ，彼ら自身としても危機が現時点でどのレベルにあるかは断じ難い。ましてや，市場関係者一般であれば，尚更である。

　不確かさと疑念の中，仮にソルベンシー問題に至っていたとしても効果的な「資本注入」は，『問題化した金融機関』，市場，ひいては経済全体に対する，より強力な支援と信用を確かなものとし得るのである。

危機の深刻さとのつながり

　なお，前章第2節第2項でも触れたように，この「『問題化した金融機関』のバランス・シートを通じた分析」を適用して，事後的にではあるが，各危機の深刻さを測ることができる。換言すれば，危機がいずれの公的資金投入方式で解決されたかによって，危機の深刻さが示されるわけであり，端的には，不良資産買取りで解決されたとされるS&L問題は，資本注入まで要した1990・2000年代の日米金融危機の深刻さには比肩しがたいということである。

　本研究においては，以上の「『問題化した金融機関』のバランス・シートを

78　Jeremy Bulow (2011), "Lecture note for the class of The Financial Crisis", Stanford Graduate School of Business.

通じた分析」というレンズを用いて，日米金融危機対応の経緯を追っていきたい。

「国有化」の位置付け

なお，いわゆる「国有化（nationalization）[79]」――日本金融危機では，長銀・日債銀に適用された手法――は，強制的に当該金融機関の支配的株式を取得して国の管理下で倒産させるものであり，資産サイドではなく資本サイドに関わるため，その限りで資本注入に類する。しかし，「資本注入」は，（りそな公的資金投入に見られるように相当のリストラを求めたとしても）当該機関の「存続」を前提とするものである。つまり，「国有化」は「非」救済的資本注入であり，（狭義の）「資本注入」は救済的資本注入となる（本書では，特に断らなければ，「資本注入」は狭義の意で使用し，「国有化」と区別する）。

第3項 『公益政治』における国家・社会アクターによる 『自己存続』モデル（分析枠組み その2）

本書が特に依拠する政治経済学（本書においては「経済政策の策定過程を政治学あるいは社会科学一般に関連付けて論じる」こと。第1章第1節の注参照）的な分析を行うにあたり，日米金融危機に対応する関係者（アクター）の役割を解明し，公的資金投入を巡る政治的制約を考察していく必要がある。

79　国有化という言葉は，世の中一般には，国による多様な関与の段階を含み得るものであり，例えば，世上，りそな銀行への資本注入も（実質）国有化と呼ばれるようなこともある。

　しかし，本研究では，本文のように，強制的に当該金融機関の支配的株式を取得して国の管理下で倒産させるものを「国有化（nationalization）」と呼び，（りそな銀行に対するように，経営陣退陣や給与カットなど相当のリストラを求めたとしても）その金融機関の存続自体は認める「資本注入（recapitalization / capital injection）」と区別している。これは，例えば，Hoshi and Kashyap（2010）が，長銀・日債銀の処置を "nationalized the Long-Term Credit Bank of Japan（LTCB）and… the Nippon Credit Bank（NCB）" と言及し，りそなへの資本注入を "injected capital into Resona Bank" と記している（p. 409）ことと，軌を一にする。

　これは公的資金投入に関する専門研究では通常の区別であるが，金融危機対応が広く世の中の関心を集めるものであり，そのような専門的知識無く（多義的になり得る）国有化と言う語が使用されているケースも多いため，注意が必要である。

日米政治過程を比較する「鍵」となる，戸矢（2003）の先見性

　この点，先述のように[80]，戸矢（2003）は，公衆の支持が重要化した「公益政治」下における，『国家アクター』（「政治家」と「官僚」）と『社会アクター』（「企業・利益集団」と「公衆」）の[81]，「組織存続」を究極の目標とした合理的な計算に基づく戦略的相互作用が，政治的な結果をもたらす，というモデルを提示している。具体的には，先に図3に示した日本政府における政治的インプットのダイアグラムに示されるモデルであり，これは，「公益政治」という角度から，その後の小泉政権の到来や民主党政権の成立をまさに予見したかのようであり，そして，本書が取り組む金融問題に関する政治経済学的分析に，先駆的に適用されているという点で，特に活用するに値するものと考えられる。

　残念ながら戸矢は，スタンフォード大学の博士論文であった同書[82]を遺作に夭折したため，その後の日本金融危機対応はもちろん，今般の米国金融危機対応の政治過程も追ってはいない。しかし，この日本における「公益政治」の登場の見解は，上述のように平成時代が終わり令和時代にも入った現在の視点からすれば，その先見性と説得性は高く評価されよう。

　加えて，同書は，「日本異質論」を超克し，日米政治過程を比較する「鍵」を示しており，本研究において重要な位置を占めている。すなわち，従前指摘されることの多かった日本政治の特殊性の強調——しばしば「鉄の三角形（トライアングル）」，「日本株式会社（Japan Inc.[83]）」と称され，戸矢（2003）では「利益集団政治」・「仕切られた多元主義」と整理されている，政財官のインフォーマルで閉じられた政策策定過程——は，戸矢（2003）が鮮やかに論じたように，政治過程における「公衆」の重要性が高まり「公益政治」環境が主流化した1990年代半ば以降の日本においては，もはや適さないものとなっている。

　よって，日本異質論に基づき日米の政治過程の比較をそもそも無理とする主張は，戸矢（2003）により退けることができる。特に小泉政権を起爆としてポ

ピュリズムが研究[84]されるようにまでなった日本政治の経緯を知る現在の我々からすれば，上記のような日本異質論で米国との比較可能性を否定することは，十分に不適当と考えられるであろう。

日米金融危機いずれにおいても，公的資金投入に当たっては，望もうが望むまいが，「公衆」の意見に配慮する必要がある政治環境にあったのである。

戸矢モデルからの修正・発展（1）――「自己存続」の論理

そこで，この戸矢（2003）のモデルを基礎として，本研究の目的に照らし，米国への援用にも向けて修正・発展させ，本書のもう1つの分析枠組みとしたい。

その修正・発展についてであるが，戸矢は，上記モデルを用いて，金融ビッグバン・1998年金融国会を含む1995年以降の金融政治において，「公衆」の支持を獲得するという目的のため「公益政治」が支配的となったことを示しており，日本について，1998年金融国会後についても，戸矢のモデルを基本的にそのまま活用して分析を進めることに，特に問題はないであろう。

一方，米国に援用するには，一定の修正が必要となる（なお，国際間での比較は，戸矢（2003）自体において同書の研究を拡大する有望な領域の1つとされているが，その際，同研究の改善が必要であろうことがすでに認識されている[85]）。それは，日本の官庁が基本的に新卒採用者からの生涯的な内部登用で人材を確保しており，戦略の決定にあたっても強い組織としての一体・一貫性が前提となるのに対し，中央銀行（FRB）を含む米国の官庁では，リボルビング・ドア（回転扉）と称されるように，財界・学界など外部との人材の頻繁な行き来が通常であり，組織としての一体・一貫性というよりも，時々のトップの個性に，戦略の決定がより強く左右されるという違いによるものである。

この点，戸矢は「組織存続」がアクターの究極の目標とし，利益が異なる組織内集団が組織のコントロールをめぐって争い，最終的に組織存続という目標に対して最も有効であると思われる戦略が組織としての戦略となる，という

---

84 例えば，大嶽秀夫（2006），『小泉純一郎 ポピュリズムの研究―その戦略と手法』，東洋経済新報社。
85 戸矢（2003），前掲，374-375頁。

「組織存続の論理」を前提としている[86]。しかし，上記のように組織よりも個人の判断が強く出る米国の状況を踏まえる必要がある。そこで，本研究では，戸矢が同論理を導出する際に経由した「自己存続」[87]に遡り，戸矢のモデルを修正したい。具体的には，独立のアクターと考えられる組織のトップ（例えば，財務長官やFRB議長）は，リボルビング・ドアで向かうであろう外部も含めた『オピニオン・リーダー』全般の世界（＝指導層の世界）において，自己の評判と信頼を確保できるような「自己存続」の戦略を採用し，それが基本的に組織としての戦略となるものと考える（よって，組織内での戦略をめぐる争いは，基本的に生じないと考え得る）。

戸矢モデルからの修正・発展（２）——有識者の扱い

　もう１つの修正は，『国家アクター』の中でのいわゆる有識者の扱いである。日本においては，新卒採用者として官庁に入った者以外は，「官僚」には入らないであろう。よって，例えば当初一有識者として金融担当大臣となった竹中平蔵は，むしろ「政治家」に分類するのが適当であろう（竹中は，その後参議院議員となったことで，名実ともに「政治家」アクターとなったわけであるが）。

　一方，ゴールドマン・サックスCEOから転身したヘンリー・ポールソン財務長官を「官僚」と呼ぶことは，日本的感覚ではとまどいもある。しかし，採用はU.S. Treasury——米国政府の財務省。平成13年の省庁等再編後の今では，日本の財政当局も「財務省」であるため，以下，区別明確化のため基本的に「米国財務省」と記す——であったものの，国際機関であるIMF[88]の局長，そしてニューヨーク連銀総裁を経てポールソンの後任となったティモシー・ガイトナーや，長くプリンストン大学教授であったベン・バーナンキFRB議長と並べて見た場合，むしろ「政治家」の端的なメルクマールである，選挙を経ているかという点で線を引くべきではないかと思う。（ポールソン財務長官の下で財務次官補（経済政策担当）を務めたフィリップ・スウェイゲルも，インタ

86　前掲書，第2章。
87　前掲書，45頁。
88　International Monetary Fund：国際通貨基金

54

ビューで「ポールソンは政治家（politician）ではないが……」と筆者に語っており[89]，そもそも，ポールソン長官自身も自伝で，「私は政治家ではありませんが，……（"I'm not a politician, but…"）」との自分の発言を記している[90]。米国における感覚としても，この整理は自然であると考えられる。）よって，米国において『国家アクター』であるこれら3人の有識者は，むしろ「官僚」として分類したい。（なお，どちらの修正も，図3上は直接影響しないことに留意されたい。）

　なお，このような修正を加えたモデルで日本の分析を行っても，日本では組織の一体・一貫性が強いことから，基本的に組織の自己存続＝組織存続となり，元の戸矢（2003）のモデルそのものに読み替えられて適用されるため，支障は生じないと考えられる。

戸矢モデルからの修正・発展（3）――アクターとしての「メディア」の追加

　別途，米国適用とは別の観点で，修正したい点がある。それは，客観的な「公益」――公衆にとっての客観的な社会的・経済的な利益の総計――と，「公衆の支持」――公衆からの主観的な支持――とには，「ずれ」があり得，戸矢もこの点認識している[91]ことに関係する。

　では，この主観的な「公衆の支持」はどのように形成されるのであろうか。あるいは，どのようにその他のアクター（政治家，官僚，企業・利益集団）にそれと認識されるのであろうか。この点，まず「メディア」の影響は無視できないと思われる。特定イシューが社会的問題となり世論調査がされるまで，そして調査後もその質問の明確さや刻々と移り変わる実際の政治状況下での問題とのずれ等により，「公衆」が何を支持しているかの解釈は，主に「メディア」が務めることは，日米とも同様であろう。そして，「メディア」が「公衆」の意見を単に鏡として映すだけでなく，時に主体的にそれを主導する[92]ことも，日米で共通するであろう。

---

89 Phillip Swagel（メリーランド大学教授，元財務次官補（経済政策担当），インタビュー，2014年8月21日，於，メリーランド大学。
90 Paulson（2010），前掲，p.293。
91 戸矢（2003），前掲，92頁。
92 西畑（2012），前掲も参照。

　したがって，本書では，主観的な「公衆の支持」を形成・解釈する『社会ア
クター』としての「メディア」を，政策形成過程の解釈において，別個に捉え
たい。よって，本書では，戸矢のモデルに対し，1つの『社会アクター』，す
なわち「メディア」を特に追加したいと考える。

　なお，客観的な「公益」とは，将来（例えば，数十年後）に振り返って，あ
の時が分岐点であり，様々な政策の選択肢があったが，この現実的で責任ある
政策を採ったおかげで，現在，国民・社会が繁栄していると言い得る「歴史の
検証に耐える政策」を立案実施することで，実現された社会経済全体の利益，
と換言できよう。（金融行政・金融政策においては，「公益」性は，一般に，国
民経済の健全性と成長に機能的かつ安定的に資することを指すものと思われる
が，それを，政策全般に拡張したものとも言える。）

　以上により，日米ともに，「公衆」が重きを得た「公益政治」環境下におい
て，「自己存続」を究極の目標とした『国家アクター』（「政治家」，「官僚」）及
び『社会アクター』（「企業・利益集団」，「メディア」，「公衆」）の合理的な計
算に基づく戦略的相互作用が，政治的な結果をもたらすというモデル――以下，
「『公益政治』における国家・社会アクターによる『自己存続』モデル」と呼ぶ
――が適用可能と考えられ，当該モデルを分析枠組みとして，日米金融危機対
応の各政治過程を概観していきたい（図5参照。表記も日本の固有名詞から一
般化した表記としている。なお，本研究では，実態から考えて，指導層に当た
る，「公衆」ではない全てのアクターの総称として，『オピニオン・リーダー』
を用いる）。

図5 「公益政治」における国家・社会アクターによる「自己存続」モデル

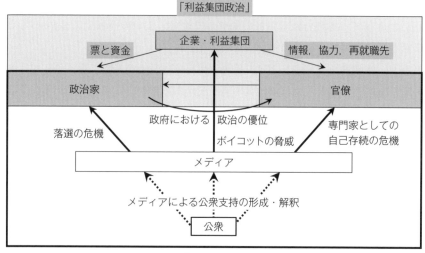

「公益政治」

(注) 図上の各アクターのグルーピングとして，以下の用語を用いる。
※『国家アクター』:「政治家」と「官僚」（＝政府）
※『社会アクター』:「企業・利益集団」,「メディア」及び「公衆」（＝非政府）
※『オピニオン・リーダー』:「公衆」以外の全てのアクターの総称（＝指導層）
(出所) 戸矢（2003）を基礎として，筆者作成

第5節 ▮「現時点」からの，そして，「政治経済学」的な見直し

　以上のように，金融危機についての文献は多岐・膨大であるところ，本章第2・3節では，それぞれ日本金融危機及び米国金融危機を中心とした研究について，本書の研究テーマである「日米金融危機における公的資金投入の政治経済学的比較分析」に関連する〈1〉日米金融危機，〈2〉公的資金投入，〈3〉政治経済学という3つの視点を踏まえ，先行研究を整理した。

　これらの視点を兼ね備えた先行研究は必ずしも多くはないが，特に，本書の研究課題（リサーチ・クエスチョン）である「公的資金投入に関し，日米の間で何らかの『学習（learning）』があったのか，そして，公的資金投入に関す

る日米金融危機からの『教訓（lessons）』は何か」に，直接関連する先行研究としては，星＆カシャップ（2010）が注目される。

　ただし，同論文は，政治的制約については立ち入らないとしている。また，掲載の時点ではまだ米国の対応評価をするには早すぎるとして判断を留保している部分も多く見られる。そこで，本研究の眼目は，当該星＆カシャップ（2010）の8項目の教訓及び日本から米国への学習に関する評価を，現時点で，政治経済学的観点から見直し，日米金融危機を通じた教訓を確立することである。

　その見直しにあたっては，前節で説明した2つの分析枠組みを用いる。

　1つは，「静的（スタティック）」なアドマティ（2009）の視点を基礎として，より「動的（ダイナミック）」に発展させた「『問題化した金融機関』のバランス・シートを通じた分析」である。具体的には，その存続が『問題化した金融機関』——経済の底抜けを起こしている穴そのものであり，当該金融危機の深刻さ自体を代表するものとして考え得る——のバランス・シート（貸借対照表）がどのような状態になっているかを通じ，公的資金投入の政策分析を行うものである。

　もう1つは，戸矢（2003）が，（金融ビッグバン・1998年金融国会を含む）1995年以降の日本の金融政治において，「公衆」の支持を獲得するという目的のため「公益政治」が支配的となったことを示す際に使用した，日本政府における政治的インプットのダイアグラムを基礎として，米国への援用も視野に，より発展させた分析枠組み——「『公益政治』における国家・社会アクターによる『自己存続』モデル」——である。具体的には，「公衆」の支持が重要化した「公益政治」下における，『国家アクター』（「政治家」と「官僚」）と『社会アクター』（「企業・利益集団」と「公衆」）の，組織存続を究極の目標とした合理的な計算に基づく戦略的相互作用が，政治的な結果をもたらす，という戸矢（2003）のモデルについて，組織よりも個人の判断が強く出る米国の状況を踏まえ，戸矢が「組織存続の論理」を導出する際に経由した「自己存続」に遡り，併せて，主観的な「公衆の支持」を形成・解釈する「メディア」を，政策形成過程の解釈において別個に捉えるため，1つの『社会アクター』として

特に追加する等，発展させ，これを「『公益政治』における国家・社会アク
ターによる『自己存続』モデル」と位置付け，本書の政治経済学的分析に用い
るものである。

　まとめれば，日米金融危機に関する先行研究を踏まえ，本研究は，特に，ア
ドマティ（2009）及び戸矢（2003）を発展させた分析枠組み（「『問題化した金
融機関』のバランス・シートを通じた分析」及び「『公益政治』における国家・
社会アクターによる『自己存続』モデル」）を用い，現時点で改めて日米の公
的資金投入に関する政治経済学的な比較分析を行い，星＆カシャップ（2010）
の修正を図る。換言すれば，同論文に欠けた政治的制約を巡る分析を政治経済
学的観点から埋め，加えて，10年以上後の今，同論文が基礎とできなかった米
金融危機後の米国経済の順調な相当の回復そして回顧録等の文献も踏まえ，上
記分析枠組みを通じ，教訓自体を再考することで，本書の研究課題（リサー
チ・クエスチョン）である，「日米金融危機対応としての公的資金投入に関し，
日米の間で何らかの『学習（learning)』があったのか，そして，公的資金投
入に関する日米金融危機からの『教訓（lessons)』は何か」に答えていきたい。

第 **3** 章

今こそ振り返るべき,
日米金融危機の経緯

第 1 節 ┃ 平成金融危機 vs. リーマン・ショック

　本章では,前章で示した先行研究及び分析枠組みをベースに,政治的制約を考慮に入れて,日米金融危機対応の経緯を分析する。

　具体的には,日本金融危機——いわゆる平成金融危機——については,1997年を中心に,1990年初の株価暴落に象徴されるバブル崩壊を踏まえた1992年の宮澤首相「公的援助」発言から始まり,公的資金投入が政治的タブー化した1995年の住専問題,三洋証券・北海道拓殖銀行・山一証券の巨大連続破綻が起きた1997年,そしていわゆる「失われた10年」を経て,2003年のりそな銀行への公的資金投入を契機とした株式市場の底打ちまでを辿る。

　一方,米国金融危機——いわゆるリーマン・ショック——については,2006年米国住宅価格の反転に伴うサブプライム・ローン問題に発し,2008年ベアー・スターンズ及びファニー・メイ,フレディ・マック救済,そしてリーマン破綻,AIG救済と7,000億ドルの財政資金を用意したTroubled Asset Relief Program(TARP:不良資産救済プログラム),そして,2009年オバマ政権発足後,株価反転等の一段落までを追う。

　なお,以下に見るように,日米両国は,それぞれの国における主要金融機関

の連続破綻を直接の引き金とするなど同種の大規模な金融危機に対し、共に経済大国かつ先進民主主義国家であるなど政治経済的に似通った条件・制約の下で対応を迫られ、いずれも公的資金投入を伴う対応を行ったものである。

　しかし、もちろん全てが同じというわけではない。例えば、米国金融危機が、いわゆるシャドウ・バンキング・システム——商業銀行以外の金融機関、すなわち、投資銀行（＝日本では「証券会社」に該当）やヘッジ・ファンド等が、金融仲介業務の主流を握る状態となった体制——の下で起こったのに対し、日本金融危機は、商業銀行が中心である伝統的バンキング・システムの中で発生した[1]。また、日本金融危機が先に起きたため、米国は日本の対応を参考にする余地があったが、先行した日本には当然その機会はなかった。他にも、上記の本章で見る両危機各タイムスパンの違いにも表れているように、その危機に至る経済悪化のスピード・プロセスは日本では比較的時間がかかったが、米国では非常に短かったという違いもある。そして、冷戦後、1990・2000年代において世界の政治経済をリードする唯一の超大国と言える米国は、いわゆるグローバル・スタンダード・セッターの地位を有していたが、日本はその地位は有していなかった。

　このような各種の相違は十分に踏まえつつも、本章の分析を通じ、日米金融危機及び危機対応の、大きく非常に共通する姿を明らかにしていきたい。

　以上に沿って、本章の構成は、まず次節で、1997年をピークとする日本金融危機への上記期間における対応経緯を追う。続けて第3節において、2008年をピークとする米国金融危機への上記期間における対応経緯を概観する。第4節においては、これら日米金融危機における公的資金投入についての簡潔なまとめを行い、次章以降の比較分析に向けて、整理する。

1　この違いは、第1章第1節で触れた日米の間接金融中心vs.直接金融中心の相違に関連するものと言えよう。

<table>
<tr><td>第2節</td><td>平成金融危機の経緯──1997年をピークとする
日本金融危機</td></tr>
</table>

　以下，本節では，1997年をピークとする日本金融危機，つまり，いわゆる平成金融危機の経緯を概観する。

　その際，事実関係を整理するものとして，官邸を含む日本政府・日本銀行そして預金保険機構等による発表や国会議事録などの公的な文献をはじめ，久米（2009）[2]，鎌倉（2005）[3]，軽部・西野（1999）[4]，西野（2001）・（2003）[5]などの論文・著作や，新聞記事等を特に参考としている。

第1項　バブル崩壊と1992年宮澤「公的援助」発言

　後に「バブル」と称される1980年代後半の日本経済の顕著な活況は，1990年代に入るとともに「崩壊」に至った。株価は1989年12月[6]を，不動産価格は1991年[7]を頂点に，長い低迷期に突入した。1992年には，預金保険制度導入[8]後初めての資金援助（貸付）が実施された。これは，前年の愛媛の東邦相互銀行の経営悪化を受けた伊予銀行による救済合併に対する資金援助だが，ついに「護送船団方式」による「金融機関不倒神話」が崩れ，金融機関の破綻が現実の問題となってきたものと言える[9]。

　バブル崩壊を踏まえた公的資金投入を研究対象政策の中心に据えた場合，

2　久米（2009），前掲。
3　鎌倉治子（2005），「金融システム安定化のための公的資金注入の経緯と現状」，『調査と情報』第477号，国立国会図書館。
4　軽部・西野（1999），前掲。
5　西野（2001）及び同（2003），前掲。
6　日経平均株価は，1989年12月29日に史上最高値38,957.44円を記録。
7　公示地価は，1975年以降1991年まで住宅地・商業地とも一貫して伸び続け，1975年＝100として，1991年に住宅地325.38・商業地299.44と史上最高値を記録（全国ベース）。
8　1971年導入。具体的には，1971年3月，預金保険法が制定され，同年7月，同法に基づき預金保険機構が設立された。
9　西畑（2012），前掲。

62

1992年8月30日に自民党軽井沢セミナーで宮澤喜一総理大臣が，金融機関が持つ不動産の流動化について「必要なら公的援助をすることもやぶさかではない」と発言したことは，やはり注目すべきであろう。国家首脳が，経済政策ツールの一種として一般に認知されていない公的資金投入を最初に提言するというのは，通常考えられないことである。この発言に先立つ同月半ば，宮澤総理は密かに，東証緊急閉鎖と併せ公的資金投入へ踏み込むという「ショック療法」を構想している。しかし，宮澤自身が作成を命じた[10]大蔵省ペーパー（「金融行政の当面の運営について」：上記ショック療法よりもマイルドな，民間資金を念頭にした金融機関の担保不動産買取り機構の創設検討や，株価対策を盛り込んだもの）の発表により，株価が持ち直したことから，この構想は流れた。それでも金融システムを憂慮する宮澤総理は，やはり「根本的にある事態というのは，どうしてもやっぱり国民に分かってもらわなければいけない」と考え，あえて公に上記の発言をしたわけである。

　しかし，「公衆」の理解が得られるはずがないと判断した財界も官界もこの発言を支持せず，実現に至らなかった[11]（セミナー前に，宮澤総理は，軽井沢の別荘に大手銀行の頭取を一斉に集め，不良債権処理のための金融機関への公的資金投入をどう思うかと問うたが，皆揃って反対している[12]）。

　宮澤発言を，「『問題化した金融機関』のバランス・シートを通じた分析」を踏まえ整理すると，その公的資金投入の形は，株価・地価等が下落する中，金融機関が持つ担保不動産を買取る構想，つまり，資産サイドからの支援であり，「不良資産買取り」に当たるものである。つまり，後に日本も米国も踏み込むことになる「資本注入」ではない。しかし，このバブル崩壊後かなり初期の段階で，不人気政策である公的資金投入をまがりなりにも提言したのは，今から振り返れば慧眼とも言えよう。当該公的援助発言をそのまま通していれば，少

10　日本経済新聞社（2000a），『検証バブル　犯意なき過ち』日本経済新聞社，77頁。

11　前掲書，3-20及び77-82頁。また，久米（2009），前掲，218-221頁参照。

12　西川善文（2011），『ザ・ラストバンカー　西川善文回顧録』，講談社，137-138頁。西川元三井住友銀行頭取・元住友銀行頭取が，先々代の巽外夫元住友銀行頭取から聞いた話として紹介し，「公的資金が注入されるとトップの責任問題につながると懸念したのであろうし，世間はそれほど大手銀行に対して厳しい批判の目を向けていたのは間違いない。」と，「公衆」の反発と，それに基づく経営責任問題が制約になったことを強調している。

なくとも国家首脳のリーダーシップ発揮の顕著な例となっていたであろうし，経済的効果としても，金融危機がそこまで深刻な状況に至る前であったため，米国S&L問題時のように「不良資産買取り」が有効に効く可能性も十分にあったであろう。

　なお，この時点では，具体的な政府案として国民に提案されるには至っておらず，まだ公的資金投入が政治的タブー化した訳ではなかったと考えられる。

　「『公益政治』における国家・社会アクターによる『自己存続』モデル」を適用すれば，同モデルの基である戸矢（2003）は1995年より前の日本政治は未だ「仕切られた多元主義」下，即ち基本的に「利益集団政治」となる環境であったとすることから，当該宮澤発言についても，仮に具体的政府案として実際に提案され「公衆」が反対をするに至っていたとしても，『国家アクター』である「政治家」（自民党），「官僚」（大蔵省）と，『社会アクター』の「企業・利益集団」（経済団体）が合意すれば，実現する可能性があったと推論できる。

　ただ，ここで留意すべきは，戸矢も認識しているように，「仕切られた多元主義」の下で「利益集団政治」が一般的な環境でも，政治家に対しては選挙という直接的な形で，また官僚，企業に対しては潜在的に「国民の敵」と化して自己（＝組織）存続への危機を招きかねないという間接的な形で，それぞれ「公衆」からの一定の影響力がある。この点，興味深いのは，これら日本の『オピニオン・リーダー』（前述のように，本書では，「公衆」ではない全てのアクターを指す。前章第4節第3項参照）の中で，例外的に長老銀行家らが「銀行への政府関与の契機となることを嫌」ったのを理由としたことなどを除けば，ほぼ揃って宮澤発言への反対理由は，「公衆」の理解が得られない旨であったことである（リチャード・クーは，「メディア」の反発を投入に至らなかった原因と主張している。「公衆」意見と「メディア」論調との相互関係について，前章第4節第3項を参照のこと）[13]。

　まだ「公益政治」が顕在化する以前から，「公衆」への配慮が政策不採用にあたり影響を与えたのは，翌1993年の自民党下野に向けて「公益政治」到来が

13　久米（2009），前掲，219-220頁。

近づいていたとも見ることができるが，それにもまして，公的資金投入という政策の元来的な不人気さが反映したものと考えられよう。

　宮澤発言が不発となる一方で，日本経済は着実に悪化していった。

第2項　1995年住専問題

　日本で，（米国の2008年危機に比肩する）本格的な危機が起こったのは1997年であるが，1995年の住専問題は，そこに至る兆候的段階において公的資金投入がタブー化されたという点で，政治経済学的視点から非常に重要であろう。住専問題とは，住専と呼ばれる住宅ローン専門諸会社の破綻問題であり，奇しくも[14]今般の米国金融危機につながったサブプライム・ローン問題と同様，住宅貸付に関連して発生した。

　翌1996年のいわゆる住専国会に対し，政府は，当時銀行局（銀行に関わる監督等の業務を所掌[15]）と主計局（国家予算査定を所掌）が共に属していた大蔵省が中心となり，6,850億円の公的資金投入を案として臨んだ。

　初の具体的な公的資金投入案と言うべきこの住専処理策は，住専の清算のために公的資金を投入するもので，これにより，住専に対し資金を提供していた銀行及び農林系金融機関を実質的に助けるものであった。具体的には，バブル崩壊で住専以外への貸付も含め不良債権で弱っていた貸し手の金融機関を事実上支援することで金融システムの安定を図るべく，公的資金は，住専の清算時に生じる損失額と，これら金融機関が放棄し得る金額との「差」を補うために使用される案であった[16]。これは，金融機関からみた場合，住専への貸付という資産サイドからの支援であったので，「『問題化した金融機関』のバランス・シートを通じた分析」上，「資本注入」よりは「不良資産買取り」に類するも

14　これら1900・2000年代の日米金融危機並みの深刻な金融危機が，必ず住宅関係から発生するものだとは決して言えないものの，両危機が住宅関係をトリガーとして発生したことは十分に留意すべきであろう。（住宅分野が，一般にGDPの大宗を占める主要項目である個人消費において重みを有することの表れとも考えられようか。）

15　検査については，1992年7月に分離された大臣官房（総合調整を担当する局：民間の総務部に該当）に金融検査部が設置されていた。

16　首相官邸，「住専処理策について」。<https://www.kantei.go.jp/jp/kakugikettei/jyusen/index-j.html（2021年6月1日現在）>参照。

のであった。なお，支援は公的機関である預金保険機構によって行われ，その原資は「税金」であり，1996年度予算で措置された。

　政府は，これは金融システム維持及び日本経済救済のために不可欠な案であると強調したが，「金融業界の特別扱い」に激しい批判を浴びた。「メディア」は，特に1996年に入り反対報道を急増させた。久米（2009）の分析によれば，政治経済欄より「社会面に現れた強い反対報道」，つまり，経済政策上の賛否の議論ではなく，社会心理的な感情的反発に基づく反対の増加が，顕著であった[17]。反対に回る有識者も多かった[18]。

　このような状況下，朝日新聞が行った世論調査によれば，87％の「公衆」は公的資金投入に反対であった[19]。金融機関及び官僚のスキャンダル（大和銀行ニューヨーク支店事件，大蔵不祥事等）と重なり，この「公衆」の批判は，上記案——その後の巨額の公的資金投入枠組みに比べれば，「わずか（tiny）[20]」6,850億円の案であったにもかかわらず——について国会承認を得るのに，多大の困難を生ぜしめた。「公衆」の「アレルギー的反応」を前に，大蔵大臣は，政府は住専問題の解決の後，ノンバンク等に公的資金を投入しない旨，住専国会において約束せざるを得なかった[21]。

　その結果，金融機関への公的資金投入は政治的な「タブー[22]」となり，その後の金融危機対応に深刻な制約を加えることとなった。

　この一連の政治過程は，戸矢（2003）が主張するとおり，1995年以降「利益集団政治」が消えたわけでなないが，むしろ「公益政治」が顕著になってきたという転換を証明していると言えよう。公的資金投入の不人気さは，約9割という異常に高い率を示した「公衆」の反対で明確にされ，「政治家」（自民党），

17　久米（2009），前掲，235-238頁。とりわけ，図7-1参照。
18　例えば，この時点ではまだ政府に入らず，学者として『社会アクター』であった竹中平蔵は，当時，住専への公的資金投入に反対していた。竹中平蔵（2006），『構造改革の真実　竹中平蔵大臣日誌』，日本経済新聞社，67頁参照。
19　『朝日新聞』，1996年2月28日。
20　Hoshi and Kashyap（2010），前掲，p. 400。
21　1996年2月8日衆議院予算委員会，同年6月10日参議院本会議等。
22　久米（2009），前掲，225頁。

「官僚」（大蔵省），「企業・利益集団」（財界，農業団体）がかろうじて6,850億の住専問題対応の公的資金投入案を通したものの，以降は「公衆」の意思に沿って，公的資金投入というツール自体を封印することにせざるを得なかった。

この住専対応において公的資金投入を主導したのはやはり大蔵省であり，上川（2005）が，大蔵省は（政治家から金融部門の分離という組織として致命的な制裁を科される可能性が高かったため）「公的資金の投入も含めた抜本的な対応策をとろうとはせず，先送り策をとり続けた」とするのは，当該住専対応の経緯を軽視している面が否めないと思われる。——この上川（2005）の主張に対しては，西畑（2012）も，1992年宮澤「公的援助」発言の事実を以て，疑問を呈している。すなわち，上川（2005）は，金融機関経営悪化が政治家にも伝われば，大蔵省が金融行政の失敗の責任を問われることになるので，大蔵省は政治家に実情を隠蔽し，そのことが不良債権問題の先送りに繋がったとするのに対し，西畑（2012）は，それでは，1992年夏の段階で宮澤首相自らがイニシアティブをとって金融機関への公的資金投入を実施しようとしたことが説明できない，情報の精粗はともかく当時大蔵省から金融機関の実態に関する情報は政治サイドにも伝わっていたものと考えるべき，としている。

このような公的資金投入に関する政治的制約の下，実体経済・金融機関を巡る環境の悪化は進行して行った。

第3項　1997年危機

平成金融危機ピーク——拓銀・山一破綻

1997年，日本はついに，準大手証券会社である三洋証券に始まる一連の超大型破綻を経験することになる。北海道開拓の国策銀行として発足し，都銀[23]の一角をなす北海道拓殖銀行（拓銀），四大証券会社の1つとして国際的に知られていた山一証券（山一）までもが，次々と破綻した。この日本の1997年金融危機は，ちょうど米国の2008年危機（リーマン破綻）と似て，いわば急浮上す

23　都市銀行。普通銀行のうち，東京等の大都市を本拠として基本的に全国的な広域展開を行う銀行を指す。定義は揺らいで来ているが，日本の主要な銀行の大宗を占めることに変わりはない。拓銀破綻時には，以下の10行が該当していた。第一銀行，さくら銀行，富士銀行，東京三菱銀行，あさひ銀行，三和銀行，住友銀行，大和銀行，東海銀行，北海道拓殖銀行。

る形で現れた。日本は，上記の大金融機関を，ひと月の間に続け様に失ったのだ[24]。

三洋証券

　連鎖破綻の発端になった三洋証券については，大蔵省証券局と日銀営業局が駆けずり回り，三和銀行，東京三菱銀行，大和銀行，日本債権信用銀行の支援も得て，野村証券（四大証券トップ）グループの準大手証券会社である国際証券に合併させる話がほぼまとまっていたが，メディアのリーク[25]で御破算となった。証券局はこのリークの情報源は銀行局から漏れたものではないかと疑念を抱き，両局間のわだかまり・情報遮断も招いた[26]。また，官邸主導で中央省庁再編の議論が進む中，組織について所掌する局である大臣官房[27]からは，「証券局主導の救済劇」が表面化するのは「財金分離」（大蔵省に所属する財政部門と金融部門を分離）等の議論に対し組織防衛上マイナスだ，と睨まれた[28]。このように大蔵省内でも局間で隙間風が吹く中，日銀も，決済機能を持たず必ずしも金融システムの中心ではない証券会社への日銀特融[29]は考えておらず，三洋証券は法的整理に向かわざるを得なくなる。

　三連休最終日の11月3日（月・祝日），三洋証券は遂に会社更生法の適用を申請し，上場証券会社初の倒産となった[30]。そこに至る直前，当該三連休の前日である10月31日（金）に，三洋証券は，史上初の「デフォルト（債務不履行）」を金融機関が日々の資金を融通し合う無担保コール市場とレポ（債券貸借）市場で起こしてしまった[31]。

24　1997年の各倒産確定日：三洋証券11月3日（月：祝日），北海道拓殖銀行11月17日（月），山一証券11月24日（月）。

25　「三洋証券吸収合併」，『産経新聞』，1997年9月26日，朝刊一面。軽部・西野（1999），前掲，207-209及び227-228頁参照。

26　軽部・西野（1999），前掲，227-228頁及び249頁。

27　総合調整を担当する局。筆頭局であり，大蔵省全体の組織・定員についても担当。

28　軽部・西野（1999），前掲，230-231頁。

29　危機時において，システミック・リスクが顕在化することを未然に防止することを目的として日銀が特別に行う無担保での融資。「最後の貸し手」機能の最たる発揮として，日銀法38条に基づき，内閣総理大臣及び財務大臣の要請を受け，実行するもの。1997年改正（同6月11日成立，同6月18日公布，翌1998年4月1日施行）前の旧日銀法では25条であり，同条に基づく前例として，1965年の証券不況の際にも，山一証券に対し，日本興業銀行，富士銀行，三菱銀行の3行を通してであるが，日銀特融を出したことがある。

30　軽部・西野（1999），前掲，227-242頁。

31　前掲書，244-245頁。

北海道拓殖銀行

　このような中，銀行局も合併話をまとめたいと苦慮するものの暗礁に乗り上げていた，北海道拓殖銀行に火が移る。拓銀は，都市銀行最下位で巨額の不良債権処理に苦しみ，年初には18年ぶりに株価が100円台に下落する状況を受け，北海道の第一地方銀行である北海道銀行（道銀）との合併交渉に入っていたが[32]，両行の感情のもつれ[33]で，9月12日に合併期日の延期を発表せざるを得なくなっていた。これを「実質的な白紙撤回」とメディアに報じられる脆弱な状態で，三洋証券倒産に伴い急激に委縮した市場の最大ターゲットとなってしまった訳である。11月4日には65円まで株価が下落し，同14日（金）に遂に資金繰り破綻に至った[34]。

山一証券

　続けて，史上初のデフォルトは，四大証券会社の1つ，山一証券にまで飛び火した。山一については，三洋証券にレポ（債券貸借）市場で無担保の資金供与をして焦げ付いてしまったのが農協[35]であったため，農林系金融機関が一斉に貸し債を絞る中，山一の資金繰りが悪化した。11月11日には，ついにメインバンクの富士銀行から既存の無担保融資について担保提供を求められる。金融機関を巡る環境悪化の中で，富士銀行自身がもう他社を構っている余裕がなくなっていたのである。株価も急落し，大蔵省・日銀に泣きつくも，山一が抱える含み損が違法行為である「飛ばし」による損失であることが判明し，両者も手が出せなかった。債務超過には至っていないが，週明けには資金繰りがショートすることが明確となり，再び三連休最終日の11月24日（月・祝日），山一証券は自主廃業となった。（三洋証券倒産時と違い，この際は日銀特融が

32　前掲書，79-82頁。

33　服部泰彦（2003），「拓銀の経営破綻とコーポレート・ガバナンス」，『立命館経営学』，第41巻第5号，2003年1月，1-32頁では，「交渉が難航したのは，交渉の過程が，実質的に対等合併という形ではなく，最下位とはいえ都銀の一角を占める拓銀が救済される側に立たされ，規模の小さい道銀が絶えず主導権を握るという方向で進んだことに対して，誇り高き拓銀がそれに従えなかったことにある。」としている（22頁）。

34　軽部・西野（1999），前掲，210-219及び250-253頁。結局，北海道拓殖銀行と北海道銀行の感情のわだかまりは最後まで解けず，倒産後の受け皿銀行は，日銀の仲介で北海道の第二地方銀行である北洋銀行となった。（当時の北洋銀行頭取は日銀OB。営業譲渡は，北海道内の業務に限られた。）

35　都城農協（前掲書，245頁）。

出されたが，あくまで自主廃業後の後始末（破綻処理）のためのものである。つまり，海外含め多くの顧客の払い戻しに応ずるため，資産を流動化するまでの間，資金を融通するだけであった。それでも，先述の「決済機能を持たず金融システムの中心ではない証券会社」に日銀特融を出していいのかなど，日銀総裁の御前会議で大議論となり，松下康雄総裁の決断でなんとか実施された。）

拓銀・山一破綻への反応
(1)　「メディア」そして「公衆」

　この1997年の日本の破滅的な状況と金融破局への恐れは，ようやく「メディア」を含め公的資金投入議論の再開に道を開いた[36]。北海道拓殖銀行は，大蔵大臣が日米蔵相会合やG7会合で成した「国際公約」として，政府がその存続を保障した主要20行の1つであった[37]。その拓銀の崩壊は，政府がこの約束を守れなかったことを意味するものではあるが，一方で，ついに「メディア」も，金融危機対応にあたっての公的資金投入の必要性について，声を上げ始めた。上述の久米（2009）の朝日新聞記事の分析でも，1997年末からの，賛成ないし条件付き賛成の急増が見てとれる[38]。

　主要紙の社説においても，拓銀破綻の四日後，11月18日には，日本経済新聞が「日本経済が危機的状況から抜け出すには，金融システム不安の解消にメドをつけるしかない。それには預金者保護に公的資金を導入せざるをえない[39]」と主張した。政府に特に厳しい朝日新聞も，同日，「住宅金融専門会社の処理のような，密室行政による税金投入は認められない」としつつも，「相次ぐ金融破綻で預金保険機構の資金はさほど残っていない。……恒常的な資金不足に

36　『朝日新聞』，2007年12月15日の回顧的記事参照。
37　1997年2月10日衆議院予算委員会及び同年4月11日同院大蔵委員会の議論を参照。併せて，軽部・西野（1999），前掲，66頁参照。いわゆる「主要20行」とは，都銀，長信銀，信託銀の主要行を指す。合併等再編が続く中，銀行数はその時々で若干違っている。具体的には，例えば1997年年初時点では，第一勧業銀行，さくら銀行，富士銀行，東京三菱銀行，あさひ銀行，三和銀行，住友銀行，大和銀行，東海銀行，北海道拓殖銀行の都市銀行10行，日本興業銀行，日本長期信用銀行，日本債権信用銀行の長期信用銀行3行，そして，三井信託，三菱信託，安田信託，東洋信託，中央信託，日本信託，住友信託の信託銀行主要7行のことであった。
38　久米（2009），前掲，図7-1，236頁。
39　「拓銀破たん機に金融不安の解消急げ」，『日本経済新聞』，1997年11月18日社説。

70

陥る場合は，財政資金（税金）の投入も検討されよう[40]」と，公的資金投入に
一定の理解を示し，山一証券自主廃業の前日11月23日には，（18日社説同様，
『問題化した金融機関』の破綻処理用に向けた，預金保険の財源強化目的の投
入を指しているが，）「この際，政府は『必要な事態になれば公的資金を投入す
る』ことを明言するとともに，投入の条件とルールをはっきりさせるべき
だ[41]」と明記している。同様に政府に厳しい毎日新聞も，経営・監督責任の追
及を強く主張しながらも[42]，預金保険の財源強化目的の投入について，「その目
的は不良金融機関の救済ではなく，あくまで善意の預金者を保護するためのも
のである。その限りにおいては，現状やむを得ない措置と思われる」とした。
一方，（銀行の存続を認めることになる）資本注入については，同紙は，同じ
12月2日の社説において，「不良な銀行を救いかねない。市場にゆだねるべき
ではないのか[43]」と疑問を呈したが，12月17日には，大蔵省の「裁量」に任さ
れる恐れなど「十分な議論が必要」と，トーンダウンしている[44]。これに対し，
比較的政権寄りとされる読売新聞は，資本注入についても，「金融不安解消や
わが国金融の国際信用回復の観点からは積極的に検討してよいテーマだろう」
と，肯定的に踏み込んでいる[45]。

　なお，ほとんどの社説において住専問題への言及があり，具体的には，住専
問題により公的資金投入がタブー化したこと，住専処理のための公的資金投入
は認められるものではなかったが，今回は預金者保護・金融システム安定化の
ために公的資金投入も認められる／認めざるを得ない，とするラインがほぼ共
通であることが，非常に特徴的である[46]。

　「公衆」も，これらのように段々とより広い公的資金投入に理解を示して行
く「メディア」の報道等に触れ，そして何より途方もない金融不安を目の当た

40　「市場が求めた拓銀の処理」，『朝日新聞』，1997年11月18日社説。
41　「信用不安の連鎖を断て」，『朝日新聞』，1997年11月23日社説。
42　「公的資金投入　金融詐欺師の処罰が条件」，『毎日新聞』，1997年11月22日社説，及び，「公的
　　資金導入　預金者を安心させるため」，『毎日新聞』，同12月2日社説。
43　『毎日新聞』，前掲，1997年12月2日社説。
44　「自民党緊急策『破たん』前投入のハードル」，『毎日新聞』，1997年12月17日社説。
45　「たじろがず公的資金具体化を」，『読売新聞』，1997年12月2日社説。
46　『日本経済新聞』，前掲，1997年11月18日社説。『朝日新聞』，前掲，1997年11月18日及び11月23
　　日社説。『毎日新聞』，前掲，1997年11月22日及び12月2日社説。「公的資金で経済に活路を」，『読
　　売新聞』，1997年11月25日社説。

りにして，徐々に公的資金投入の必要性を認め始めた。1997年12月の世論調査では，（住専問題時に約9割にも上っていた）公的資金投入への反対が57％に弱まり，賛成は19％となっている[47]。

(2) 「政治家」

このような流れの中，11月24日の山一自主廃業発表記者会見で三塚博大蔵大臣は，以後の対応について，「あらゆる選択肢」と言い，ここには公的資金も当然含まれると説明している（事務方の想定問答にはない発言で，三塚大臣は後日，政治家としての判断だったと述懐している）[48]。橋本龍太郎総理大臣も，金融システムの混乱回避に全力を挙げるため，公的資金導入を本格的に検討する考えを表明した[49]。そして，12月1日の衆議院予算委員会において，宮澤元首相からの質問に対し，「公的支援によって預金者を保護することが非常に重要……どんな事態になっても対応できるよう公的支援によって利用可能な資金を拡充していくべきではないかと思っております」と橋本総理が答弁し，「公的支援」という慎重な表現であるものの，預金者保護[50]を目的に，公的資金を投入する明確な方向を示した[51]。

ここで，公的資金投入への舵切りのイニシアティブを取ったのは，金融当局等の「官僚」ではなかった。一義的には，「政治家」によるものであり，政治主導であった。1992年の「公的援助」発言の経緯もあり，金融に明るい宮澤元総理は，自民党主流派から担ぎ出され党本部の緊急金融システム安定化対策本部長に就任しており，橋本総理との綿密な打ち合わせの上で，上記の公的資金投入に向けた国会答弁を引き出している。政府与党の金融関連政策の節目節目で重要な動きをし，翌1998年夏の小渕内閣発足時には，元総理として異例の大蔵大臣就任となった。その宮澤に加え，前官房長官の梶山清六がさらに踏み込んだ公的資金投入案を発表していた。1997年9月の内閣改造で閣外に去った梶山は，反主流派に転じ，無視できない影響力を有していた。

47　共同通信社実施。『産経新聞』，1997年12月24日記事。
48　軽部・西野（1999），前掲，283頁参照。
49　『日本経済新聞』，1997年11月26日夕刊記事。
50　この「預金者保護」という区切りで公的資金投入を限定しようとする「世論」の動きについては，リチャード・クー（1998）『金融危機からの脱出―沈みゆく日本経済をどう救うか』，PHP研究所，16-18頁参照。
51　軽部・西野（1999），前掲，316-317頁。

⑶ **金融安定化二法の成立**

　これらを受け，翌1998年の通常国会に提出された金融安定化二法（金融機能安定化緊急措置法及び改正預金保険法）[52]が同年2月にスピード成立したことにより，政府は名実ともに公的資金投入路線に立ち戻った。同二法は，同月に成立[53]した1997年度補正予算による公的資金枠総計30兆円（10兆円の交付国債／20兆円の政府保証）を伴うものであった。このうち，13兆円（3兆円の交付国債／10兆円の政府保証）が金融機能安定化緊急措置法に基づく資本注入用，17兆円（7兆円の交付国債／10兆円の政府保証）が改正預金保険法に基づく破綻処理用とされた。

　前者の「資本注入」のため，準政府組織である預金保険機構内に金融危機管理審査委員会（委員長の名前にちなみ佐々波委員会と呼ばれた[54]）が設置された[55]。この金融危機管理審査委員会は，大蔵大臣，日本銀行総裁，金融監督庁長官も委員として参加していたが，組織自体は（政府内ではなく）預金保険機構のものであり，この他，同機構の理事長と有識者から任命される審議委員3名の委員計7名で組織された[56]。二法のうち一法は預金保険法を改正するものであったことに示唆されるように，金融機関への公的資金投入の実施は，預金者を守るという預金保険機構の業務の延長として同機構に委ねられたのである。

　同委員会の審査・決定により，同3月大手銀行18行及び地方銀行3行を対象に，約1.8兆円が金融機能安定化緊急措置法に基づき「資本注入」された[57]。「税金」原資であるが，準政府組織である金融危機管理審査委員会が担当したわけである。

52　1998年2月16日成立。
53　1998年2月4日成立。金融安定化二法の審議が遅れたため，補正予算が先に成立したもの。
54　例えば，『朝日新聞』，1999年5月19日参照。
55　1998年2月23日，初会合。
56　金融機能安定化緊急措置法第14・15条。委員長は審議委員（有識者）から互選。当時の具体的な委員は，佐々波楊子委員長（明海大学教授），今井敬審議委員（経団連会長），小堀樹審議委員（日弁連会長），松田昇預金保険機構理事長，松永光大蔵大臣，速水優日銀総裁，日野正晴金融監督庁長官。
57　預金保険機構（1998），『平成9年度預金保険機構年報』。3月10日（4銀行）及び12日（その他17銀行）決定。

危機ピークから4か月かかった公的資金投入

　このように，「公益政治」環境の下，住専問題でいったんタブー化した公的資金投入が，危機のピークから3か月で法案成立，同4か月を経てようやく実施に至った。すなわち，我が国では，公的資金投入を巡り当初，『社会アクター』である「公衆」において『国家アクター』への反発が先行し，その後，危機発生により対応策としての公的資金投入の必要性が徐々に「公衆」にも認識されたため，投入までに時間を要した。この点，経済大国における近接した大規模金融危機の先行事例も欠く中，『国家アクター』の認識及び説得力が十分ではなかったと推測できる。

米国の牽制

　なお，この間，米国からは「すべての大銀行に公的資金が使われるとすれば，それは（日本の）国際的信用を落とす」という強い懸念が示された。（1998年2月13日，米国財務省に呼び出された斉藤駐米大使に対してローレンス・サマーズ財務副長官（当時）から表明。）同時に，サマーズ副長官は，「健全な金融機関の資本強化支援を厳しい条件付けなしに行うべきではない」とも釘を刺し，資本注入を「弱体化した邦銀への補助金」として，非常に強く牽制した[58]。

　しかし，この時日本は，資本注入した銀行は問題を抱えているとのレッテル貼りを招く"negative signal[59]"（ネガティブ・シグナル）の問題を避けるため，主要銀行への「横並び」資本注入を選んだ。このネガティブ・シグナル問題への懸念は，銀行当局，銀行業界，自民党いずれもが抱いていたものであった。大蔵省銀行局は，「資本注入を受ける銀行は，かえって危ない銀行とのレッテルを貼られかねない」とし[60]，金融界も，手を挙げると市場に狙い撃ちされるのではないかと疑心暗鬼になり，そのため，自民党では加藤紘一幹事長や山崎拓政調会長が，優良行からの申請が行われるよう大手行幹部に働きかけをしている[61]。

58　西野（2001），前掲，75-79頁。

59　Hoshi and Kashyap（2010），前掲，p. 411。

60　西野（2001），前掲，32頁及び103頁。

61　前掲書，103頁。橋本総理大臣自身も，「いいところがまず手を挙げないと駄目だ」と述べている（同，32頁）。

金融当局の機能不全──省庁再編と不祥事

「公衆」の反発，米国の牽制を乗り越え，何とか初の資本注入に辿り着いたわけであるが，一方，腰の引けた主要行に資本注入を呑ませる大変さもあって，銀行局幹部の大半は，公的資金は必要最小限にとどめるべきとの考えで，より大規模な注入をすべきとする意見はなかった[62]。

このような最中に金融当局は，組織再編問題及び不祥事問題のため，「機能麻痺」状態に陥っていた。「財金（財政・金融）分離」をはじめとする大蔵省改革は，住専問題が火を噴いた村山内閣にその端を発し，橋本内閣の掲げる六大改革[63]の１つである「行政改革」の大きな争点となっていた。（金融監督を含まない）金融検査のみの機能分離案なども俎上に上がったが，1996年年末の橋本総理の判断で，金融監督・検査一体での大蔵省からの分離が決められた[64]。その後も，総理の下で開催された行政改革会議[65]において中央省庁再編の議論が同年末から1997年年末にかけて続行し，さらに金融関係の企画立案も含む完全財金分離[66]なども議論になる中，上記三洋証券から始まる大型連続倒産時のように，当局の一挙手一投足の制約となった。なぜならば，「財政・金融分離」の動きは，大蔵省にとって，（本研究の分析枠組みの１つである「『公益政治』における国家・社会アクターによる『自己存続』モデル」における）究極の目標である組織としての「自己存続」，つまり，「組織存続」の観点から，最も警戒すべきものであったからである。

紆余曲折あったものの，結局この時点では，橋本総理の判断どおり，金融監督・検査を大蔵省から分離する金融監督庁設置法が1997年の通常国会に提出され，６月16日に成立し，同法に基づき金融監督庁が翌1998年６月22日に発足した。

1997年11月の金融機関連続倒産による危機ピークや金融機能安定化緊急措置法に基づく1998年３月の「資本注入」は，このような分割を控えた組織的に不安定な移行期の最中に行われていた。（金融監督庁設置法に，施行期日は1998

62　前掲書，138頁。
63　行政改革，財政改革，社会保障改革，経済構造改革，金融システム改革，教育改革。
64　戸矢（2003），前掲，192-199頁。
65　会長には総理，会長代理には行革担当大臣が充てられた。
66　これは後に，2001年７月１日金融庁の設置として実現した。

年4月1日から7月1日までの範囲内で政令で定める日と定められていたため，この時期を外すためには，改めて法改正が必要であった[67]。）なお，この「組織存続」上，不安定な状況は，後述のように1998年7月の参院選での大敗後，参院で過半数を有しない単独与党となった自民党が，野党との譲歩を余儀なくされ，大蔵省改革においても，完全財金分離（1998年12月15日の金融再生委員会の設立に続く，2000年7月1日の金融庁の設置）に至るまで続く。

　不祥事問題はこの組織再編問題と並行し，表裏一体であった。住専国会における不動産開発会社イ・アイ・イ・インターナショナルからの過剰接待問題から始まり，「ノーパンしゃぶしゃぶ事件」など世上を騒がし続け，実体経済・金融機関をめぐる環境の悪化が進む中で，金融危機を起こし収められない責任問題と併せて「メディア」そして「公衆」の注目・怒りを浴び，結果として，大蔵省は，完全財金分離という「組織存続」上，最大の責任を問われたわけである。身から出た錆と言わざるを得ないが，一方，この危機のピークで機能不全を起こしたのは，日本全体として不幸なことでもあったであろう。

長銀・日債銀に忍びよる危機

　いずれにせよ，公的資金投入の「タブー」を乗り越え，米国の批判を振り切って，ようやく実行した資本注入であったが，金融危機を収めるには不十分な規模であった。

　特に，スイス銀行[68]と1997年7月に包括提携を結んでいたはずの日本長期信用銀行（長銀）が市場の標的となり，問題化した。同年12月にスイス銀行がスイス・ユニオン銀行[69]と合併したことで，日本での足場としての長銀の価値が低下し，流れが変わっていた。長銀はスイス銀行経由でヨーロッパ市場にて資本調達しようとしていた2,000億円を，1998年3月に佐々波委員会への資本注入申請に切り替えたのは，この背景によるものであった[70]。同委員会では，──日本長期信用銀行よりもむしろ──日本債権信用銀行（日債銀）が債務超

67　金融監督庁設置法 附則第1条。金融監督庁は，政治家主導により自社さ（自民党・社会党・さきがけ）の与党3党で決められた政治案件であったため，役所からはもちろん，政府与党全体としても，設置先送りは提起し難かったであろう。

68　SBC（Swiss Bank Corporation）。スイス内第三位行。

69　UBS（Union Bank of Switzerland）。スイス内第二位行。SBCに比べ，早くから日本に進出していた。西野（2001），前掲，159頁参照。

70　西野（2001），前掲，114頁及び158-160頁。

過かどうかが特に議論となったが[71]，結論として，資本注入の申請のうち，優先株は全て認めるものの，劣後ローンについては一部に限定するという整理が，（日債銀だけを申請から減額すると市場に不安を与えるとの理由で）長銀・日債銀両行ともに適用された[72]。――結果的に，主要行が申請どおりほぼ1,000億円の資本注入を横並びで受けた中で，例外的に，日本長期信用銀行には計1,766億円（申請は2,000億円），日本債券信用銀行には計600億円（申請は2,900億円）の資本注入となった。

　しかし，上記のように組織再編と不祥事問題で金融当局が「機能麻痺」状態に入る中，皮肉にも，スイス銀行と日本長期信用銀行が合弁で設立した長銀ウォーバーグ証券が大量売りを仲介するなどして，1998年6月長銀株の暴落に至る[73]。

第4項　1998年金融国会

　前項に記したように，当局をはじめとする努力にかかわらず，日本長期信用銀行の経営危機が表面化[74]する等，引き続き金融不安は続行し，1998年7月参院選での与党自民党惨敗後，秋の臨時国会（いわゆる「金融国会」）では再び金融危機対応立法が議論された。

　自民党は，参議院で過半数を得られなかったため，先に進むには野党に譲歩

71　債務超過あるいは債務超過（破綻）の蓋然性が高いと認められる場合，資本注入は認められないとの審査基準であった。金融機能安定化緊急措置法第23条第2項，及び，西野（2001），前掲，103-105，159頁。

72　西野（2001），前掲，123頁及び138-139頁。劣後ローンが一部しか認められなかったのは，自己資本の計算上，劣後ローンは（優先株と違い，中核的資本ではなく）補完的資本とされるため，中核的資本の額以上は自己資本に算入できないとの制約がかかっており，両行の申請額どおりの注入を行っても，そのすべてが直ちに自己資本増につながらないことから，減額し，自己資本の上昇につながる額を上限として資本注入が認められたものである。野口瑞昭・丸山秀文（2007）「資本増強関連業務」，『預金保険研究』，2007年4月，41-78頁も参照。

73　西野（2001），前掲，158-160頁。

74　『現代』1998年7月号（6月5日発売），講談社。その後，UBS（スイス・ユナイテッド銀行）との合弁会社である身内の長銀ウォーバーグ証券による長銀売り注文（同月9日）の波紋やムーディーズの長銀格付け引き下げ（同月18日）などを経て，「長銀，合併含め抜本策検討，『公的受け皿』活用視野に　政府自民党全面支援へ」，『日本経済新聞』，1998年6月20日記事など，新聞記事においても（政府与党の対応も併せ）報じられる状況となった。これを，服部泰彦（2001），「長銀の経営破綻とコーポレート・ガバナンス」，『立命館経営学』，第40巻第4号（2001年11月），31-68頁は，「市場の圧力とメディアからの攻勢」と表現している（60頁）。

せざるを得なかった。問題化した銀行をどれだけ厳しく扱うかに意見の違いは
あったものの，最大野党である民主党は，「責任政党」として振る舞い，単に
全ての異なる見解に対して反対するのではなく，一定に建設的に対応しようと
した。これにより民主党は，政権を担い得る政党としてのイメージを向上させ
ようとした[75]。今回は，財界をはじめ多くの人々により，資本注入を求める
キャンペーンがあった[76]。

　このような状況下で，各党の様々な層が複雑に交渉した後，民主党を中心と
する野党案による破綻金融機関の国有化等を定める「金融再生法」が成立[77]
（「丸のみ」と呼ばれた[78]）。続けて，破綻前に資本注入する新しい枠組みを定
める自民党案である「金融機能早期健全化措置法（早期健全化法）」が成立し
た[79]。公的資金枠は，1998年度2次補正予算により60兆円に拡大された[80]。

金融再生法と早期健全化法

　日本長期信用銀行の経営危機にどう対応するかは，本来この金融国会におけ
る法案協議とは無関係のはずであった。つまり，1998年6月の経営危機表面化
後，上記の金融再生法・金融機能早期健全化法等の新しい法制度が成立するま
では，旧法で対応するべきものである[81]。その前提で，大蔵省金融企画局[82]が

75　この「責任政党」戦略は，長期にわたる自民党支配の間に作り上げられた，野党は単に反対す
　　るだけであり，よって，政権を担う能力はない，という長年の野党についてのイメージを回避す
　　るためのものであった。しかし，当時民主党党首であった菅直人は，後日，この戦略は公衆の支
　　持を喚起するには至らなかった，と語っている。戸矢（2003），前掲，281頁参照。
　　　なお，民主党の主たる組織的支持基盤は，連合に属する労働組合であり，金融機関への公的
　　資金投入に直接の利害関係がなかったことに留意すべきである。（これら連合に属する労働組合
　　は，税金を他の目的に使うことを好み，公的資金投入に反対しがちではあった。確かにいくつか
　　の金融機関の労働組合は連合に属しているものの，これらは地方レベルの金融機関であって公的
　　資金投入の対象となるほど大きくはなかった。一般に，主要金融機関の労働組合は，経営陣と近
　　い関係にあり，民主党の支持基盤には属していなかった。）
76　戸矢（2003），前掲，277頁。
77　1998年10月12日可決・成立，同16日公布，同23日施行。
78　例えば，「自民，体面捨て『丸のみ』金融再生法案（時時刻刻）」，『朝日新聞』，1998年9月18日。
79　1998年10月16日可決・成立，同22日公布，同23日施行。
80　鎌倉（2005），前掲，3-5頁。1998年10月16日成立。
81　西野（2001），前掲，216-217頁。
82　橋本内閣の掲げる行政改革の目玉となった財政・金融分離の具体化として，6月22日に金融監
　　督庁が発足し，銀行・証券・保険の監督・検査部門が移行した。大蔵省に残る金融関係の企画
　　立案部門をまとめたのが，この金融企画局である。

ひねり出した対応策は,「二回注入案」であった[83]。具体的には,スイス銀行から事実上見捨てられた日本長期信用銀行が,手あたり次第に合併先を模索した中で,興味を示した住友信託銀行との合併を実現するため,その支援として,日本長期信用銀行に資本注入した上で,受け皿となる住友信託銀行にも合併後に資本注入するという案である。これらをいずれも,旧法である金融機能安定化緊急措置法(金融機能安定化法。金融安定化二法のうちの1つ)に基づき,既に前年の97年度補正予算で確保されている「資本注入」用の公的資金枠13兆円を活用して実施する想定であった。

合併先の住友信託銀行の説得のため,頭取を総理公邸に呼び,小渕恵三総理,宮澤喜一大蔵大臣,野中広務官房長官,日野正晴金監督庁長官が揃って決断を促すまでしたが,確約には至らなかった[84]。住友信託銀行自身の株価も下がって体力が削がれており,行内でも反対論が出ていた。野党も「長銀救済反対」を掲げ,臨時国会での厳しい与野党間の交渉に巻き込まれていく。7月の参院選で負け過半数を得ていない単独与党の自民党は,長銀について新法で対応することを認めざるを得なくなってしまった。それでもなお,新法でも自民党案である早期健全化法に基づく「資本注入」を模索したが,民主党(そしてこれとパイプを持つ自民党内若手議員ら[85])が主張する「国有化」案に乗らざるを得なかった。

金融再生法による長銀・日債銀の「国有化」

この結果,問題化した銀行に対し厳しい態度を取るという民主党の立場を反映した前者の金融再生法に基づき,日本長期信用銀行は,新しく設置された金融再生委員会の決定によって1998年10月23日,「国有化」された。同じく経営危機に喘いでいた日本債権信用銀行も,あえなく同年12月13日に「国有化」となった。そして,長銀・日債銀両行については,株主責任を問うため無補償で100%減資がなされた後,当該国有化によって(直ちに)実現化した損失を埋めるために公的資金が投入された(それぞれ3.6及び3.2兆円)。長銀は米国投資

83　西野(2001),前掲,203-205頁。

84　1998年8月20日。

85　河合晃一(2017),「金融行政組織の制度設計をめぐる90年代日本の政治過程」,『金沢法学』,59巻2号,75-115頁参照。(特に107頁。)

会社リップルウッドを中心とした外資に，日債銀はソフトバンク等にそれぞれ
「わずか[86]」10億円で売られた。

　この国有化は，いわば国家による強制倒産であり，「非」救済的公的資金投
入であることに留意を要する。前項で記した米国政府からの圧力に象徴される
ように，内外の『オピニオン・リーダー』から，問題化した銀行を厳しく扱う
べきとの強い意見が出されていた。（国内でも，例えば，リフレ派の論客とし
て有名な岩田規久男は，岩田（1998）において，不良債権の引当てを強化する
等の措置により，債務超過になった銀行については「破綻」したと認定し，業
務停止命令を出すべきである，とハードランディングを主張している[87]。）長
銀・日債銀に対する決定はこれらの圧力・意見に従ったものであったが，この
「国有化」という扱いは，日本経済の底に当たる時期に損失を直ちに実現化す
ることを意味したため，将来当該銀行の財務状況が健全さを取り戻し投入した
公的資金が返ってくるという望みを絶ってしまい，数兆円の税金の喪失が確定
してしまった。（なお日本では，地方銀行の雄であるが，先述の我が国主要20
行には入っていない足利銀行も，後年「国有化」されている[88]。）

早期健全化法による「資本注入」

　一方，後者の金融機能早期健全化法に基づく，金融再生委員会の審査・決定
により，1999年3月から2000年10月にかけて25行に対し計約8.4兆円の公的資
金が「資本注入」された[89]。長銀・日債銀の国有化と異なり，これらの公的資
金投入は破綻前の予防的手法であり，前項で記した1998年3月の資本注入と同
様，「横並び」救済であった[90]。この注入にあたっては，1998年の金融危機管理

86　例えば，『週刊朝日』，2000年8月18日，「新生銀行，こんなに嫌われている　銀行団からも仲
　　間外れ」参照。
87　岩田規久男（1998），『金融法廷』，日本経済新聞社，286-287頁。なお，同著は1998年8月時点
　　で書かれており，長期信用銀行破綻前の主張である。
88　2003年11月29日。長銀・日債銀に適用された金融再生法（時限法）の国有化規定を引き継いだ，
　　預金保険法102条1項3号に基づく。
89　金融再生委員会の1999年3月12日，9月13日，12月9日及び2000年3月14日付各発表。
90　最も安定した主要銀行である東京三菱銀行は，1998年資本注入時と異なり，この時は例外的
　　に公的資金を受け取らなかった。しかし，弱体化した主要銀行を破綻に向けて放置しているわけ
　　ではないため，この東京三菱銀行の不受領は，「横並び」救済という性格を基本的に変えるもの
　　ではないであろう。

審査委員会よりは詳しく資産審査がなされた。公的資金枠は，2000年度予算において終に，70兆円という最大値に至った[91]。

この委員会の委員長は閣僚であり，委員会自体は，総理府の外局であった。なお，総理府[92]は，官邸（すなわち内閣官房）そのものではなく，むしろ，——公正取引委員会，国家公安委員会，防衛庁や環境庁（後二者は後に省に格上げ）といった省に準じる組織に対し，その下で設立できる組織的な「傘」を提供する——いわば「残余の省」であった。これら同様，金融再生委員会も，省に準ずる組織として位置付けられたのである。

「日本版RTC」による「不良資産買取り」

なお，この際，民主党を中心とした野党側の提案をベースとして，整理回収機構（日本版RTC）が創設された。これは，S&L問題の解決に効を奏したと言われる米RTC（Resolution Trust Corporation：整理信託公社）を範にしたものであり，「不良資産買取り」を中心業務とするものである。

民主党は，戦後長く与党の座を占めた自民党の「利益集団政治」を批判してきたため，より「公益政治」を掲げた党であり，その提案が，銀行に厳しい「国有化」とともに，「不良資産買取り」につながる「日本版RTC」を主張しているのは，「資本注入」に比べた場合，まだ「公衆」に説明しやすいという面の現れと考えられよう。

つまり，国家による強制的な倒産である「国有化」が，その厳しさから「公衆」に受けるのはもちろんであろう。そして，株式取得により直接銀行を助ける「資本注入」に比べれば，「不良資産買取り」は資産に対して対価を払うという双方向性が見えやすく，また，政府が銀行に代わって回収するという説明も「公衆」にはまだ受け入れやすいであろう。加えて，資本主義の下では，銀行の政府保有として政府介入色が強い「資本注入」であれば特に誘発するイデオロギー的議論も，比較的回避できる。

91　鎌倉（2005），前掲，4-5頁。2000年3月12日成立。
92　この総理府は，2001年の中央省庁等再編の際に廃止され，内閣府が基本的にその代替として設立された。

　このように，「国有化」，「不良資産買取り」という比較的「公衆」に受け入れやすい方策を認めつつ，1998年より規模の大きい「資本注入」が実施された（1999-2000年資本注入）。

第5項　「失われた10年」

　残念ながら，前項に記述した各措置は，当時の金融不安・経済停滞を抑え込むには十分ではなかった。我が国はいわゆる「失われた10年（Lost Decade）」を経験することになり，停滞は2000年代初頭に続いていった。株式市場は長く低迷し，住専問題勃発の前，1994年にまだ最高値21,573円を付けていた日経平均株価は，2001年には最安値が10,000円を切り，翌年以降更に下落して行った。経済成長率は，2000年に2.9％を記録していったん回復を見せたものの，その後2001年，2002年にそれぞれ0.2％，0.3％と低迷した。（図6，図7参照。）

図6　日本の株価の推移

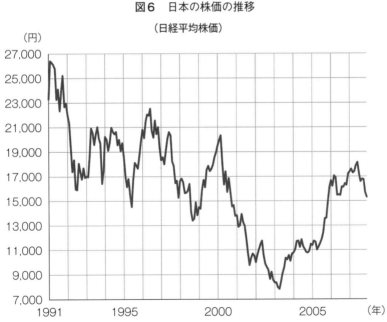

（日経平均株価）

（出所）Yahoo Japanファイナンス[93]

図7　日本の経済成長率の推移

(実質，暦年，%)

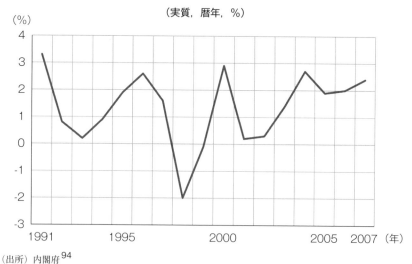

(出所) 内閣府[94]

第6項　2003年りそな資本注入

　この文脈で看過できないのが，2003年りそな銀行への公的資金投入の重要性である。今回は，官邸で内閣官房により「金融危機対応会議[95]」が開催され，同会議がこの日本5大銀行[96]の1つに約2兆円の「資本注入」を決定した[97]。総理大臣が同会議の議長であり，メンバーは内閣官房長官，財務大臣，金融担当大臣，金融庁長官[98]，そして日銀総裁である。この資本注入のため特別に発

93　Yahoo Japan ファイナンス：日経平均株価
　　　<https://info.finance.yahoo.co.jp/history/?code=998407.O（2021年5月30日現在)>
94　内閣府：経済社会総合研究所—国民経済計算（GDP統計）<https://www.esri.cao.go.jp/jp/sna/menu.html（2021年5月30日現在)>
95　内閣府設置法第40条及び第42条により設置。
96　三井住友銀行，みずほ銀行，東京三菱銀行，UFJ銀行，りそな銀行。
　　　（その後，2006年に東京三菱銀行とUFJ銀行が合併し，三菱東京UFJ銀行（現，三菱UFJ銀行）が発足している。）
97　2003年5月17日同会議第一回会合。
98　金融庁は，内閣府の外局であり，（従前大蔵省が担当していた）金融業界及び金融市場の監督を所管している。

せられた談話[99]において，小泉純一郎総理大臣は，りそな銀行はまだ破綻状態に至っていないが，国内業務のみを行う銀行に対する自己資本比率の国内基準である4％を下回ったため[100]，未然の予防措置として資本注入が決定されたこと，そして，日本経済は金融システム全体の安定が阻害される状況にはないことを，強調した。

　従前の資本注入と同様に「税金」原資であるが，この際の資産査定は特に厳しく，自己資本の繰り延べ税金資産への依存も問い直された。1998年，1999-2000年の各資本注入と違い，今回は経営陣の退陣，職員のボーナスカットや給与3割減といった厳しいリストラを要求するものでもあった。しかし，りそなの看板も維持されており，長銀・日債銀のようにその存続を否定した「国有化」ではない。つまり，救済度合いは低いものの，「（救済的）資本注入」の範囲に入るものと位置づけられる[101]。

　「公衆」の支持を頼りに従来の政治過程を大きく逸脱して「構造改革」を断行した小泉政権は，戸矢（2003）の予見した「公益政治」を日本政治に如実に現出させた例と言えよう。先述のように，久米（2009）は，りそな公的資金投入がこの「構造改革」の一環として提示されたことが，「公衆」の理解を得てその実施を容易にした鍵としている。りそな銀行への公的資金投入の評価にあたっては，竹中平蔵金融担当大臣の銀行に対する厳しい姿勢が好意的にクローズアップされることが多いが[102]，本稿の「『問題化した金融機関』のバランス・シートを通じた分析」を踏まえると，むしろ，「躊躇せずに一時国有（国営）化するという姿勢をにじませていた」が「本番になると，国有化の決断を回避した」という池尾（2009）の指摘が的確に思われる[103]。

　すなわち，銀行が最も恐れる「国有化」（国の管理下での倒産）で各行を揺さぶりつつも，結局は「資本注入」による救済を採らざるを得なかった。「公

99　首相官邸，2003年5月17日，「内閣総理大臣の談話」。
　　<http://www.kantei.go.jp/jp/koizumispeech/2003/05/17danwa.html（2011年3月10日現在）>。
100　この4％の自己資本比率基準は，日本政府が定めたものである。もしある銀行が国際業務も実施している場合，BIS（国際決済銀行）の8％基準が適用される。
101　前章第2節第2項で説明した佐藤（2014）の「りそな方式」参照。
102　例えば，上川（2010），前掲。
103　池尾（2009），前掲，104頁。

的資金投入」という大きなくくりの中で，両者は「公衆」からは一体視された向きがあるが，当の銀行そして市場関係者には，株式が無価値化するかという大きな差を生じるものであり，本音としては安堵したであろう。

　実際，この公的資金投入に伴い，ついに株式市場が反転した。日経平均株価は7,608円で底を打ち，上昇傾向に入った。経済成長率は，2003年に1.4％に上昇し，その後2008年に米金融危機が到来するまで，2～3％を維持した。（図6，図7参照。）これは，特筆すべき効果的な金融機関への公的資金投入だったと言うことができよう[104]。——吉川（2013）も，「『デフレ・スパイラル』の終焉に向けて実質的なターニング・ポイントをもたらしたのは，金融政策ではなく，03年5月の『りそな銀行への公的資金注入』であった。……もしりそな銀行への公的資金投入がなされなければ，あるいは遅れていれば，日本経済の停滞はさらに続いていたかもしれない。」と評価している[105]。

第3節 | リーマン・ショックの経緯——2008年をピークとする米国金融危機

　以下，本節では，2008年をピークとする米国の金融危機，つまり，一般に（日本において）リーマン・ショック[106]と総称される危機の経緯を追う。

　その際，事実関係を整理するものとして，米国財務省，ニューヨーク連銀を含むFRBなど米国当局の発表[107]や，米国連邦議会の下に設置された民間有識者からなるFinancial Crisis Inquiry Commissionのレポート[108]などの公的な文

104　なお，普通口座を含むペイオフ本格解禁は，万全を見るため2005年4月までかかった。
105　吉川洋（2013），『デフレーション』，日本経済新聞出版社，208-209頁。
106　和製英語であり，国際的には，"GFC"（Global Financial Crisis）と呼ばれることが一般的である。
107　例えば，U.S. Treasury, "The Financial Crisis Five Years Later: Response, Reform, and Progress", September 2013. <https://www.treasury.gov/connect/blog/Documents/FinancialCrisis5Yr_vFINAL.pdf（May 30, 2021現在）>や，Federal Reserve Bank of New York, "Timelines of Policy Responses to the Global Financial Crisis." <http://www.newyorkfed.org/research/global_economy/policyresponses.html（May 30, 2021現在）>など。
108　Financial Crisis Inquiry Commission（2011），前掲。

献をはじめ，ソーキン（2010）[109]などの著作・論文等，そして，ポールソン（2011）[110]，ガイトナー（2014）[111]，バーナンキ（2015）[112]などの政策当事者による回顧録，新聞記事等を特に参考としている。

　なお，経済大国第一位であり，冷戦終了後，1990・2000年代において唯一の超大国と言える米国で発生した米国金融危機は，世界的に経済的影響をもたらしており，関係事象は多岐・各地にわたるが，ここでは，基本的に米国国内における公的資金投入に関連する事実関係の整理に集中している。

第1項　サブプライム・ローン問題

　1990年代より基本的に上昇し続け，特に2000年代に高い伸び率を見せた米国住宅価格は，2006年についに頂点を過ぎた[113]。米国住宅バブルの崩壊である。住宅価格の上昇を前提とした，サブプライム・ローン（非優良借り手に対する貸付[114]）の興隆がとうとう終了したわけである。サブプライム・ローンを証券化した金融商品の格付けは下落し始めた。

　その影響は，米国国内よりも先に，海外の欧州で現れた。具体的には，まず2007年8月のパリバ・ショックである。上記サブプライム・ローン証券化商品の市場混乱により，BNPパリバ銀行は，傘下の3つのマネー・マーケット・ファンド（MMF[115]）からの投資家の引き出しを停止すると発表した[116]。この

109　Sorkin（2010），前掲。
110　Paulson（2010），前掲。
111　Geithner（2014），前掲。
112　Bernanke（2015），前掲。
113　S&Pケース・シラー全米住宅価格指数は，2006年第2四半期においてピーク値189.93を記録した。（2000年第1四半期＝100.00）
114　言葉の上では，「優良には至らない」という意味の「サブプライム」であったが，実際には，サブプライム・ローンには，収入も仕事も資産もない者に対する"ニンジャ・ローン"（NINJA loans：No Income, No Job and no Assets loans）すら含んでいた。
115　Money Markets Funds（T-bill, CPをはじめとする短期の公社債に投資するファンド）。Sorkin（2010），前掲，p. 88参照。
116　停止された3つのMMFは，具体的には，フランスを本拠地として運用していたBNP Paribas ABS Eonia及び BNP Paribas ABS Euribor。そして，ルクセンブルクを本拠地として運用していたファンドであるParvest Dynamic ABS。
　この3ファンド以外には，BNPパリバが運用するファンドは米国のサブプライムには投資していなかったため，同行は，「多くの国際銀行よりもサブプライム危機には影響されていない（less affected by the subprime crisis than most of the international banks）」と説明している。

解約・引き出し停止の理由は，サブプライム・ローン関連資産の価値が，もはや評価不能に至ったからであるとされた。

　これによりサブプライム・ローンを含む住宅ローン関連の商品に対する買い控えが，全世界に一気に広がった。これに伴う最初の犠牲となった銀行は，米国の銀行ではなく，英国であった。9月，英国で第5位のモーゲージ（住宅ローン）貸付を行っていた[117]ノーザン・ロック銀行は，中央銀行であるイングランド銀行より緊急融資を受けた。後に，翌年2月に英国政府により国有化された[118]ノーザン・ロックは，住宅購入者へのローンの4分の3以上の原資を，モーゲージ証券の市場への販売で調達していた。この資金構造が，バリパ・ショックを受けた流動性不足そして取り付け騒ぎを招来したのである[119]。

　一瞬耐性があるように思えた米国も，ほころびを見せ始めた。例えば，シティ・バンクは，資本増強のためアラブに走ったりした[120]。

第2項　ベアー・スターンズ及びファニー・メイ／フレディ・マック救済

　リーマン・ショックに至る過程において重要なのは，米国第5位投資銀行ベアー・スターンズ（ベアー）の経営不安とその救済，そして，政府系金融機関であり住宅バブルを助長したとも言われるファニー・メイ（ファニー）及びフレディ・マック（フレディ）の救済である。特に前者のベアー救済は，米国5

　　BNP Paribas, September 12, 2007, "Background information on suspension and reopening of ABS funds in August". <http://media-cms.bnpparibas.com/file/76/1/5761.pdf（September 6, 2014現在）> 参照。

117　*The Economist*. September 20, 2007. "Britain's bank run: The Bank that failed". <http://www.economist.com/node/9832838（May 30, 2021現在）>.

118　HM Treasury. 17 February 2008. Press notice "Northern Rock plc." <http://webarchive.nationalarchives.gov.uk/+/http://www.hm-treasury.gov.uk/newsroom_and_speeches/press/2008/press_16_08.cfm（May 30, 2021現在）>.

119　HM Treasury, Bank of England and Financial Services Authority. September 14, 2007. Tripartite Statement "Liquidity Support Facility for Northern Rock plc." <http://www.bankofengland.co.uk/publications/Pages/news/2007/090.aspx（March 10, 2012現在）>及び *Businessweek*. September 20, 2007. "Why Northern Rock Crumbled.". <http://www.businessweek.com/globalbiz/content/sep2007/gb20070919_219517.htm?chan=top+news_top+news+index_global+business（March 10, 2012現在）>. 参照。

120　*The New York Times*. November 27, 2007. "Citigroup Sells Abu Dhabi Fund $7.5 Billion Stake." <http://www.nytimes.com/2007/11/27/business/27citi.html?_r=1（May 30, 2021現在）>.

大「投資銀行」——日本では証券会社に該当する。米国では，株の売買だけで
なく，新株・社債の発行や資産流動化，さらにはM&Aを含めた財務全般のア
ドバイスを幅広く手掛けており，インベストメント・バンク（Investment
Bank：投資銀行）とは総称されるが，預金は有しない。伝統的な預金取扱金
融機関である「商業銀行」（＝本来の銀行）とは別物である——の一角が崩れ
始めたという意味で，象徴的である。本項では，これら救済劇の経緯とその影
響を追う。

ベアー救済

　2008年に入り，金融不安が本格的に米国に訪れた。3月，レバレッジ率（自
己資本に対する負債の比率）' が30倍を超え[121] 5大投資銀行の中で最も高かっ
たベアー・スターンズが，十分な流動性を欠き，商業銀行JPモルガンに買収
された[122]。この買収は，ニューヨーク連銀ガイトナー総裁を中心とする仲
介[123]による，同連銀からの290億ドル緊急融資を前提にしたものであった。
この290億ドルとJPモルガンからの10億ドルで，LLC（有限責任会社）が設立
され[124]，ベアー・スターンズのモーゲージ関連証券や付随するデリバティブ
（金融派生商品）をはじめとする不良資産を引き受けた[125]。残る「グッドバン
ク」（good bank）部分がJPモルガンに吸収されたわけである。合併に伴うも
のであり救済対象金融機関への直接の拠出ではないが，広義の「不良資産買取
り」に位置付けられよう。

　なお，この公的資金投入は，日銀特融[126]に類似する「中央銀行からの拠出」
であり，「税金」によるものではない。一方，——表向き米国財務省は，ニュー
ヨーク連銀とJPモルガンの交渉に関わっていないという立場をとってはいる

121　2007 Annual Report（SEC 10-K）.

122　米国の投資銀行に対し必要自己資本率を独自のリスク評価を基に算定することを許した米
　　SEC（証券取引委員会）の2004年決定が，ベアー・スターンズやリーマン・ブラザーズを含む
　　同国の投資銀行に，商業銀行より遥かに少ない自己資本率を許し，高いレバレッジ率と脆弱性
　　を与えてしまったと指摘されている。Admati and Hellwig（2013），前掲，p. 204参照。

123　Sorkin（2010），前掲，p. 59.

124　ニューヨーク連銀の横の通りの名前にちなんで，「メイデン・レーンLLC」と名付けられた。

125　Federal Reserve Bank of New York, "Maiden Lane Transactions." <http://www.
　　newyorkfed.org/markets/maidenlane.html#maidenlane（May 30, 2021現在）>.

126　日本銀行法38条に基づく。

が[127]——FRBと米国財務省が，公的資金投入を含む危機対応にあたりタッグ
を組んでいることが見て取れる。例えば，JPモルガンによる買収価格を1株
当たり2ドルと決定したのは，ポールソン財務長官であった[128]。(この買収価
格は，ベアー・スターンズ株主の抵抗のため，1週間後には1株当たり10ドル
に上げられた。)

　前章第4節第3項で説明したように，「『公益政治』における国家・社会アク
ターによる『自己存続』モデル」を米国に援用するには，FRBを含む米国の
官庁では，日本と違い，リボルビング・ドア（回転扉）と称されるように経済
界・学界など外部との人材の頻繁な行き来が通常であり，（組織としての一体・
一貫性というよりも，）時々のトップの個性に戦略の決定がより強く左右され
るという米国の事情を考慮に入れる必要がある。しかし，少なくとも，「公衆」
の支持獲得を意識し国家アクターが利益集団の圧力から独立して行動する「公
益政治」と，国家アクターと利益集団との取引で政治が決まる「利益集団政
治」の対比による分析は，十分に適用可能と思われる。

　この点，ベアー救済時の政治過程は，比較的，同モデルの「利益集団政治」
的な状況によるものであったと言えよう。特に，議会からも独立した「中央銀
行からの拠出」であったことで，より容易に救済が実現されたと言える。しか
し，このベアー救済により，バーナンキFRB議長・ガイトナー総裁・ポール
ソン財務長官らは，「公衆」・「メディア」・議会（「政治家」）からの批判にさら
され，これがリーマン経営危機対応への制約となってくる[129]。

ファニー／フレディ救済

　ベアー救済の次に，FRBを含む米国政府が直面したのは，政府系金融機関
に当たるGSE[130]の経営危機であった。ファニー・メイ[131]そしてフレディ・

127　Sorkin（2010），前掲，pp. 67-70.

128　日本経済新聞社（2009），『大収縮　検証・グローバル危機』，日本経済新聞社，2頁。同様に
　　　Sorkin（2010），前掲，p. 68参照。

129　Alex Cukierman（2019），"A retrospective on the subprime crisis and its aftermath ten
　　　years after Lehman's collapse"，*Economic Systems*，Volume 43, Issues 3-4, September-
　　　December 2019, 100713, pp. 1-20のp. 18参照。

130　Government-sponsored enterprises：政府支援機関

131　Fannie Mae（Federal National Mortgage Association）。1938年にニュー・ディール政策に
　　　基づき設立された。

マック[132]は，米国市民（すなわち有権者）に家を，との政治的要請に沿って，持ち家推進という両機関共通の目的に向け互いに激しくしのぎを削ってきた。両機関は住宅バブルを助長したと批判され，サブプライム市場にもモーゲージ業務を通じて関わっていた[133]。したがって，財務の健全性に疑いの目を向けられ，7月，株価が急落した。この状況に対処するため，米国政府は同月，要すれば両機関の株式を買い上げる権限を暫定的に米国財務省に与えることを含む諸対策を，発表した[134]。（後にこれらの政府支援機関は，同年9月7日に米国政府の管理下（conservatorship）に置かれることとなった[135]。）

第3項 リーマン破綻及びAIG救済

　このように米国投資銀行第5位のベアー・スターンズ救済等を序章として，いよいよ世界を震撼させた，米国投資銀行第4位リーマン・ブラザーズの破綻が近づいてくる。

　リーマン破綻の1月前の2008年8月，バーナンキFRB議長は，ワイオミング州ジャクソン・ホール──毎夏，同州を所管区域内とするカンザス・シティ連銀の主催で，米国内外の主要経済学者等が集う恒例の会議が開催される──において，「我々は，多くを大恐慌と日本から学んでいるので，どちら（の深刻な不況）にもならない」と発言している[136]。（傍点筆者）

　しかし，米国における金融不安は続いた。流動性確保を日々のコマーシャル・ペーパー[137]等の証券発行やレポ取引[138]に依存していた投資銀行は，第4位であるリーマン・ブラザーズを筆頭に，みなキャッシュ・フロー問題と株

132　Freddie Mac（Federal Home Loan Mortgage Corporation）。ファニー・メイの民営化に対する批判への対応として1970年に設けられた。

133　Sorkin（2010），前掲，pp. 66-67及び185-187。

134　U.S. Treasury Press Release, July 13, 2008, "Paulson Announces GSE Initiatives." < https://www.treasury.gov/press-center/press-releases/Pages/hp1079.aspx（May 30, 2021現在）>.

135　Federal Reserve Bank of New York, "Timelines of Policy Responses to the Global Financial Crisis.", 前掲。

136　Sorkin（2010），前掲，p. 223。

137　Commercial paper（CP）

138　Repo（Repurchase agreement）つまり買い戻し条件を付した債券貸借取引。

価下落に悩まされていた。

米国金融危機ピーク——リーマン破綻

ベアー・スターンズ救済への世論の反発を踏まえ，米国財務省・FRB・SEC[139]は，更なる救済は議会の了解を得られないと考えていた。民間共助の道を探るべく，彼らは，9月12日金曜日，主要銀行のCEOをニューヨーク連銀に招集し，週末も協議を続けた。リーマン・ブラザーズの買収先は，米国商業銀行バンク・オブ・アメリカあるいは英国商業銀行バークレイズのいずれかに絞られるが，結局前者は，リーマン同様資金難に陥った第3位投資銀行のメリル・リンチ買収に向かうことを決めた。このため，リーマンの不良資産を分離するための他行からの共同支援を含め，バークレイズとの買収が成るかに，いったん見えた。

しかし，交渉過程で十分に情報を与えられなかったこともあり，英国政府がこの取引に留保を表明し，株主投票の免除を許可しなかった[140]。英国の上場企業向け規則により，バークレイズがリーマンの債務を保証するにはこの株主投票が必要とされており，それを実際に実施するとすれば1～2か月かかってしまうものであった。この英国政府の回答の瞬間，リーマンの倒産が決まった[141]。

AIG救済：異例のFRB融資による「資金注入」

翌9月15日月曜日，リーマン・ブラザーズは倒産申請し，今度は，世界最大の保険会社[142]AIGの資金不足が浮上した。FRBを含む米国政府は，再び民間共助を模索したが，失敗に終わった。リーマンを救済しなかったことでモラル・ハザードを回避したと「メディア」や議会（「政治家」）からは称賛されたが，忍び寄るAIGの倒産は金融システム自体の崩壊に直結し得るものであった。なぜなら，AIGは，保険業界におけるその巨大なプレゼンスに加え，クレジット・デフォルト・スワップ（CDS[143]）を通じ，各銀行が資本基準を満たすのに

139　証券取引委員会（Securities and Exchange Commission）。
140　英国金融当局は，もしリーマンの損失及び必要資本が過小評価されていた場合，バークレイズを英国政府が救済せねばならなくなることを懸念したとされる。Kindleberger and Aliber (2015)，前掲，p. 324参照。
141　Sorkin (2010)，前掲，p. 345-353。
142　Kindleberger and Aliber (2015)，前掲，p. 324。
143　Credit Default Swap

不可欠な存在であったからである。具体的には，CDSは，対象金融商品のデフォルトの際，損失を補填する一種の保険契約であり，数多くの銀行がこれをAIGから購入することで，保有資産のリスク評価を補い，自己資本比率基準を満たしていた。その「保険」が消えれば，米国をはじめとして世界各国の銀行が，一気に自己資本比率基準違反となりかねない。

　リーマン破綻により引き金を引かれたこの危機に直面し，バーナンキ（FRB議長）もポールソン（財務長官）も，連邦準備法第13条3項を発動するというガイトナー（ニューヨーク連銀総裁）の救済プランに同意するに至った。すなわち，同項が認める「異常かつ緊急」状況における「銀行」以外へのFRBからの融資を実施するというものである[144]。ここで注意すべきは，法令上の「銀行」とは預金を有する商業銀行を指し，投資銀行は含まれないということである。逆に，投資銀行（インベストメント・バンク）は，法令上は，単なる「ブローカー・ディーラー[145]」とされる。同項の発動とは，保険会社AIGを救済しつつ，第5位ベアー・第4位リーマンと崩れた投資銀行を，今後は直接FRBが支えるという含みを持ち得るものであった。（これに先立つベアー救済，つまり，ベアー・スターンズの商業銀行JPモルガンによる買収における，ニューヨーク連銀からの救援拠出は，あくまで「銀行」であるJPモルガンに対するものであった。）

　同項に基づきFRBは，9月16日，ワラント（新株引受権）の形でAIGの株式の79.9％を取得する代わりに850億ドルの融資を行った[146]。株主責任を強く問うというポールソンの方針に基づき，政府は配当支払についての拒否権を得，当該融資の利息は非常に高く（当初LIBOR[147]＋8.5％）設定された[148]。政府の通告で，AIGトップも引退した[149]。

144　前掲書，p. 397-401。

145　Broker-dealer。本来，brokerは委託注文を証券取引所等に取り次ぐ業務であり，dealerは会社自身がポジションを持ち証券売買をする業務。いずれも証券注文に関わるものであり，（日本でいう）証券会社の本来業務と言えよう。

146　Federal Reserve Bank of New York. September 29, 2008. Press Release "Statement by the Federal Reserve Bank of New York Regarding AIG Transaction." <http://www.newyorkfed.org/newsevents/news/markets/2008/an080929.html（May 30, 2021現在）>。

147　ロンドン銀行間取引金利（London Interbank Offered Rate）。

148　Sorkin（2010），前掲，p. 404。

149　Paulson（2010），前掲，p. 239。同トップ（CEO）は，自主的に退職金の返納を申し出た。

　この救済は，再び「税金」原資ではなくFRBからの拠出であるが，株式の取得によるものであり「資本注入」に該当する。

　「公衆」を意識した「公益政治」的な環境の中で，リーマン・ショックにあたり不人気政策である公的資金投入というカードを切れなかったのは，日本の1997年危機時と同じであったと言える。しかし，リーマン倒産の翌日には，早くもAIG救済に舵を切った。後述するように日本をよく知るガイトナーの主導で，議会から独立した中央銀行の決定とは言え，リーマン「非」救済への「公衆」の称賛にもかかわらず，驚くほど短期に公的資金投入路線に復帰したのである。

第4項　TARP[150]（税金による公的資金投入プログラム）の導入と変化

　AIG救済にかかわらずリーマン破綻のショックは止まらず，公社債投資ファンドであるMMF（マネー・マーケット・ファンド）に波及した。リザーブ・マネージメント・コープによって運用されていた米国で最も古いMMFが，額面割れ，つまり，投資家が払った元本1ドル分に対する純資産が1ドルを下回ってしまった。サブプライム関連資産には運用していなかったものの，リーマン債を含んでいたためである[151]。MMFがキャッシュを提供していた短期金融市場が急激に冷え込み，コマーシャル・ペーパー（CP）の発行によってキャッシュを得ることが困難となった[152]。これは，特に米国で繁栄した「シャドウ・バンキング・システム[153]」の崩壊を意味した。リーマン危機は，残る他の投資銀行，すなわち，第2位のモルガン・スタンレーそして最大手のゴールドマン・サックスも襲った。ついに両社は，FRBの融資へ恒久的なアクセスを得るために，銀行持ち株会社への転身を決定したのである。――当該転身は，

150　Troubled Asset Relief Program.

151　*Bloomberg*. September 17, 2008. "Reserve Money Fund Falls Below \$1, Delays Withdrawals." <http://www.bloomberg.com/apps/news?sid=aLwxHK3Ygc8s&pid=newsarchive（March 10, 2012現在）>.

152　日本経済新聞社（2009），23頁。

153　投資銀行やヘッジ・ファンド等（商業銀行とは異なり）預金基盤を有しない金融機関が金融市場の主要部分を占めるシステムのことである。

共に9月21日FRBに承認された[154]。

モルガン・スタンレーへの三菱東京UFJ出資

　それでも，市場の投資銀行に対する疑念は続く。次なるターゲットは米国投資銀行第2位のモルガン・スタンレーであった。モルガン・スタンレーは，防衛のために出資者を求め，残された選択肢として中国に期待していた。具体的には，すでに2007年12月に9.9％の株式を譲渡済みであった中国投資有限責任公司（中国の政府系ファンド[155]）からの増資を求めて交渉していた。そのため，モルガン・スタンレーのCEOは，ポールソン財務長官から中国政府の王岐山副首相（金融・財政担当）に口添えしてもらいたいと依頼し，実際，ポールソンは王岐山に直接話をしている。財務長官就任前からビジネスで中国と深い関係を有していたポールソンは，一時はブッシュ大統領にも胡錦濤国家主席に話してもらう可能性を進言までしていたが，結局，王岐山は米国政府の保証がなければと慎重で，中国投資有限責任公司も高い球を投げて折り合わなかった[156]。

　一方，この間に救世主として突如急浮上したのが，日本の三菱東京UFJフィナンシャル・グループ[157]の出資話であった。米国財務省・FRB側は日本人がスピーディーに決断できるか疑念を抱き，ポールソン・バーナンキ・ガイトナーで米国商業銀行JPモルガンへの身売りを勧めたりしたが，モルガン・スタンレーが三菱と長年の関係を有し，同年三菱UFJがカリフォルニアのユニオン・バンクの買付けをする際にも顧問を務めるなどしてきた信頼が生き[158]，90億ドルを出資し約20％の株式を取得[159]することとなり，モルガン・スタン

154 Board of Governors of the Federal Reserve System. September 21, 2008. "Board approves, pending a statutory five-day antitrust waiting period, the applications of Goldman Sachs and Morgan Stanley to become bank holding companies". <http://www.federalreserve.gov/newsevents/press/bcreg/20080921a.htm（March 10, 2012現在）>.

155 いわゆるソブリン・ウェルス・ファンド（sovereign wealth fund）。

156 Paulson（2010），前掲，pp. 245, 271-274及びSorkin（2010），前掲，pp. 448, 455-457, 472-473参照。

157 2005年に東京三菱銀行とUFJ銀行を主体としてできた金融グループ。（UFJ銀行は2001年に住友銀行とさくら銀行（旧太陽神戸三井銀行）が合併して発足。）

158 Paulson（2010），前掲，p. 271 及び Sorkin（2010），前掲，pp. 476-477, 482-486参照。

159 9月22日の出資決定後も，市場のターゲットになってしまっていたモルガン・スタンレー株の続落（9月29日発表の当初計画では，取得予定価格は，当時の株価をやや下回る1株25.25ドルと設定されていたが，10月10日時点で9ドル台にまで暴落していた）に直面し，三菱UFJも

レーは窮地を脱した。

ゴールドマン・サックスへのバフェット出資

　続けて，米国投資銀行第１位のゴールドマン・サックスへも襲いかかる市場の下方圧力の中，ゴールドマン・サックスは，米国を代表する投資家でありその言動が市場に影響を与えるウォーレン・バフェットの下に駆け込んで有利な条件を付けて頼み込み，当時の株価より８％安い価格で新株を引き受けられるワラント（新株引受権）50億ドル分と共に，配当率10％の優先株を50億ドル買ってもらうことで，自社の株価急降下をなんとか押し止めた。

TARP法案の成立

　このような金融危機の混乱の中，米国政府は「税金」を原資とする公的資金投入に動く。この時，スウェイゲル財務次官補（経済政策担当）は，ポールソンらに対し，政治的失敗を恐れて問題対処を回避することなく大胆に動く必要性を強調するため，「日本みたいになりたくないでしょう？」と発言し，公的資金投入に向かうことを進言している[160]（傍点筆者）。米国財務省は，TARP——Troubled Asset Relief Program（不良資産救済プログラム）。S&L問題の解決に効を奏したと言われるRTC[161]のように，不良資産を買い取るプログラム——を含む緊急経済安定化法案[162]を提出し，7,000億ドルを要求した。

　同法案はいったん否決され，マーケットを動揺させた。しかし，S&L最大手ワシントン・ミューチュアルの破綻に続く大手商業銀行ワコビアの経営不安は，

躊躇する面もあったが，金融危機の引き金を引きかねず，米国当局との関係も考慮し，出資の約束を貫徹した。そのため，30億ドルを普通株，60億ドルを普通株への転換権付き優先株で出資する当初計画から，株価下落の影響を受けにくい優先株に90億ドル全額を変更し，払い込みも当初予定の10月14日（火）から１日前倒しした。
　　当該前日の10月13日（月）は，日本／米国両国で祝日（体育の日／コロンブス・デイ：共にいわゆるハッピー・マンデー）であり，銀行送金ができなかったため，過去に例のない巨額額面の小切手で物理的に渡された。
　　J-CASTニュース，2008年10月24日，「三菱UFJのモルガン出資『勇断』は吉？凶？」，<https://www.j-cast.com/2008/10/24029009.html?p=all（2021年５月30日現在）>参照。
160　Sorkin（2010），前掲，p. 422。筆者がスウェイゲル氏にインタビューした際（前出，2014年８月21日），氏自身，「あれは，誰かがポールソン以下の会議を録音していて，それを記者に流したものだ」と語り，自分の発言と認めた。
161　Resolution Trust Corporation：整理信託公社。
162　Emergency Economic Stabilization Act of 2008.

預金基盤を有する金融機関への危機の波及を明らかに示した。加えて，法案自体も，種々の税制優遇措置や預金保険の上限を10万ドルから25万ドルに引き上げる措置を盛り込む修正を加えた[163]。ここに至り，当初案に反対票を投じた下院議員も，多く賛成に回るようになった。10月3日金曜日，修正法案は議会を通過し，成立した[164]。

TARP 1 （「不良資産買取り」）からTARP 2 （「資本注入」）への急速な変化

　TARP（不良資産救済プログラム）は，当初，その名前通り金融機関からの「不良資産買取り」戦略（TARP 1）であった。ポールソンが，S&L問題の解決に奏功したと言われるRTCの前例を踏まえ，これが政治的に最も受け入れられやすいと考えたからである。彼は，株式ではなく「資産を買取ることで，政府と民間セクターの明確な境界も維持することもできる」として，政府 vs. 市場のイデオロギー的議論を比較的回避できることも意識していた[165]。

　しかし，先述のように[166]，予想以上の資産価値の下落の中，法律の制定に向けた過程で再考され，実施の際には，「資本注入」（TARP 2）へと姿を変えていた。これが可能であったのは，TARPのための法律（緊急経済安定化法）が，政府が買い得る「不良債権」の定義において，オープン・エンドなその他条項——「Sec.3.（9）（B）（財務）長官が，FRB議長と協議の上，金融市場の安定を向上させるためにその買取りが必要と決定したその他の金融商品……」——を定めることで，政府に幅広い柔軟性を与えていたためであった。（これは「隠された条項」とも呼ばれたが[167]，資本注入の権限についてはTARP法案の連邦議会審議の中で議論され合意されたものである[168]。）米国政府は，金融機関の株式は，この条項における「その他の金融商品」に当たると

163　Sorkin（2010），前掲，p. 507。
164　2008年9月29日当初案を下院否決（205 vs. 228），10月1日修正案を上院可決（74 vs. 25），3日同案を下院可決（263 vs. 171）・大統領署名・法案成立。
　　当初の下院採決では，与党共和党の3分の2，野党民主党の四割が反対した。二回目の下院採決では，共和党が前回に比べ26票の賛成を上積みして計91票となったが，民主党はそれを上回る32票追加しており，結局，ブッシュ政権は，与党であるが自由市場重視派が多い共和党の説得に，むしろ終始手を焼いている。Paulson（2010），前掲，pp. 319, 326, 328参照。
165　Sorkin（2010），前掲，p. 422。同様に，p. 432参照。
166　前章第3節第2項及び同第4節第2項。
167　日本経済新聞社（2009），103頁。
168　Paulson（2010），前掲，p. 291。

解釈したのである。

　このいわゆるTARP １からTARP ２への移行は，前者執行における買取価格決定の難しさも１つの理由であろう。しかし，ただでさえ「社会主義」だという批判[169]の中で，市場重視派から更なる反対を招きかねない「資本注入」，つまり，政府による金融機関直接保有に舵を切ったのは，やはり危機がそれだけ深刻であったからだと考えられる。

危機ピークから29日後には「資本注入」（TARP ２）実施決定

　TARP ２の実施のため，10月13日月曜日，米国財務省，FRB，FDIC（連邦預金保険公社）は共同して，ワシントンDCに主要９銀行のCEOを招集して会合を開催し，これら３機関のトップ（ポールソン，バーナンキ，ベア[170]）そしてガイトナーが臨席した。その場において，公的資金を例外なく一律に受領することを強く要請し，CEO全員からサインを取った[171]。そして翌14日，これら主要９行以外も含む金融機関の最優先株（senior preferred share）取得により最大2,500億ドルの資本注入を実施することを発表した[172]。——これはTARPの中のプログラムの１つとして，"Capital Purchase Program" と名付けられた。れっきとした「資本注入」ではあるが，命名を「不良資産買取り」に引き寄せたことが見て取れる（傍点筆者）。一律横並び同時救済であり，さらに，資産査定なく決定されたのは日本でも見られなかったことであった。

　ここで留意すべきは，米国の金融規制・監督体制が，分断されたものであったことである。商業銀行だけでも，連邦免許による国法銀行はOCC[173]（通貨監督庁：米国財務省の外局）／州から免許を受けた州法銀行のうち，連邦準備

169　例えば，2008年９月23日上院銀行委員会公聴会でのジム・バニング議員発言（共和党・ケンタッキー州選出）（再掲）。Paulson（2010），前掲，p. 283参照。

170　シーラ・ベア米Federal Deposit Insurance Corporation（FDIC）議長。

171　決定した資本注入額は以下の通り。シティグループ，ウェルズ・ファーゴ，JPモルガンが250億ドル，バンク・オブ・アメリカ150億ドル，メリル・リンチ，ゴールドマン・サックス，モルガン・スタンレーの投資銀行大手三社が100億ドル，バンク・オブ・ニューヨーク・メロン30億ドル，ステート・ストリート20億ドルの計1,250億ドル。

172　Sorkin（2010），前掲，pp. 524-531及びU.S. Treasury. October 14, 2008. Press Release "Treasury Announces TARP Capital Purchase Program Description." <http://www.treasury.gov/press-center/press-releases/Pages/hp1207.aspx（May 30, 2021現在）>参照。

173　Office of the Comptroller of the Currency。米国財務省に所属する機関であるが，独立性が高い。

制度に加盟している州法銀行はFRBと州当局／連邦準備制度に加盟していない州法銀行はFDIC（連邦預金保険公社）と州当局が，それぞれ監督官庁となっていた。投資銀行（法的にはブローカー・ディーラー＝証券会社）はSEC（証券取引委員会）が監督官庁であるが，先物取引などデリバティブ（金融派生商品）関係はCFTC[174]（商品先物取引委員会）が所管してきた[175]。分断に加えて，Financial Crisis Inquiry Commission（2011）が「金融規制・監督の欠陥」として批判するように，規制緩和の中，「金融会社が好ましい規制者を選ぶことが認められ，弱い監督者の下への競争になってしまった」という状況が起きていた[176]。これについては，消費者保護を含め不十分な金融規制体制として公的部門の脆弱性だった（バーナンキ（2012）[177]）といった指摘がある。

　いずれにせよ，関係官庁が多岐にわたったわけだが，危機に面して，上記の4者（ポールソン財務長官，バーナンキFRB議長，ガイトナー・ニューヨーク連銀総裁，ベアFDIC議長）らを中心に，迅速に統一歩調が取られたのは，前章第4節第3項（「公益政治」における国家・社会アクターによる「自己存続」モデル）で説明したように，組織としての一貫性というよりも，時々のトップの個性に戦略の決定がより強く左右される，米国の特色の表れとも見えよう。

TARP 2（資本注入）に至る各アクターの動き

　以上のように，危機ピークから公的資金投入法案成立まで3か月を要した日本と比して，米国はわずか18日と非常に早く法案成立に至った。実施も，日本が4か月かかったのに対し，米国は危機ピークから29日である。

　背景としては，まず『国家アクター』である米国政府内での日本金融危機に

174　Commodity Futures Trading Commission.
175　大和総研（2017），「諸外国における金融制度の概要 報告書」，平成29年3月，（金融庁調査委託），<https://www.fsa.go.jp/common/about/research/gaikokuseidochousa.html（2021年5月30日現在）>，原信明（2009），「米国における銀行破綻処理」，『預金保険研究』，2009年4月，預金保険機構，92-94頁や，青木武（2003），「米国の銀行制度はなぜ複雑なのか」，信金中金地域中小企業研究所 <https://www.scbri.jp/HTMLcolumnNY/nycolumn3.htm（2021年5月30日現在）>ほか参照。
176　Financial Crisis Inquiry Commission（2011），前掲，p. xviii。
177　ベン・バーナンキ（2012），『連邦準備制度と金融危機　バーナンキFRB理事会議長による大学生向け講義録』，小谷野俊夫訳，一灯舎。

ついての知識が挙げられよう。ガイトナーは，かつて東京の米国大使館のア
タッシェとして日本に在住した経験があり，日本金融危機の際には，米国財務
省においてG7案件を含む国際問題担当として働いていた。バーナンキは，日
本金融危機の際，日本の金融政策についての論文を書いている[178]。彼らは，日
本の経験から，金融危機対応における公的資金投入の重要性は認識していたと
思われる。例えば，ガイトナーは，2010年10月カリフォルニアでの講演会にて，
日本からの教訓は何かという質問に対して，「今回の危機に対する大統領の判
断・戦略は，『このような危機の時は，圧倒的な金融的な力（financial force）
を投入して金融パニックを止めるため，とても迅速に動かねばならない』とい
うものであった[179]。」と回答している。ここでガイトナーが "financial force"
という耳慣れない用語を使っているのが興味深い。これは積極財政や金融緩和
も含み得るものであろうが，それ以上に，公的資金投入も包含し得ることが注
意を引く。

　また，『社会アクター』であり，米国社会の『オピニオン・リーダー』でも
ある，経営者達からも，公的資金投入は比較的支持を受けた。例えば，先述の
米国を代表する投資家ウォーレン・バフェットは，米国政府に対する公開「感
謝状」を書き，バーナンキ，ポールソン，ガイトナー，そして，ベアを称賛し
た。いわく，「アンクル・サム[180]……企業と民衆が世界中で流動性を求め競争
する時，貴方はこの取引の相手を引き受けられるリソースを有する唯一の当事
者である。」，「そう，アンクル・サム，貴方はそれを実現した。」そして，「私
は貴方の部隊の何人かを称賛したい。最も闇に包まれた時に，ベン・バーナン
キ，ハンク・ポールソン，ティム・ガイトナーとシーラ・ベアは，事の重大さ
を十分に把握し，勇気と素早さを以て行動した。」と記述して，自身の考えを
表明した[181]。「救済（Bailout）」と明記はされていないが，バフェットが公的

178　Bernanke（2000），前掲，pp. 149-166.

179　Speech at the Commonwealth Club, October 18, 2010 at Palo Alto, CA. *The Commonwealth* Vol. 105, No. 02（February/March 2011）. p. 25.

180　一般にアメリカ合衆国の擬人化だが，ここでは特に米国政府を指す。

181　Warren E. Buffet（2010）, "Pretty Good for Government Work", *The New York Times*（online）, November 16, 2010. <http://www.nytimes.com/2010/11/17/opinion/17buffett.html（May 30, 2021現在）>.

資金投入を支持したことは文脈から明らかである[182]。(ただし，米国政府に比べ，米国経営者が日本金融危機から意識して学習したとのエピソードは比較的少ない。)

　そして，これら国家・社会アクター両サイドにわたる『オピニオン・リーダー』の主張に耳を傾ける「公衆」も，あくまで比較的ではあるが，日本が金融危機に直面した際と比べ，公的資金投入への批判は穏やかだった。金融機関の救済について米国政府は「公衆」から一定の批判を受けはしたものの，米国人の半数は救済を支持したという事実がある。ギャラップの世論調査によれば，2008年10月において，50％の米国人が「米国の金融機関が直面する問題に対処するため，政府が7,000億ドルまでの支援を提供する法律を成立させたことは，良いことである」と考えており，逆に，同法成立が「悪いことである」と考えている米国人は41％に止まった[183]。

　このような背景の中，『国家アクター』である議員達「政治家」は，緊急経済安定化法案を一度は否決したが，わずか4日後に修正案を可決した。AIG救済と異なり「税金」原資であり，議会の承認が必要な分，「公衆」の支持獲得を求める「公益政治」環境下での制約は，当然強くなる。しかし，米国，特に同国の『国家アクター』は，日本金融危機という先行事例も踏まえ，「公衆」に顕著に不人気という公的資金投入の問題を，早期に乗り越えたと言えよう。

　このTARP 2実施の発表により，米国株式市場は一進一退に入るかに見えたが，11月シティ・バンク（シティ）の経営不安が高まる中，株式市場は再び急落（図8参照）。米国財務省・FRB・FDICはシティへ200億ドルの追加資本注入を決定した[184]。さらに12月，メリル・リンチ（メリル）の損失拡大により，

182　上記引用文章に加え，これら4人の政府高官によるTARP 2実施のための10月13日主要9行のCEO呼び出し，公的資金を受領要請（詳細後述）参照。

183　Gallup Poll, 2008年10月3-5日調査。(Gallup. December 9, 2008. "Initial Bailout Falling Out of Favor With Americans: More likely now than in October to see it as a 'bad thing'." <http://www.gallup.com/poll/113047/Americans-Falling-Favor-Initial-Bailout.aspx（May 30, 2021現在)>参照。)

184　Board of Governors of the Federal Reserve System, Federal Deposit Insurance Corporation, and U.S. Treasury. November 23, 2008. Joint Press Release "Joint Statement by Treasury, Federal Reserve, and the FDIC on Citigroup." <http://www.federalreserve.gov/newsevents/press/bcreg/20081123a.htm（May 30, 2021現在)>.

バンク・オブ・アメリカ（バンカメ）が，予定していたメリル買収に二の足を
踏み出す[185]。合併実現のため，米国財務省・FRB・FDICは再度200億ドルの追
加資本注入をバンカメにも行った[186]。

第5項　オバマ政権

　辛くも年末年始を乗り切った米国は，2009年1月20日の宣誓式で新大統領を
正式に迎える。オバマ大統領は，ホワイトハウスにおける最初の記者会見にお
いて，日本の経験に言及し，「我々は日本で1990年代に何が起きたかを見た。
彼らは十分大胆かつ迅速に動くことができず，その結果，90年代を通じて意味
ある経済成長を基本的に全く得ることができないという『失われた10年』に苦
しんだ。」と語った[187]。日本の「失敗」を指摘することで，自分達の政策を正
当化し他の『オピニオン・リーダー』そして「公衆」を説得できたという典型
的な例である。
　オバマ大統領は，上述のように日本をよく知るガイトナーを財務長官にする
と共に，日本金融危機の際，日本にプレッシャーをかけたサマーズを国家経済
会議（NEC）委員長にした。これら従前からの経済チームに加え，2月頭には，
ホワイトハウスの組織として，「米国経済の成長を促進し，安定かつ健全な金
融・銀行システムを確立，雇用を創出，そして，アメリカ人民の長期的繁栄を
向上させる政策[188]」について直接報告を受けるため，経済回復諮問会議
（President's Economic Recovery Advisory Board：PERAB，議長はポール・
ボルカー元FRB議長）を新設した。そして，大統領自らPERABの会合に出席

185　日本経済新聞社（2009），137頁。
186　Board of Governors of the Federal Reserve System, Federal Deposit Insurance
　　Corporation, and U.S. Treasury. January 16, 2009. Joint Press Release "Treasury, Federal
　　Reserve, and the FDIC Provide Assistance to Bank of America." <http://www.
　　federalreserve.gov/newsevents/press/bcreg/20090116a.htm（May 30, 2021現在）>.
187　2009年2月9日ホワイトハウスにおけるオバマ大統領プレス・カンファレンス。（*Wall
　　Street Journal*. February 10, 2009. "Obama Warns of 'Lost Decade' - President Says Federal
　　Government Is the Only Remaining Option to Jolt Economy" <http://online.wsj.com/article/
　　SB123419281562063867.html（May 30, 2021現在）>. 参照。）
188　Executive Order 13501 of February 6, 2009: "Establishment of the President's Economic
　　Recovery Advisory Board" Sec. 2（b）。

し，そこでの発言を発表するようにした[189]。

　大統領が前面に出る中，2月末の大手金融機関のストレス・テスト——健全
性検査。大幅な景気等の変動を想定した負荷でも健全性が保たれるかを確認す
る資産査定——実施の発表[190]，3月頭にAIGへの300億ドルの追加資本注入が
なされ，3月上旬には株価が上昇傾向に転じた[191]。同様に，2008年第4四半期
に−8.9％と沈み込んだ経済成長率も，2009年第1四半期に−6.7％と回復し始
め，同第2・第3四半期にそれぞれ−0.7％，＋1.7％と上昇していっている。
（図8，図9参照）それは，まるで2003年の日本の経済底打ちの軌跡を見るよ
うである。

　そして，危機の「震源地」である金融部門においても，この早い段階におい
て米国は，日本の経験より良い回復のサインを見せている。いくつかの金融機
関は，日本の公的資金の受け手よりずっと早い段階で，公的資金の返済を行っ
た[192]。

　よって，米国が辿り着いた特筆すべき効果的な公的資金投入とは，この2009
年のストレス・テスト付の資本注入と言えよう。他方，米国では主要金融機関
の「国有化（nationalization）」はなされなかった。

　これを踏まえて，バーナンキが，2012年2月の上院予算委員会において，
「日本は，2009年に米国が銀行に資本増強したほど早くは動いていない。日本
はこうした状況に陥った最初の国であり，他の国を参考にする便益を受けられ
なかった。我々は日本から学んでいる。」（傍点筆者）と証言していることが注
目される[193]。日本からの学習，そして米国の後発者としての優位さを直截に認

189　例えば，2009年2月6日，3月13日，5月20日，11月2日。

190　"Bank Stress Test FAQ", *Wall Street Journal*. February 25, 2009. <http://blogs.wsj.com/
economics/2009/02/25/bank-stress-test-faq/（May 30, 2021現在）>.

191　リーマン・ショック以降の米国の株価（S&P500：2007年10月9日に史上最高値1565.15を記録）
は，2009年3月9日に最安値676.53をつけて反転した。

192　"Treasury Lets 10 Banks Repay $68 Billion in Bailout Cash", *Wall Street Journal*. June 10,
2009. これら米の銀行が1年足らずで返済した一方，日本では，最大かつ安定した銀行であり
1998年3月注入の中で最も早く返済した東京三菱銀行でさえ，約2年かかっている。（『朝日新
聞』，2000年2月22日参照）

193　Witness Statements at the Senate Budget Committee. February 7, 2012. <http://budget.
senate.gov/democratic/index.cfm/committeehearings?ContentRecord_id=05d1eaea-8ff6-4ca5-
9180-af864db58499&ContentType_id=14f995b9-dfa5-407a-9d35-56cc7152a7ed&Group_
id=d68d31c2-2e75-49fb-a03a-be915cb4550b（March 16, 2012現在）>.

めていることに加え，ここでは公的資金投入，中でも特にストレス・テスト付の2009年資本注入を重視していることが注目される。

その後の米国経済は，図8，図9にも見られるように，上記2009年の初めを底として，回復が順調に相当進んだ。よって現在の視点からは，今般の米国危機対応が総じて効果的であったと評価できるであろう。

図8　米国の株価の推移
（米S&P500株価指数）

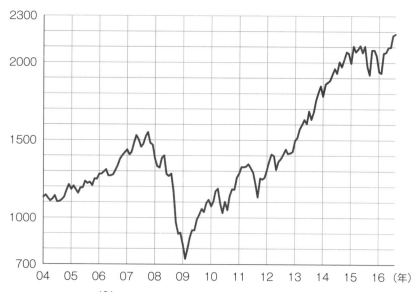

（出所）Yahoo Finance[194]

194　Yahoo Finance：S&P500
　　<https://finance.yahoo.com/quote/%5EGSPC/history?p=%5EGSPC（May 30, 2021現在)>

図9　米国の経済成長率の推移

(実質，四半期，季節調整済み前期比，年率%)

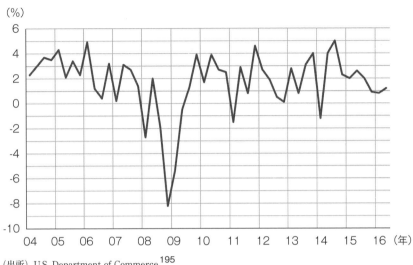

(出所) U.S. Department of Commerce [195]

第4節 ｜ 不人気だが効果的な「公的資金投入」：特に「資本注入」

　本節においては，公的資金投入に絞った形で，前々節及び前節で示した日米金融危機の経緯の，簡潔なまとめを行う。これら第2節と第3節の叙述は，日本金融危機及び米国金融危機の概観にそれぞれ20ページ前後を割く長文となっているが，これは次章：第4章「日米金融危機対応の比較：公的資金投入における日米の学習・教訓」において，星＆カシャップ（2010）の議論を検証するための重要な前提としての意味を持つからである。その第4章に向けた導入となる，本章のまとめたる本節においては，両危機の経緯全体ではなく，公的資

195　U.S. Department of Commerce：Bureau of Economic Analysis（BEA）- Gross Domestic Product <https://www.bea.gov/data/gdp/gross-domestic-product#gdp（May 30, 2021現在）>

金投入に焦点を当てて簡潔な整理をすべきと考える次第である。

　なお，両危機の経緯全体の要約は，終章第2節「まとめ」において，本書の総括の文脈に沿って，改めて記述することにしたい。

　さて，上記第2節及び第3節が如実に示すように，公的資金投入は，「公衆」の批判を非常に受けやすい。日米のような資本主義に基づく経済大国かつ先進民主主義国の政治経済的環境下において留意すべきことであるが，公的資金投入は，金融機関の破綻から発生する「銀行危機」への政府の対応として，『問題化した金融機関』──経済の底抜けを起こしている穴そのもの──を支えるという最も直接的な処方箋と言えようが，同時に，その強い救済色ゆえに，とりわけ世論の反発を受けやすいということである。

　また，イデオロギー的に，市場メカニズムに則って展開される企業取引に政府が介入することは，理論的にも実務的にも様々な議論を引き起こす。とりわけ「資本注入」は，「大きな政府」か「自由な市場」かという微妙なイデオロギー的議論に直接関係してくる。

　そもそも，「不良資産買取り」でさえ，公的資金投入の別方式として，自由市場重視論者──市場の失敗でなければ政府の「介入」に反対する人々──からの支持を得ることは容易ではなく，よって，「公衆」の理解を得るのも難しい。ましてや，「資本注入」，つまり銀行の政府保有は，経済学者や政治家など『オピニオン・リーダー』達の間で，上記のイデオロギー的な議論をさらに呼び起こす。このような議論を前に，「公衆」が公的資金投入に理解を示すのはより困難をきたす。

　米国は，公的資金投入について総じて日本よりも早期の対応を実現したが，やはり尋常ならぬ政治的衝撃と困難を乗り越えねばならなかったことは，同様である。

　一方で，公的資金投入は，上述のように，金融危機において，経済の底抜けを起こしている穴そのものを支えるという，最も直接的な処方箋とも言い得る政策ツールであり，その有効性は，日米金融危機の経緯を通じて認められたと言えよう。

資本注入の投資的側面

　その点，本書の分析枠組みである「『問題化した金融機関』のバランス・シートを通じた分析」により上記のように日米金融危機を見ると，特に留意すべきと考えられることは，当該バランス・シート上に起きる動的な方向は，「下方スパイラル」の一方向だけではないということである。

　すなわち，経済や資産価値の回復があれば，逆に，図4（本書47頁）の右から左に向けて当該「『問題化した金融機関』」のバランス・シートが「改善」する。この改善は，政府の公的資金投入の最終コストを大きく減じ，うまく行けば利益すら上げられる可能性がある。「資本注入」について特に言えることであるが，例えば，『問題化した金融機関』の株式を公的資金投入として100で政府が買ったとして，経済等の回復により実質資産価値も上がり，これによって株の実質価値が100を超えるに至った場合である。（「不良資産買取り」は，公的資本投入と買取り資産との一時点での交換で契約が終了するため，このバランス・シート上では利益を示せないが，やはり経済等の回復により買取った資産が買取り価格を超えるに至った場合，それまで政府が当該資産を保持していて，かつ，この段階で売却すれば，その差額が政府にとって確定した利益となる。）——この政府そして納税者によって喜ばしい動きは，単に理論的なことだけでなく，実際に起こっている[196]。

　金融危機の最中ではなかなか信じ難いことであろうが，日米金融危機も事後的に振り返られる今では，「いったんTARPが実施され（市場）心理が安定したら，資産価値が銀行収益と共に上昇し，多くの当該（TARP）資金が返済されることとなった。そして，この幸せな結果は，米国特有のことではなく，北欧そして日本も，先の各危機において自分達のTARPを実施した際，（公的）資金を取り戻したのだ。」と評されるに至っている[197]。なお，米国金融危機対応の直接の担当者は，このような「資本注入の投資的側面」を認識していたことを示唆している[198]。また，今では，米国財務省は，TARPによる資本注入に

196　次章第2節第6項「教訓⑥（適切な整理（resolution）権限の価値）の検討」参照。
197　Tett（2011），前掲（括弧内筆者補足）。
198　バーナンキFRB議長は，AIGへの資本注入の際，「救済策がうまくいったときに納税者に還元できるよう」同社株式を80％近くまで買い取ったと自伝で記している。Bernanke（2015），前掲，p. xiii参照。

106

ついて，"TARP Bank Investment Programs"（銀行投資プログラム：傍点筆者）と称している[199]。

このように金融危機に有効な公的資金投入であるが，しかし非常に不人気政策であるというジレンマを，どのように先進民主主義の世界で克服していくかが大きな課題であることを，日米金融危機は浮き彫りにしている。

以上のように日米の金融危機が明らかにした，公的資金投入の不人気かつ論争を呼びやすく，重大な政治的ショックをもたらす性質を踏まえつつ，次章において，「政治経済学的観点から，公的資金投入による日米金融危機対応の間で学習があったのか？ 両危機からの教訓は何か？」という本書の研究課題（リサーチ・クエスチョン）に取り組みたい。

また，この研究課題に付随して生じてくる「研究的パズル（謎）」――同種の大規模な金融危機に対し，政治経済的に似通った条件・制約の下で，いずれも公的資金投入を伴う対応を行った日米両国において，その対応そして回復の「スピード」にかなりの差が生じたのはなぜなのか？ ――についても，一定の見解を示していきたい。

そしてこれらを総括して，本研究の仮説である「米国の金融危機対応にあたっては，日本の金融危機対応の経験から，政策決定・執行過程に影響を与える学習効果が存在した」の検証を行いたい。

---

199 U.S. Treasury, "The Financial Crisis Five Years Later: Response, Reform, and Progress", September 2013, 前掲。

第 **4** 章

日米金融危機対応の比較
：公的資金投入における日米の学習・教訓

第1節 ┃ 公的資金投入と経済回復の関係

　本章においては，星＆カシャップ（2010）が示す「日本の経験からの8つの
教訓」に沿って，日米の各金融危機対応の経緯を比較しつつ，「公的資金投入
に関し，日米の間で何らかの『学習（learning）』があったのか，そして，公
的資金投入に関する日米金融危機からの『教訓（lessons）』は何か」という研
究課題（リサーチ・クエスチョン）について，本書の分析枠組み――「『問題
化した金融機関』のバランス・シートを通じた分析」及び「『公益政治』にお
ける国家・社会アクターによる『自己存続』モデル」――を用い，米国金融危
機が一定に落ち着いた現在の視点，そして，公的資金投入の顕著な性質も踏ま
えた政治経済学的観点から検討を進めたい。加えて，これら8つの教訓の検証
に直接関連するもの以外に，金融危機対応において米国が日本から学んだとの
本書の主張を強く支える，質・量を備えた「積極的学習[1]」の事例も示してい
きたい。また，併せて，この研究課題から付随的に生じる「研究的パズル
（謎）」――日米両国において，同種の大規模な金融危機に対し，政治経済的に

　1　第1章第2節第4項（「学習」・「教訓」の定義）参照。

似通った条件・制約の下で，いずれも公的資金投入を伴う対応を行ったのにも
かかわらず，なぜその対応そして回復の「スピード」に相当の違いがあったの
か？ ――についても，しかるべく検討したい。

　この点，第１章第１節で記したように，筆者は以前の論文である前掲，瀧波
（2012）において，すでに星＆カシャップ（2010）が示す「日本の経験からの
８つの教訓」について政治経済学的観点から修正を図っているが，その際は，
星＆カシャップ（2010）の８教訓については変更せず「所与」のものとして，
そして，米国経済の二番底の可能性もまだ否定できない当時の時点で，これら
８つの各教訓における日米間の「学習」の再評価のみに焦点を当てるという，
「限定的」なものに留めた。
　これに対し本書においては，さらに，その後の米国経済の順調な相当の回復
状況等も踏まえ，――日米のような資本主義に基づく経済大国かつ先進民主主
義国の政治経済的環境下における金融危機対応への――教訓自体の見直しまで
踏み込み，新たに「公的資金投入に関する日米金融危機の教訓」を示すもので
ある。そして，この【新教訓】を前提に，上記前著を含め従前より，本研究の
仮説である「米国の金融危機対応にあたっては，日本の金融危機対応の経験か
ら，政策決定・執行過程に影響を与える学習効果が存在した」の検証を改めて
行い，日米の学習の評価を完遂する。

　なお，次節第２項及び第８項でも触れるように，経済成長と銀行資本には，
「双方向因果関係」，つまり，経済成長が銀行資本を充実させる一方，銀行資本
が経済の回復を支える関係がある[2]。そして，そもそも経済全体の状況・成長は，
人口や生産性など様々な要素で決まるものであり，政府の政策のみで決まるも
のでもない。例えば，日本金融危機からの脱却においては，金融システムの回
復とは独立した，輸出の増大が，2000年代半ばのマクロ経済回復に貢献したと
の指摘もある[3]。よって，本書が中心的に扱う公的資金投入（により，『問題化
した金融機関』のバランス・シートを改善すること）だけが，経済復調をもた

　2　Hoshi and Kashyap（2010），前掲，p. 413及びp. 415。
　3　前掲論文，p. 413。

らすわけではない。また，逆に，他の原因（例えば，景気刺激的な金融（マネタリー）政策）による経済回復が，当該金融機関の資本充実・復活につながる面もあろう。

　要するに，必ずしも，「経済の回復」と「公的資金投入の成功」はイコールではない。それぞれに「他の要素」があり得ることは，十分認識しなければならない。しかし，その上で，本書の分析枠組みである「『問題化した金融機関』のバランス・シートを通じた分析」が示すように，金融危機，特に銀行危機において，その存続が『問題化した金融機関』は，やはり経済の「底抜け」を起こしている「穴」と言えよう。（だからこそその銀行危機であろう。）そして，その穴そのものを塞ぐ公的資金投入は，前章最終節でも説明したように，日米金融危機の経緯を通じて有効性が認められた，最も直接的な処方箋とも言い得る政策ツールであろう。よって，他の要素の可能性を認めつつも，「公的資金投入」と「経済回復」との関係に，特に焦点を当てて見ていきたい。（本章における分析をはじめ，本書の議論においては，あくまで，このような他要素の留保を付けつつ検討を進めている点，留意が必要である。）

　以上に基づき，本章の構成としては，まず次節で，星＆カシャップ（2010）の「日本の経験からの8つの教訓」について，当座V字回復とも言い得る米国経済の比較的早期の復調を確認できる現在の視点で，政治経済学的観点から，「『問題化した金融機関』のバランス・シートを通じた分析」及び「『公益政治』における国家・社会アクターによる『自己存続』モデル」を用い，各教訓毎に，日米間の学習及び教訓としての是非を検討していく。

　これを受け，第3節では，前節の検討の結果，本研究が提示する新【日米金融危機からの7教訓】を整理し，それに基づく日米間の学習についてまとめる。

　続く，第4節においては，これら元「8つの教訓」，及び，新【7教訓】に直接関連するもの以外に，より「積極的学習」を米国が日本から行ったという事例が多々見受けられることを具体的に示すと共に，その意義を――上記の「研究的パズル（謎）」との関係を含め――整理する。

　最後に，第5節において，以上をとりまとめ，本研究の「米国の金融危機対応に当たっては，日本の金融危機対応の経験から，政策決定・執行過程に影響を与える学習効果が存在した」との仮説が裏書きされることを示す。

第2節 | 星＆カシャップの示す8教訓の検討 ：日米間の学習／教訓としての是非

第1項 「教訓① 銀行が資本支援を断る可能性」の検討

　星＆カシャップ（2010）は，日本の1998年資本注入を事例に挙げて，「銀行が資本支援を断る可能性」があることを，教訓①としている[4]。

　そして，銀行がそのような行動をとり得る理由として，まず，銀行にとって公的資金受領が従前発表しているより大きな将来損失を認めたことになりかねない（あるいは，他のやり方で資金調達する能力を失っていることを認めたことになりかねない）という，"negative signal[5]"（ネガティブ・シグナル）の問題があることに言及している。加えて，政府からの支援が既存株主の利益を損ないかねないことを説明し，そのために銀行の腰が引けるという論理的可能性も示している[6]。

　その上で，星＆カシャップ（2010）は，この教訓①について，2008年に米国でTARP（2＝資本注入：筆者注）を実施する際，いくつかの金融機関が公的支援を得たくないと強固にこだわったことを以て，この点米国は日本の教訓を「学んでいない（"Lessons not learned"）」としている[7]。

　しかし，米国金融危機対応の政治過程を詳しく見ていくと，これとは違う様相が浮かび上がってくる。すなわちTARP 2の実施にあたり，10月13日に米国財務省の建物の一室に主要9銀行（投資銀行を含む）のCEOを一挙に呼んで，いわば「缶詰め」にし，政府側の主要メンバー勢揃いで臨み，ポールソン財務長官が「我々は，9行全部がプログラムに参加すると発表する予定だ」，「これはシステムに信頼を取り戻す施策だ。あなたたちはその信頼の鍵となる」，「欲しがっているかどうかにかかわらず（皆，公的）資金を受け取るものと考えて

4　前掲論文，p. 410。
5　前掲論文，p. 411。（再掲）
6　前掲論文，pp. 410-411。
7　前掲論文，p. 413。

いる」と言いつつ，各行が希望の有無にかかわらず金融システム維持のために資金を受領すべきことを強調したこと。そして，1行（ウェルズ・ファーゴ）が難色を示すと，「あなたの規制者[8]（ベアFDIC議長とデューガンOCC（通貨監督庁）長官）がそこに座っている」，「あなたのところに明日，過小資本を通告する電話が入る。すると，民間市場で資金調達ができなくなる」（ポールソン長官），「これほど緊張が生まれる理由が，私にはどうも分からない。全体にとっての善です」（バーナンキFRB議長）と，硬軟交えてサインを迫ったということ。また，当日9行との面会前の政府側打ち合わせにおいて，公的資金受領を必須にするために，「強い言葉で言わねばならない」，「これは選択できるものではないことを，はっきりさせねばならない」と，ガイトナー・ニューヨーク連銀総裁がポールソン長官を説き伏せていたこと。——これらの経過は，まさに一部の金融機関が受け取りを拒否する可能性があるということを認識し，それを阻止するためにとった行動と言える（そして，実際に全機関からサインを得ている）[9]。

　同会議の前には，「最も弱い銀行にプログラムを受け入れやすいものにする唯一の方法は，最も強い銀行も同様に公的資金を受け入れて，プログラムへの参加が『烙印を押すものではない』ようにし，最も危険にさらされている銀行の問題すら隠してやることだ。」（ガイトナー総裁）との議論が[10]，また，同会議中にも，国内最強の銀行達が公的資金を受け取ることで，後に続く弱い銀行にとっては隠れ蓑になるとの説明がポールソン長官よりあったとされており[11]，星＆カシャップ（2010）が指摘する上記の"negative signal"（ネガティブ・シグナル）の問題も，米国当局は理解していた——そして，そのために，日本[12]と同様，比較的安定した銀行も含めた，主要行一律の公的資金受領にこだわった——と見受けられよう。

8　ウェルズ・ファーゴは国法銀行であるため，一義的な監督権限（primary regulatory authority）を有しているのは通貨監督庁（OCC）であるが，別途，FDIC（連邦預金保険公社）が，連邦預金保険制度に加入しているすべての預金取扱金融機関に対する特別検査の権限を有している。大和総研（2017），前掲及び原和明（2009），前掲参照。

9　Sorkin（2010），前掲，pp. 524-531。

10　前掲書，p. 517。

11　前掲書，p. 527。

12　Hoshi and Kashyap（2010），前掲，p. 411。

　この場面では，「『公益政治』における国家・社会アクターによる『自己存続』モデル」に基づけば，「官僚」たる米国財務省・FRB・FDIC等が――とりわけその組織トップ（ポールソン財務長官，バーナンキFRB総裁，ベアFDIC議長，ガイトナー・ニューヨーク連銀総裁）が自己の評判と信頼を確保できるような，「自己存続」の戦略を以て，相当にリーダーシップを発揮することで――，「企業・利益集団」たる銀行業界を説得し，この「教訓①：銀行が資本支援を断る可能性」が示す問題を乗り越えた，と解釈できる。

　よって，このような政策実施過程を踏まえれば，むしろ，「銀行が資本支援を断る可能性」という教訓を，米国（特に『国家アクター』（＝米国政府）の一翼を担う「官僚」）は，「学んだ」とするのが適切と考えられる。

　さて，日米金融危機の経緯を踏まえ，改めてそもそもこの「教訓①：銀行が資本支援を断る可能性」が適切かについては，確かに重要な教訓の1つと考えられる。特に，通常思われがちなことと逆の動きが危機時に起き，それへの対応が迫られる点で，しっかり押さえるべき教訓と思われる。

　具体的には，一般に，金融機関が自分たちの利益のために公的資金を投入させたのだ，と言われることが多く，政治経済学的にも，例えば第2章第3節第3項で紹介した先行研究であるジョンソン＆クワック（2011），ロサス（2009）が，いわゆる「レント・シーキング」論（特殊利益追求論）の図式に基づき，金融危機時において金融機関が政府の公的資金投入を求め，その強力な政治力と「利益集団政治」的環境のおかげで，実際に公的資金投入を得ている，という論を展開している。

　しかし，実際の金融危機時においては，むしろ金融機関が資本注入を拒否する動きがみられる。それは上記のように，米国金融危機で起きたことである。（ポールソン財務長官は，自伝で，「破綻する直前まで，もっとも危険な状態の金融機関でさえも，資本など必要ないと言い張る[13]。」と記している。）また，日本においても，1998年の主要銀行への初めての資本注入の時点から，銀行業界は資本注入そのものに腰が引けており，政府・与党が大手行に申請を働きか

13　Paulson（2010），前掲，p. 365。

ける中，資産内容が最も健全とみられた東京三菱銀行が資本注入受入れの申請を決断したおかげで，1998年資本注入が何とか実現できたと言われる[14]。この時，日本の「優良銀行は，資本注入後の『政府の介入』を恐れ，不振銀行は『レッテル』が貼られるのを恐れた」のである[15]。これら日米の金融機関に通じる資本注入への抵抗感は，（まさに日本金融危機において激しく見られたように）税金等の公的資金での救済で「公衆」からの批判を招くこと，そして，「資本注入」イコール政府の株式取得による会社支配であるだけに，政府からの経営に対する直接的な制約を受けること，あるいは，資本注入が"negative signal"（ネガティブ・シグナル）であるとして，市場から狙い撃ちされることなどを，恐れるためであろう。

　なお，日米金融危機の政治過程を辿ると，他のアクターに比して，「企業・利益集団」の動きがあまり見えてこないことに気付く。上記のレント・シーキング論の図式であれば，強力な「企業・利益集団」である金融機関がその政治力を使って公的資金を得るため活発に動くべきところであるが，実際は日米金融危機においても，逆に公的資金受領に尻込みしたりすることが起きている。つまり，「公衆」・「メディア」の批判等を懸念し，アクターとして「企業・利益集団」の活動が不活性であったというのが現実であり，これは，大きくは日米共に（「利益集団政治」ではなく）「公益政治」が優勢になっているためと言えよう。

　以上のように，当該「教訓①：銀行が資本支援を断る可能性」については，星＆カシャップ（2010）は米国は同教訓を「学んでいない」（"Lessons not learned"）としているが，上述のような米国財務省・FRB等協同での主要金融機関説得という政治過程から見て，政治経済学的観点からは，米国（特に『国家アクター』たる米国政府）は「学んだ」，と評価を修正するのが適切と考えられる[16]。そして，米国金融危機後もしばしば語られる「金融機関が自分たち

14　西野（2001），前掲，103-111頁。東京三菱銀行は，当時，銀行業界全体をまとめる立場である全銀協（全国銀行協会連合会）の会長行であったから資本注入を受け入れたと説明されている（111頁）。

15　前掲書，103頁。

16　なお，当該教訓①は，危機対応者たる政府に向けたものであり，金融機関に対し向けたもので

の利益のために政府の公的資金投入を求め，その強力な政治力で実際に公的資金投入を得た」というレント・シーキング論は，実際には当たらず，危機時にはむしろ逆のことが起きており，当局はそれへの対応を迫られるという意味で，当該教訓①は，日米金融危機を通じた重要な教訓の１つとして認め得るであろう。

第２項 「教訓② 救済パッケージを十分に大型とすること」の検討

　星＆カシャップ（2010）は，日本金融危機における「資本注入」も「不良資産買取り」も少なすぎたと主張する。特に「資本注入」については，彼らとしての具体的な計算も示しつつ[17]，公的資金枠をもっと使うべきであったと強く示唆している。

　これを踏まえ，同論文は，「救済パッケージを十分に大型とすること」を，教訓②に挙げている[18]。

　そして，この教訓②について，星＆カシャップ（2010）は，第１節でも触れたように，銀行の資本と経済成長との間に「双方向因果関係」──経済成長が銀行資本を充実させる一方，銀行資本が経済の回復を支える──があることを指摘しつつ，資本注入・不良資産買取りなど公的資金投入をはじめとする米国の救済パッケージに関し，「危機に対処するのに用意されたリソースが十分と証明されるかどうかは，明らかではない」として，「教訓②：救済パッケージを十分に大型とすること」については，米国が日本から学んでいるかどうか「曖昧なケース」（"ambiguous cases"）の１つに位置付けている[19]。

はない。つまり，金融機関自身がこのような金融危機の際は資本注入を拒否・躊躇せず受け入れるべきであるとの趣旨ではなく，政府に対し，金融危機時には金融機関が資本注入を断る可能性があるので，それを踏まえた対応をすべきであるとの趣旨である。この点，2016年8月24日，共著者の１人である星教授自身に確認したところであり，筆者自身としても教訓のあり方として，同様に考えるものである。

17 Hoshi and Kashyap（2010），前掲，pp. 411-412。彼らは「GDPの３％がさらに（資本注入として）必要であった」とする。これは，我が国のGDPを単純化して500兆円とすれば，15兆円に相当する。

18 前掲論文，p. 411。

19 前掲論文，p. 415。

　経済回復につながるかも含めて考慮した，このような意見留保は，同論文執筆時の2010年において，穏健なものとは思われるが，現在では，その後米国経済の回復が順調に相当進み二番底も回避し，むしろ（2009年初頭を底に）V字回復を実現したと当座言い得る状況であり，今般の危機対応が総じて効果的であったと評価できるであろう。換言すれば，現在の視点からは，今回の米国の救済パッケージは十分に大型であったと考えられる。

　そして，それ以上に，重大な政治的ショックをもたらす特質を有する公的資金投入をめぐる政治的制約を踏まえた，政治経済学的観点からすれば，米国政府がTARPとして，日本金融危機における最大の公的資金枠（2000年度に70兆円となった。政府保証を含む[20]）に匹敵[21]する7,000億ドルもの巨額の「税金」の用意を一気に求め，リーマン・ショックからわずか18日後に議会からその承認を得たことは，米国が当該教訓②をしっかりと「学んだ」と評価してよいのではないかと考える。特に，日本がこの公的資金枠に至るまで1997年危機ピークから３年，数度の予算を経たということを踏まえれば，公的資金投入の不人気かつ議論を呼ぶ性質にもかかわらず，2008年危機ピークの翌月に最初の法律の段階でこの額に到達していることは驚きである。（図10参照。）

20　鎌倉（2005），前掲。
21　日米の公的資金枠については，危機の時期が違うため何時のドル円レートを使うべきか，また日米の経済規模の差をどう考えるか等の問題があり，一概には比較できないが，単純化のため１ドル＝100円で換算すれば，7,000億ドル＝70兆円である。

116

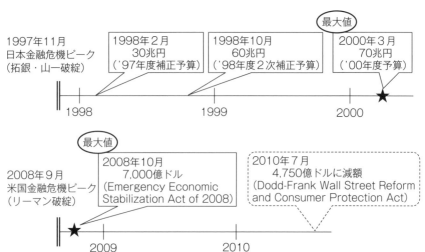

図10　公的資金枠の推移（日米比較）

(注) ピークを起点に，年の幅を揃えている
(出所) 日米政府・国会等の公的文献，鎌倉 (2005) 等に基づき，筆者作成

　その過程においては，ベアー・スターンズ救済やリーマン破綻・AIG救済を経て，ポールソン財務長官・バーナンキFRB議長・ガイトナー・ニューヨーク連銀総裁をはじめ米国財務省・FRB等が揃って，巨大な「税金」原資の公的資金投入が必要であるとの認識に至った。リーマン破綻の4日後の9月19日，ポールソン長官がTARP案を発表すると，やはり公的資金投入政策の特異な性質——不人気かつ議論を呼ぶ——への一般的な反応どおり，反発の声が上がり，連邦議会の反応も，上下院選だけでなく大統領選を含む節目の選挙直前ということもあって，非常に厳しかった。民主党は（ウォール街出身の）ポールソン長官の「友人」への大盤振る舞いであると批判し，与党共和党も政府の介入に反対した[22]。（共和党大統領候補のマケイン上院議員は一時，反TARPで支持を増やそうとする動きも見せた[23]。）このような中，TARP法案の担当である米国財務省は，連邦議会への説得に全力を挙げた。（ポールソン長官は，投資銀行最大手のゴールドマン・サックスのCEOも務め，誇り高く長身屈強な男で

22　Sorkin (2010)，前掲，p. 491。
23　Paulson (2010)，前掲，p. 365。

有名であるが，上下院議員に低姿勢で臨み，TARP案が瓦解しそうになった局面では，初の女性下院議長であったナンシー・ペロシ下院議員（民主党）に片膝をついてまで懇願し「あなたがカトリックだとは思わなかったわ」と皮肉を言われている[24]。)

　公的資金投入枠の金額については，当初は5,000億ドルを想定していたが，19日朝の発表時には金額には触れず，その後，法案——3ページだけのものであった[25]——を議会等に提示する一方，金額についても7,000億ドルという正式な要請を行った。この額については，ポールソン長官は，「政治的な判断だけで引き出したのではなく，市場への影響も考慮した」として，11兆ドルの米国国内住宅モーゲージ（担保付貸付）の一部を買い取れば市場を活性化でき，7,000億ドルでその効果を得られると考えたと，自伝で回顧している。しかし，市況悪化の中，1兆ドルあるいはそれに近い数字では（政治環境的に）無理であるが，7,000億ドルなら5,000億ドルと（反発を受ける政治的インパクトとして）大差がないとの議論があり[26]，ポールソンを含む米国財務省幹部は，"at best, gesstimates"（せいぜい当て推量）であることを認識していたと言われる[27]。この点，バーナンキFRB議長も「この数字（7,000億ドル）は，かなり恣意的な（arbitrary）ものだった」と振り返っている[28]。

　しかしながら，金融危機で経済・市場の下方スパイラルが発生する状況，とりわけ日米金融危機のように著しく深刻な危機の場合，その最中に公的資金投入枠の精密な積み上げができようもなく，むしろ市場・社会にサプライズを与え安心感につながるような，巨額の確保に向かうことに意味があろう。その点，

24　Sorkin（2010），前掲，p. 493及びPaulson（2010），前掲，p. 300参照。

25　この短さがまた批判を呼んだ。ポールソンは，自伝で，これを"political mistake（政治的失敗）"と認め，「これは，法案としてではなく，箇条書きと位置付けて示すべきであった」としている。Paulson（2010），前掲，p. 267-268参照。

26　Sorkin（2010），前掲，p. 450及びPaulson（2010），前掲，p. 266参照。ポールソン長官も自伝で，「兆（trillion）という語に言及しない方がよいということは分かっていた。もし言及していたなら，心拍停止する人が出たであろう。」と記している（Paulson（2010），p. 261）。7,000億ドルという数字には，「約」1兆ドルと言われないように，1兆ドルと5,000億ドルの中間ライン（7,500億）を超えないとの意識があったのではなかろうか。

27　Sorkin（2010），前掲，p. 450。

28　Bernanke（2015），前掲，p. 312。

7,000億ドルは賛否両派いずれも驚愕する大きな額であったことに違いはなく，結果的に，米国経済は当座V字回復とも言い得る状況に至ったわけであり，この数字の根拠についてあげつらうことは必ずしも有意義ではないと思われる。

　いずれにせよ，同法案は，公的資金投入の不人気かつ議論を呼ぶ特質に加え，巨額の投入枠を幅広い裁量と共に与えるという内容から，強い抵抗を受け，いったん否決された。しかし，「全米第6位の銀行でシステム上重要であった[29]」ワシントン・ミューチュアル破綻，ワコビアの経営不安を含む市場の動揺，そして，議会の注文を踏まえた調整を経て，修正法案の成立に至った。その際，公的資金枠7,000億ドルという金額は変更されることなく維持された。

　当該公的資金枠の「使用」面においても，1998年資本注入と1999-2000年資本注入を合わせて10兆円強に止まる日本に対し，米国がTARP法案通過のその月に2,500億ドルの資本注入を発表し，さらに数か月内に計700億ドルを追加資本注入したことは，当該教訓②に照らした政治的アウトプットとして，十分に評価できると思われる。

　ここで，「『公益政治』における国家・社会アクターによる『自己存続』モデル」を適用すれば，「官僚」たる米国財務省・FRB等は，ここでも各組織トップが主導する形で，「政治家」たる上下院の連邦議員を説得し，大統領選を含む選挙前の政治的に厳しい状況の中でいったん法案を否決されたものの，市場環境の急速な悪化もあり，早期に修正法案について連邦議会を通過させ，7,000億ドルに上る大型の公的資金投入枠を得ており，その枠の使用にあたっても，同月に2,500億ドルを発表するなど小出しにすることなく，当該「教訓②：救済パッケージを十分に大型とすること」に沿った対応を実現したと解される。

　よって，公的資金投入の顕著な特質による政治的制約を考慮した政治経済学的観点，加えて，現在の視点で，その後の米国の当座V字回復とも言い得る比較的早期の経済好転を踏まえれば，「救済パッケージを十分に大型とすること」

---

29 Paulson（2010），前掲，p. 293。ワシントン・ミューチュアルは，S&L（Saving and Loan Association：貯蓄貸付組合）から非相互会社化した最大の貯蓄性金融機関であり，リーマン倒産から10日後の2008年9月25日（水）に，米国史上最大の銀行破綻として倒産した。その資産は，倒産時にJPモルガンによって買収された。同年3月のベアー・スターンズに続くJPモルガンの買収である。

という日本からの教訓②を，米国（特に『国家アクター』たる「官僚」及び「政治家」）は「学んだ」とするのが，適切と考えられる。

　さて，改めて日米金融危機の経緯を踏まえ，そもそもこの「教訓②：救済パッケージを十分に大型とすること」が教訓として適切かについては，是とし得る，と考えられる。日本において，小出しの救済パッケージがしばしば"too little, too late[30]"（少なすぎ，遅すぎる）と批判され，実際に長期の経済停滞につながったことは，対して米国が，日本金融危機における最大の公的資金枠を一気に危機ピーク直後に確保し，同国経済を早期に順調な相当の回復に導いていることと，大きなコントラストをなしている。日本が公的資金投入枠を何回か更新しなければならなかったことに対し，米国は1回で7,000億ドルという巨額の公的資金投入枠を確保し，この枠のみで拡大なしに危機の脱出を確保したことも[31]，この「救済パッケージを十分に大型とすること」の教訓の意義を補強するものであろう。

　以上のように，当該「教訓②：救済パッケージを十分に大型とすること」については，星＆カシャップ（2010）は，当時まだ経済の先行きが明確ではなかったこともあり，米国が日本から学んでいるかどうか「曖昧なケース」（"ambiguous cases"）としているが，今では，米国経済が順調に相当の回復をしたと言い得ると見受けられ，今般の米国金融危機対応としてのTARPによる7,000億ドルの公的資金投入枠は十分に大型であったと考えられるであろう。それにも増して，不人気かつ議論を呼ぶ政策である公的資金投入をめぐる政治的制約を踏まえた，政治経済学的観点からすれば，米国政府が日本金融危機における最大の公的資金枠に匹敵する巨額の議会了承を，危機ピーク（リーマン破綻）の早くも18日後に確保し，しかも更新なしで危機を脱していることは，

30　例えば，Thomas F. Cargill, Michael M. Hutchison and Takatoshi Ito（2001）, *Financial Policy and Central Banking in Japan*, MIT Press. p. 61。

31　この7,000億ドルの公的資金投入枠は，それ以上に拡大されることなく，むしろ，2010年7月21日成立のドット・フランク法により，4,750億ドルに減額されている。Office of the Special Inspector General for the Troubled Asset Relief Program（SIGTARP）（2016）, *Quarterly Report to Congress*, January 28, 2016. p. 83参照。<https://www.sigtarp.gov/sites/sigtarp/files/Quarterly_Reports/January_28_2016_Report_to_Congress.pdf（May 30, 2021現在）>

評価できる。とりわけ，これに対して日本が，最大公的資金枠に至るまで，危機のピークから数度の予算による枠の更新に３年かかり，小出しとの批判そして長期の経済停滞を招いてしまったこととも比して，特筆に値するものであり，当該教訓②を米国がしっかりと「学んだ」と修正してよいのではないかと考える。

　そして，この教訓②は，現時点からの，かつ，政治経済学的な観点からしても，小出しの救済パッケージで長期の経済停滞につながった日本と，大統領選直前にもかかわらず，危機ピーク直後に日本金融危機における最大の公的資金枠に匹敵する大型パッケージを確保し，当座Ｖ字回復を実現したとも言い得る早期の景気回復を見た米国との差異に鑑みれば，日米金融危機を通じた教訓として，欠けるところはないであろう。

第３項　「教訓③　ソルベンシー（純資産）問題解決における資産買取り　　　　プログラムの限界」の検討

　「より根源的な教訓は，不良資産買取りだけでは資本不足を解決しそうにないということである[32]」として，教訓③に「ソルベンシー（純資産）問題解決における資産買取りプログラムの限界」を掲げる星＆カシャップ（2010）の見解は，本書が「『問題化した金融機関』のバランス・シートを通じた分析」によって導出した見解と，基本的に一致するものである。

　具体的には，星・カシャップは，「より大きく包括的なプログラムであれば，銀行のバランス・シートに残っている資産価値の不確実性を払拭し，新規の資本に貢献する投資家を銀行が見つけることができるようになったかもしれないが，日本の"AMC[33]"（不良資産買取りをする機関）はいずれも不良債権に"overpay"（実質価値以上で買取ること）する仕組みとなっていなかったため，資本の再建にならなかった。」とし，「日本の経験は，資本不足を解決するためには，資本注入が必要であることを提示している」と明記している[34]。

32　Hoshi and Kashyap（2010），前掲，p. 412。
33　Asset Management Companies（資産管理会社）
34　Hoshi and Kashyap（2010），前掲，p. 412。

　そして，同様に，本書の分析枠組みの1つである「『問題化した金融機関』のバランス・シートを通じた分析」に拠っても，金融危機によってその存続が最も問題化している金融機関が――いまだ債務超過には至っていない「流動性（キャッシュ・フロー）問題」の段階であれば，「不良資産買取り」により，不良資産を安定したキャッシュに差し替えることで，十分に経済の底抜けリスクの発現を回避し得るが――，すでに債務超過に陥っている，つまり，「ソルベンシー（純資産）問題」の段階である場合，「不良資産買取り」では必ずしも効かず，「資本注入」をしなければ，当該金融機関の救済そして金融システム・経済の崩壊回避を確保できなくなる，との結論に至る。

「資本注入」の有効性と，それを阻む政治的バイアス

　ここで，この「『問題化した金融機関』のバランス・シートを通じた分析」の説明に当たって，第2章第4節第2項の注で記したことを再掲したい。すなわち，「債務超過の場合でも，まだ『不良資産買取り』が有効な場合が有り得る。それは，もし政府が資産を実質（＝市場）価値を十分に上回る価格で買い取ればである。しかし，それは価格決定に左右される。一方，『資本注入』であれば，直接かつ無条件に債務超過ケースにも有効である。」――これは，星＆カシャップ（2010）の"overpay"の議論と同じことを示している。

　さらに問題は，危機時において，現下に直面しているのが「流動性問題レベル」の危機で止まっているのか，あるいは，「ソルベンシー問題レベル」の危機まで至っているのかは，一義的に明らかではなく，特に，市場心理の悪化の中で，資産価値が下方スパイラルに陥っている場合，その判別は非常に難しいことである。（同じく，第2章第4節第2項で示した「知覚プロセス」の問題。）

　このような不確実性と疑念の中で，ソルベンシー問題であったとしても効果的な「資本注入」は，『問題化した金融機関』そして経済全体に対する，より強力な支援と信用を確保し得るものとして，特に深刻な金融危機において，「優位」な政策である。これを換言すれば，「教訓③：ソルベンシー（純資産）問題解決における資産買取りプログラムの限界」となり，上記の「より根源的な教訓は，不良資産買取りだけでは資本不足を解決しそうにないということで

ある」とする星&カシャップ（2010）の見解と，整合するものである。

　この観点から彼らが，TARP 1や官民投資プログラム（Public-Private Investment Program for Legacy Assets：PPIP）といった「不良資産買取り」案について，米国政府が時間を浪費したことに不満なのは，よく理解できる。

　そのような不満から，星&カシャップ（2010）は，当該教訓③について，国が日本から学んだか「曖昧なケース」（"ambiguous cases"）に分類しているのであるが，さはさりながら，「資本注入」に比べた場合，「不良資産買取り」に流れやすいという「政治的なバイアス」は考慮すべきである。具体的には，不良資産買取りは，「銀行の政府保有」として資本主義下においてイデオロギー的な議論を呼びやすい資本注入に比べれば，まだ資産に対して対価を払うという双方向性も見えやすく，救済色が薄れて「公衆」に説明しやすい。加えて，米国には，不良資産買取りによりS&L問題が解決したと言われる，自国の「成功体験」が存在する[35]。

　実際，ポールソン財務長官も，前章第3節第4項で触れたように，S&L問題の解決に奏功したと言われるRTC（整理信託公社）の前例を踏まえ，「不良資産買取り」が政治的に最も受け入れられやすいと考え，また，株式ではなく「資産を買取ることで，政府と民間セクターの明確な境界も維持することもできる」と，自由市場vs.政府介入というイデオロギー的議論への備えをしていた[36]。法案提出当初にも，彼は，失敗した金融機関を救済する目的ではないということを強調して，（株式ではなく）資産の買取りを選好する説明を，議会にしている[37]。

　このような不良資産買取りを巡る政治的バイアス及び米国の背景を踏まえれば，今般の米国金融危機における「税金」原資による金融危機対応が，TARP 1（不良資産買取り）から始まったことは自然なことであり，ある程度仕方の

35　例えば，（現在の視点では効果的な「資本注入」で既に底打ちを済ましている2009年夏の段階でも，）「不良資産が銀行他のバランス・シートに残ってしまっている」，「（資本注入に代わる）Plan Bが必要であり…それは1990年代初頭の米国のS&Lの迅速な解決が手本となる」とするMichael Boskin（2009），"Of Banks and Bailouts", Project Syndicate, July 2009などは，成功体験に引きずられている典型例と言えよう。

36　Sorkin（2010），前掲，p. 422。同様に，p. 432参照。

37　Paulson（2010），前掲，p. 260。

ないことであろう。にもかかわらず，星・カシャップ自身も認めているように「米国は，深刻な資本不足問題の解決のために小さい資産買取りを試みるという，日本の失敗を回避してきている[38]」。そして，TARP法案が議会に審議されているその最中に，米国財務省・FRBがTARP 2（資本注入）に舵を切り，実施段階ではTARP 1は捨て去ってTARP 2に完全に移行し，法案通過後ひと月も置かずに資本注入を発動したという過程は，当該教訓③に照らして政治経済学的にむしろ高い評価に値する，と言うべきではないだろうか。

米国における「不良資産買取り」vs.「資本注入」の政治過程の整理

　この過程を「『公益政治』における国家・社会アクターによる『自己存続』モデル」に基づき整理すると，『オピニオン・リーダー』の中での議論に伴う，不良資産買取りから資本注入への変遷が注目される。連邦議会の「政治家」が多様な意見を持つことは一般的なことであるが，このケースでは，「官僚」中でも当初意見が異なっており，教訓①・②とやや違う様相を示している。

　具体的には，不良資産買取りvs.資本注入の議論においては，必ずしも「官僚」がまとまっていたわけではなく，上記のようにポールソン財務長官は，TARPの原案として「不良資産買取り」を想定しており，デイビッド・ネイソン財務次官補（国際機関担当）も，国が所有者となることへの批判招来の懸念からこれを支持した。一方，ダン・ジェスター財務長官顧問は，不良資産買取りの煩雑さを問題視しつつ，市場が下落し続けても銀行が耐え切るものとしてむしろ「資本注入」を推した[39]。このように米国財務省内でも議論があり，FRB側においても，バーナンキFRB総裁そしてガイトナー・ニューヨーク連銀総裁が，税金での公的資金投入としてやはり「資本注入」を推していた[40]。
　そのため，条文上，「資本注入」も可能な余地を残した案となったが（「隠さ

38　Hoshi and Kashyap（2010），前掲，p. 415。
39　Sorkin（2010），前掲，p. 422。
40　前掲書，p. 442，及び，Geithner（2014），前掲，p. 209。バーナンキによる，資本注入が不良資産買取りより優位な金融危機対策であるとする考え方の整理については，Bernanke（2015），前掲，p. 337-338参照。ガイトナーの日本駐在時代を踏まえた資本注入の重要性の認識については，次項も参照。

れた条項」：前章第3節第4項参照)，一義的には，法案を担当する米国財務省トップのポールソン長官の主導で，名称からして「不良資産買取り」を前面に押し出すTARP（Troubled Asset Relief Program：「不良資産救済プログラム」）案で連邦議会に提案された。その際，（上記のような『国家アクター』ではなく）『社会アクター』であるが，米国社会の『オピニオン・リーダー』である面々からも，不良資産買取り支持の意見が出されており，ポールソン長官の後押しをした。（例えば，ニコラス・ブレイディ元財務長官，ユージーン・ルドウィッグ元OCC（通貨監督庁）長官，及びポール・ボルカー元FRB議長（翌年オバマ政権で経済回復諮問会議議長に就任するが，当時まだ政府入り前）によるウォールストリート・ジャーナル紙上の論説[41]。)

　これを受けた連邦議会においても，本件が論点となった。市場重視派（皮肉なことにブッシュ政権与党である共和党に多い）は，そもそも公的資金投入に反対であった。——例えば，リーマン・ショックから9日後の下院共和党議員総会にTARP法案の必要性を説明した際の様子を，ポールソン長官は，「大がかりな政府介入を社会主義に向かう道の第一歩と見なして反対するこのグループにとっては，少しも意味を持たなかった。」，「会議後，ある議員が近付いてきて『私は人生ずっと規制緩和と市場の自由化を訴えてきた。あなたはこの私の信条を変えるように求めているが，そんなことはできるはずがない』と言った。この反応はこの朝の会議に出席していた議員の多くに当てはまるものだった」と描写している[42]。
　一方，公的資金投入自体に一定の理解を示す議員からは，やはり，なぜ株式ではなく資産を買い取るのかとの質問が出されている[43]。これに対し，上述のように，ポールソン長官は当初救済色そして政府介入色が少ないとして「不良資産買取り」を推したが，法案審議が進むにつれ，より柔軟な態度に転じた。バーナンキ総裁は，リーマン・ショック後の「この数週間（"for several weeks"），不良資産買取りvs. 経営不振の銀行への資本注入の比較的なメリッ

---

41 Nicholas F. Brady, Eugene A. Lndwig and Paul A. Volcker (2008), "Resurrect the Resolution Trust Corp.", *Wall Street Journal*, September 17, 2008。Sorkin (2010), p.432参照。
42 Paulson (2010), 前掲, pp. 286-287。
43 前掲書, p. 260。

トについて，ハンク・ポールソンと議論をしてきた。ハンクは私の選好する戦略――資本注入――に歩み寄ってきた」と記している[44]。

このような中，前項そして前章第3節第4項で描写したように，ワシントン・ミューチュアル破綻に続く大手商業銀行ワコビアの経営不安という市場の下方スパイラル状況が生じており，『オピニオン・リーダー』の中での議論に影響していった。一度は否決されるも直後に修正案として成立したTARPを含む緊急経済安定化法は，実施段階では，その名称が示すTARP 1（不良資産買取り）を通り越して，法案通過後，（ひと月も置かず）わずか11日後に米国財務省・FRB等一体となったTARP 2（資本注入）の実施に至った[45]。

以上のように，不良資産買取りvs. 資本注入の論点については，米国の『オピニオン・リーダー』の中での意見の相違があった。当初，税金原資での公的資金投入のスキーム（TARP法案）作りにおいては，『国家アクター』であるポールソン財務長官や『社会アクター』であるブレイディ元財務長官等による「不良資産買取り」策が優勢だったが，下方スパイラルというべき市況の急激な悪化を受けて，別の『国家アクター』であるバーナンキFRB総裁等の「資本注入」策の主張が説得力を増し，スキーム執行段階では，資本注入に転じたと説明できる。

米国と日本のコントラスト

さて，改めて，米国経済が当座V字回復とも言い得る危機からの相応の脱却を見せた今，この「教訓③：ソルベンシー（純資産）問題解決における資産買取りプログラムの限界」が，日米金融危機を通じた教訓としても，特に重要であると認められよう。

この点，両危機の対応を比較すれば，米国金融危機における公的資金投入の

44　Bernanke（2015），前掲，p. 337。

45　2008年10月3日TARP法案連邦議会通過，同日大統領署名。同月13日主要9銀行招集し公的資金受領のサイン取得。同14日TARP 2による最優先株取得（資本注入）発表。前章第3節第4項参照。

　なお，法案は議会で一旦否決されており，上記通過法案は修正案。法案の最初の「3ページ提案」は，9月19日に議会関係者に提示されている。Paulson（2010），前掲，p. 267参照。

126

スタートであるベアー・スターンズ救済は，JPモルガンによる買収に伴うものであり救済対象金融機関に対する直接の拠出ではないが，不良資産である「バッドバンク」を買収対象から分離しそこにニューヨーク連銀からの支援をするという広義の「不良資産買取り」と言える。（ファニー・メイ，フレディ・マックは政府系金融機関であるのでその救済は別として，）リーマン・ショックの激震によりFRBからの支出という形でAIGへ資本注入したが，政府が「税金」原資により公的資金投入に直接乗り出すに当たっては，上記のように，Troubled Asset Relief Program（「不良資産救済プログラム」）というTARPの名前通り，当初，「不良資産買取り」（TARP 1）での対応を想定した。S&L問題での不良資産買取り策の「成功体験」にも引きずられたわけだが，下方スパイラルの中で早急にその限界を認め，実施段階では「資本注入」（TARP 2）に移行し，この教訓③からの逸脱を迅速に回避した。結果的に，米国は早期に一定の堅実な経済回復を確保したと見得る状況となっている。

　一方，日本は，住専問題において銀行及び農林系金融機関に対する「不良資産買取り」と位置付け得る対応を行ったが，金融機関への税金投入として強い批判を浴び，公的資金投入全体が政治的なタブーとなった。拓銀・山一破綻という危機のピークの到来でようやく公的資金投入策を復活させ，「資本注入」を行ったが，小規模で危機収束にはほど遠く，むしろ金融危機対応手法についての政治的な議論を惹起した。この際，民主党を中心とした野党側の提案をベースとして，整理回収機構（RCC[46]：日本版RTC）が創設されたが，これもS&L問題の解決に効を奏したと言われる米国のRTC（整理信託公社）を範にしたものである。先述のとおり，民主党は，戦後長く与党の座を占めた自民党の「利益集団政治」を批判してきたため，より「公益政治」を掲げた党であり，その提案が，銀行に厳しい「国有化」とともに，「不良資産買取り」につながる「日本版RTC」を主張したのは，「資本注入」に比べた場合，まだ「公衆」に説明しやすいという面の現れと考えられよう。しかし，整理回収機構が十分に効果を上げることはなく（星・カシャップは，「RCC（整理回収機構）は，

---

46 Resolution and Collection Corporation。

（不良資産買取りに）たったの（"mere"）3,530億円しか使わなかった」と評している[47]，長銀・日債銀の国有化の混乱，「失われた10年」とも称される長期経済低迷を経て，最終的にりそな銀行への「資本注入」でようやく収束を迎えた。

　このような日米金融危機対応の経緯を踏まえても，公的資金投入の中では，あくまで比較的であるが，「資本注入」に比べればまだ政治的に受けられやすい「不良資産買取り」は，金融危機対応としてそちらに流れやすい傾向があると言えよう。しかし，S&L問題レベルの危機であれば，資産サイドからの不良資産買取りで対応可能であるかもしれないが，日米金融危機のような著しく深刻な金融危機の場合には，不良資産買取りは十分な効果がなく，また，執行しようとしても買取価格の決定の難しさ等で，手間取ってしまい，遅きに失する可能性が高い。にもかかわらず，不良資産買取りが（少なくとも流動性問題においては一定の効果があるため）一見適切な対応に見えるだけに，政策選択において間違えやすく，特に後世への教訓として刻むべきものであろう。

　以上のように，当該「教訓③：ソルベンシー（純資産）問題解決における資産買取りプログラムの限界」については，星＆カシャップ（2010）は米国が同教訓を学んだか「曖昧なケース」としているが，資本注入よりも不良資産買取りに向かいやすいという政治的なバイアス，そして，米国におけるS&L解決において不良資産買取りが効果を上げたという背景を踏まえれば，米国はむしろ「学んだ」ケースと政治経済学的観点から評価できる。そして，当該教訓③は，金融危機の深刻さ——流動性（キャッシュ・フロー）問題レベルに止まっているか，ソルベンシー（純資産）問題レベルまで至っているか——が一概に明確でなく，それに対応した政策選択を誤りかねないことから，日米金融危機を通じた教訓として十分であろう。

47　Hoshi and Kashyap（2010），前掲，p. 405。

第４項 「教訓④　支援を信用性のある検査プログラムと結び付ける重要性」の検討

　星＆カシャップ（2010）は，「資本注入の前に，その規模を決定するため，厳格な検査を先行させなければならない」として，「支援を信用性のある検査プログラムと結び付ける重要性」を，教訓④に位置付けている[48]。

　彼らは，日本の1999年資本注入はまだしも，1998年資本注入が何ら検査を伴わずに主要行に資本を配ったと批判し，「それは一定程度，stigma（烙印）[49]無しに公的資本の受領を銀行に促すためのものだった。（しかし，）結果としては，銀行はもの欲しそうに見えることに躊躇し，資本注入規模が少なすぎるものとなってしまった。」と説明している[50]。

　その上で，星＆カシャップ（2010）は，この教訓④について，米国金融危機におけるTARP　2の資本注入が，当初厳格な監査・検査を経ずして実施されたことを以て，日本の教訓を「学んでいない」（"Lessons not learned"）一例としている。そして，より正確な情報が入手されていたらAIG，シティ，バンカメの救済はどのようになっていたかを考えるのは，興味深いシナリオであると記している[51]。

　（前章第２節で見たように佐々波委員会は一定の資産チェックをしており，1998年資本注入が何ら検査を伴わないとの主張は，いただけないが，）たしかに，TARP　2が，ポールソン財務長官の下，ろくに検査・資産査定をせずに実施されたことは注目される。日本の経験を学んでいれば最初から資産査定すべきであった，というのは，「政策のデザイン面に関する教訓に集中する[52]」星・カシャップの立場であれば，そのとおりであろう。

　一方で，公的資金投入を実現する政治的な難しさ，特に「教訓①：銀行が資本支援を断る可能性」も併せて考えれば，まずは検査・監査とこだわらずに主

48　前掲論文，p. 412。
49　本節第１項の "negative signal"（ネガティブ・シグナル）の議論，参照。
50　Hoshi and Kashyap（2010），前掲，p. 413。
51　前掲論文，p. 413。
52　前掲論文，p. 410。（再掲）

要金融機関の公的資金受領を優先させたということは，検査と結び付いた公的
資金投入に向けた政治過程上の１つのステップとも見てとれる。その意味で，
1997年危機から厳しい検査を伴った2003年のりそな公的資金投入まで，６年か
かった日本に比べ，2008年９月のリーマン・ショックから翌２月のストレス・
テスト（大幅な景気等の変動を想定した負荷でも健全性が保たれるかを確認す
る資産査定。健全性検査）発表と，これに伴う同３月のAIG追加資本注入まで，
半年で済ませた米国の対応は，「教訓④：支援を信用性のある検査プログラム
と結び付ける重要性」に照らしても，十分評価できるのではないだろうか。

ガイトナーのリーダーシップと日本からの「学習」

　とりわけ，この厳しいストレス・テストの導入が，日本に精通したガイト
ナーが財務長官に就任した直後であったことは，日本からの学習を示唆するも
のに思われる。この点，ガイトナー長官自身，自伝において，（1990〜92年の
東京における在日米国大使館赴任中）「私は，金融危機への日本の初期の対応
を注視せねばならなかった。その対応は，いくつかの失敗した銀行をより強い
銀行に合併させるなど，手際良くスタートした。しかし，その後は，弱い銀行
達を支援する一方で，それらの資本不足を放置し，『失われた10年』の停滞成
長への突入を助長するといった，反面教師（"a case study in what not to
do"）となった」としている（傍点筆者）[53]。この記述は，この日本金融危機へ
の対応を現地で見つめた経験を通じて，問題となった金融機関の「資本」に特
に注目している点，この自伝の題をいみじくも "Stress Test"（ストレス・テ
スト）と名付けている点，そして，日本を「反面教師」と認識して教訓導出を
図っていることから，ガイトナーが，前項の「教訓③：ソルベンシー（純資
産）問題解決における資産買取りプログラムの限界」，本項の「教訓④：支援
を信用性のある検査プログラムと結び付ける重要性」，そしてその他全般にお
いて，日本金融危機を意識し，日本駐在時をはじめとした経験から「学んだ」
ことを示すものとして，重要であろう。

　ガイトナーは米国金融危機の当初よりニューヨーク連銀総裁として関わって
いたものの，TARPによる公的資金投入をはじめ，金融危機対応の実質的な中

53　Geithner（2014），前掲，pp. 39-40。

心は，やはり財務長官であった。ブッシュ大統領からオバマ大統領への政権交代に当たり，ポールソンの後任として，より日本金融危機について認識の深いガイトナーが財務長官に就任したことで，日本からの「教訓④：支援を信用性のある検査プログラムと結び付ける重要性」の学習が，（確かに米国金融危機対応の当初からではなかったかもしれないが，）カバー・アップされたと見るべきではないだろうか。

　よって，当初米国がこの教訓④に従っていなかったとしても，早期にその穴を埋めており，「学んでいない」（"Lessons not learned"）と断言するまでには至っていないのではないかと思われる。（むしろ総体的な政治過程としては，教訓④に沿った公的資金投入に向けた順調なステップを踏んだとも考えられる。）少なくとも，学んだか「曖昧なケース」（"ambiguous cases"）とは言い得よう。

トップのリーダーシップ——米国における「自己存続」論理の表出

　「『公益政治』における国家・社会アクターによる『自己存続』モデル」に基づき本過程を分析すれば，日本以上に組織トップのリーダーシップが発揮され，トップの個性・思考で戦略の決定がより強く影響される米国において，金融危機対応の実質的中心たる財務長官の職責が，ポールソンから，日本金融危機をよく知るガイトナーへ移ったことで，『国家アクター』の「官僚」たる米国財務省はじめ米国政府において，如実に日本からの「教訓④：支援を信用性のある検査プログラムと結び付ける重要性」の反映レベルが上がったもの，と評することができる。——この点，戸矢（2003）が，「組織存続」をアクターの究極の目標としていたのに対し，それを基礎に，本書が「『公益政治』における国家・社会アクターによる『自己存続』モデル」を整理した際，米国への援用を想定して，組織トップの「自己存続」が当該組織の戦略に基本的に直結するもの，と修正したその部分が，正に表出した政治過程であったと解釈される。

　さて，改めて日米金融危機を踏まえ，当該「教訓④：支援を信用性のある検査プログラムと結び付ける重要性」が，両危機を通じた教訓として認められるかについては，やはり意義ある教訓と考えられる。なぜならば，厳しい検査を伴った2003年5月のりそな資本注入が，日本の株価底打ちにつながったのと同

様，2009年2月末の（厳しい資産査定である）ストレス・テスト発表及びこれに伴う同3月頭のAIG追加資本注入が，同月上旬の米国株価底打ちのきっかけと見受けられるからである。すなわち，この激しい両危機からの脱出において，「厳格な検査・資産査定付き資本注入」がいずれも経済底打ちのタイミングに重なっており，「鍵」であったと見られることは，金融危機対応において重視すべき教訓と考えるに十分であろう。

　以上のように，この「教訓④：支援を信用性のある検査プログラムと結び付ける重要性」については，星＆カシャップ（2010）は，当初TARP 2の資本注入が厳格な監査・検査を経ずして実施されたことを以て，日本の教訓を「学んでいない」（"Lessons not learned"）としている。しかしながら，財務長官がポールソンからガイトナーに代わるとすぐに，厳しい資産査定であるストレス・テストが導入されており，単に「学んでいない」とは言いがたいであろう。不人気政策である公的資金投入——中でも，前節で詳述したように，イデオロギー的な議論を呼びハードルの高い「資本注入」——はその導入に政治的混乱を招きやすい，という政治経済学的観点から見れば，星・カシャップ自身が教訓の最初に掲げる「教訓①：銀行が資本支援を断る可能性」も併せて考えると，米国がまずは検査・監査とこだわらずに主要金融機関の公的資金受領を優先させたことは，厳格な検査・資産査定と結び付いた公的資金投入に向けた，政治過程上の意義あるステップとも評価できるのではないか。
　とりわけ当該「教訓④：支援を信用性のある検査プログラムと結び付ける重要性」との関係で注目すべきは，まさにその「信用性のある検査プログラム」に当たるストレス・テストを主導したガイトナーが，日本金融危機への初期の対応を日本駐在時に直に経験しており，自伝においても日本を教訓を導出すべき対象として意識した記述が存在することである。この点，米国政府の金融危機対応における日本からの学習を，より強く示唆するものと考えられる。また，各危機のピークから「厳しい検査・資産査定付き資本注入」まで，日本が6年かかったのに対し，米国は半年で済ませており，（たしかに当初TARP 2による資本注入を検査なく実施したことを割り引いたとしても，）少なくとも本件については，政治経済学的観点から，米国が日本から学んだか「曖昧なケー

ス」（“ambiguous cases”）と再評価し直すべきであろう。

　そして，日米金融危機いずれにおいても，「厳しい検査・資産査定付き資本注入」が株価底打ちの時期と重なっており，危機脱出の「鍵」であったと見られることから，この「教訓④：支援を信用性のある検査プログラムと結び付ける重要性」は，日米金融危機を通じた教訓として，十分認め得ると言えよう。

第５項　「教訓⑤　不良資産のリストラの重要性」の検討

　本書は，星＆カシャップ（2010）が示す「日本の経験からの８つの教訓」について，その教訓自体の見直しまで踏み込み，新たに「公的資金投入に関する日米金融危機の教訓」の提示を図るものである。本項で取り上げる教訓⑤は，その「教訓自体の見直し」をすべきものの１つに該当すると考える。

　この点，星＆カシャップ（2010）は，日本で「不良資産買取り」を実施した整理回収機構（RCC）をはじめとするAMC（Asset Management Companies：資産管理会社）が，それら買い取った不良債権等を抱え込んでしまい，早く売るか整理しなかったことが問題であるとして，「不良資産のリストラの重要性」を日本からの教訓⑤とする。そして，「恐らくキャピタル・ロスを実現させたくなかったのだろう」が，AMCが「不良債権の倉庫」のようになってしまったと，批判している[54]。

　これを踏まえ，星・カシャップは，米国では，（不良債権買取りの各プログラムがあまり進んでいないため）不良資産が多くの金融機関のバランス・シート上に残っており，投げ売りの悪影響等の問題が存在するとして[55]，当該教訓⑤については，学んだか「曖昧なケース（“ambiguous cases”）」に位置付けているようである。

　しかし，続けて彼ら自身も，「（不良資産をバランス・シートに残している）コストは，銀行が十分に資本を得ていれば（well-capitalized），大きく減じる」

54　Hoshi and Kashyap（2010），前掲，p. 413。
55　前掲論文，p. 415。

と記しているように[56]，問題は，「資産」サイドよりも「資本」サイドにある。これは，本節第3項で詳述したように，本書の「『問題化した金融機関』のバランス・シートを通じた分析」が正に示すことであり，彼らの「教訓③：ソルベンシー（純資産）問題解決における資産買取りプログラムの限界」とも整合的につながっている。

　日米両金融危機の経緯を見ても，両危機のような著しく深刻な金融危機においては，資産サイドからの公的資金投入である「不良資産買取り」には，十分な効果がないことが見て取れる。むしろ鍵は，資本サイドからの公的資金投入である「資本注入」であった。

　改めて概観すれば，日本は，住専問題において「不良資産買取り」と位置付け得る対応を行ったが，世論の強い批判を浴び，公的資金投入全般が否定された。危機のピーク（北海道拓殖銀行・山一証券の破綻）到来でようやく公的資金投入路線が復活し，「資本注入」を行ったが，小規模で問題解決に至らず，むしろ金融危機対応手法についての政治的な議論を惹起してしまった。その議論の結果，民主党主導で「不良資産買取り」にも動いたものの，十分に効果を上げることはなく，長期経済低迷の後，最終的にりそな銀行への約2兆円「資本注入」でようやく収束を迎えた。危機のピークから6年後のことである。

　米国では，まずFRBが，ベアー・スターンズ救済にあたり290億ドルの広義の「不良資産買取り」を行ったが，危機のピークであるリーマン倒産は防げず，その翌日に保険会社AIGに850億ドルの迅速かつ大型な「資本注入」をした。続けて米国財務省が，市場の下方スパイラルの中で，Troubled Asset Relief Program（「不良資産救済プログラム」）という名称に掲げる「不良資産買取り」（TARP 1）をかなぐり捨てて，「資本注入」（TARP 2）に移行し，リーマン破綻から1か月後に主要9行をはじめとする全体で2,500億ドルの「資本注入」を発表した。さらに，シティ・バンク，バンク・オブ・アメリカへの追加「資本注入」を経て，翌2月の厳しい資産査定であるストレス・テスト発表及びこれに伴う同3月のAIG300億ドル追加「資本注入」で，危機ピークのリーマン破綻から，わずか半年後に，早くも底打ちに至った。

56　前掲論文，p. 415。

134

このように日米金融危機対応は，両危機に匹敵する深刻な金融危機において
は，「資産」サイドではなく「資本」サイドからの公的資金投入が重要である
ことを裏書きしている。

　もちろん，そこまでは深刻ではない金融危機（例，S&L問題）の場合は当然，
日米金融危機レベルの危機においても，資産サイドでの公的支援が一助となる
ことはそのとおりであり，星＆カシャップ（2010）がAMC（資産管理会社）
の１つに位置付け，しばしば成功と評される日本の産業再生機構の活動などは，
別途詳しく研究をする価値のあるものであろう。
　けれども，投げ売りの危険の中，「資産価値についての不確定性は，密接に
資本不足の規模に関連している[57]」と，星・カシャップ自身も認めるのであれ
ば，資本サイドの話ではない，日本の「資産管理会社」が買取った不良資産を
早く売らなかったことを取り立てて問題とし，教訓の１つに掲げるのはいかが
かと思う。
　彼らの従前来の主張である[58]，時代に合わない「ゾンビ」会社が死なずに蘇
り周囲もゾンビ化することが日本の停滞を招いたという認識からは，この教訓
⑤を強調したいのであろうし，筆者も（とにかく早期売却ということではな
く）不良債権の貸出先会社のリストラ等を適切に実施していくべきことを否定
するものではない。しかし，特に市場が冷え切っている中で早期の資産売却を
実施することは，市場価格を押し下げ，資産管理会社（ひいてはそれをファイ
ナンスする公的資金）に実現損失をもたらし，しかも，彼らが危険視する投げ
売りを誘発しかねない。
　むしろ，民間企業にできない公的部門として果たすべき役割としては，短期
売却ではなく，（不良債権であればその債務者のリストラを含め）中長期的な
視点で買取り資産の適切な売却時期を見つめ，要すれば景気の回復が認められ
る時期まで「抱える」ことではないだろうか。（この点，産業再生機構が2003
年から2007年と，景気が回復した時期に活動したことに留意すべきである。）

57　前掲論文，p. 415。
58　Ricardo J. Caballero, Takeo Hoshi and Anil K. Kashyap（2008），"Zombie lending and
　depressed restructuring in Japan." *American Economic Review* Vol. 98, No. 5, pp. 1943-1977.

　政治経済学的観点から，日米のような資本主義に基づく経済大国かつ先進民主主義国の政治経済的環境下においては，「資本注入」より「不良資産買取り」に流れやすいことは，本節第3項にて詳説したとおりである。つまり，「資本注入」は，資本主義の下では，銀行の政府保有として政府介入色が強く，イデオロギー的な議論を特に呼びやすい。これに対し，「不良資産買取り」は，資産に対して対価を払うという双方向性も分かりやすく，その分，救済色が薄れて「公衆」に説明しやすい。この観点からも，「資本注入」こそが日米金融危機のような著しく深刻な金融危機の際には必要であるということを強調すべきであり，「不良資産買取り」に関わる教訓をあえて両金融危機から導出するのは，不適当であろう。

　以上により，星＆カシャップ（2010）の教訓⑤については，「『問題化した金融機関』のバランス・シートを通じた分析」に照らし，そして，政治経済学的観点からも，そもそも日本の公的資金投入の経験からの教訓としてそのままでは賛成し難く，日米金融危機を通じた教訓からは，外すべきと考える。──むしろ「教訓③：ソルベンシー（純資産）問題解決における資産買取りプログラムの限界」を強調すべきであろう。
　（なお，仮に教訓と認め，学んだかどうかだけを考えれば，TARP 1（不良資産買取り）が実施に至らず，不良資産が金融機関から資産管理会社に基本的に移行していない今般の米国の場合，不良資産買取りを実施した1990・2000年代の日本と，直接対比し難く，学んだか「曖昧なケース」（"ambiguous cases"）に位置付けることに異論はない。）

第6項　「教訓⑥　適切な整理（resolution）権限の価値」の検討

　前項の教訓⑤同様，本項で議論する教訓⑥も，「教訓自体の見直し」をすべきものの1つに該当すると考える。以下，具体的に説明する。
　星＆カシャップ（2010）は，当該「教訓⑥：適切な整理（resolution）権限の価値」を，「国有化」（nationalization）の勧めとして挙げている。具体的には，国有化は，（金融）システム的に重要な銀行を片付けるのに有効であると

し，日本長期信用銀行・日本債権信用銀行が国内だけでなく多くの海外のカウンターパートを有していたのにも係わらず，日本が整理プロセスをしっかりと整備していたため，その国有化にあたり金融市場に混乱をもたらさなかったこと，そして，その法的整備が，与党自民党が弱体化し政治的混乱・先延ばしが一般化する中で，目覚ましい例外としてしっかりと実施されたことを，称揚している[59]。

そして，米国はこの日本の経験・教訓を無視した，というのが彼らの主張である。同論文は，シティ・バンクへの追加資本注入の際，国有化に進むことができたはずであるが米国政府はそれをしなかったこと，それは米国に整理（resolution）プロセスが整備されておらず，米国財務省・FRBが繰り返し議会に法整備を求めたが叶わなかったことを，残念そうに指摘している[60]。

この点，筆者は，日本でなされた法整備——金融再生法の特別公的管理に代表される，主要金融機関を周辺に大きな混乱を与えずに倒産させる法整備——が，米国でなされていなかったことが，1つの法的欠缺であることは否定しない。リーマン倒産にあたり，その法整備が済んでいれば，世界的な混乱が和らいだ可能性もあろう。しかしながら，シティ・バンクを2008年11月の時点で，非救済的公的資金投入である「国有化」，つまり国が強制倒産させることを推奨することが，適切とは思えない。後知恵ではあるが，リーマン・ショックの2ヶ月後に，米国の主要金融機関しかも預金を抱える商業銀行を潰すことは，むしろ米国経済及び政治・社会の混乱を増幅させていたであろう。少なくとも，2009年初頭に早くも回復基調に戻った，実際の米国経済の軌跡に勝る危機からの脱却がもたらされたとは，思いがたい。

「国有化」なしで早期に回復した米国——日米のコントラスト

国有化について両危機の経緯を端的に比較すれば，日本は1998年に長銀・日債銀を国有化して経済回復が2003年に長引き，米国は国有化なしで2009年に早期に経済回復に転じたということである。

本書の「『問題化した金融機関』のバランス・シートを通じた分析」も踏ま

59 Hoshi and Kashyap (2010), 前掲, p. 413。
60 前掲論文, pp. 413-414。

えれば，十分な（狭義の＝救済的）資本注入をすることで，経済の底の時期に主要金融機関を政府が支えて金融・経済の混乱を収め，経済の回復を待って（株式売却により）投入した公的資金を回収するという「理想的なプロセス」を米国は踏んだのであり，そこで「国有化は不要」ということを示したように思われる。

　他方，日本は，1998年・1999-2000年と（救済的）資本注入をする一方で，長銀・日債銀を国有化で強制的に潰すという「混然としたメッセージ」（mixed message）を市場に発し，この先また主要金融機関が倒産する，金融危機が続くかもしれないという先行きへの不安・委縮効果が残る中で，下方スパイラルに拍車をかけて，経済停滞から抜け出せなくなった，と見るのが妥当なのではないだろうか。つまり，日本は，先に掲げた図4（本書47頁）の右図から左図に「改善」する機運（前章最終節参照）を，「国有化」で潰してしまったのではなかろうか。

　このような観点から，筆者は，「08年11月，シティグループの不良資産の将来損失の肩代わりを打ち出した時，日本の経験を学んだなと思った」，「米国は，シティ救済で重要な銀行は破綻させない方針を明確にし，実質政府管理下で時間を稼ぐ方法を選択した」[61]という意見を支持したい。

危機に直面してのソフトランディング路線への転換

　この点，米国の著名な経済学者であり財務長官も経験したサマーズは，上述のように，日本金融危機の最中，1998年2月に，日本に対し「すべての大銀行に公的資金が使われるとすれば，それは（日本の）国際的信用を落とす」との威圧的な「アドバイス」をした際，「日本の株がいちばん上がったのは，北海道拓殖銀行が破綻した翌日である」と理由付けして，金融機関への救済に非常に否定的だった[62]。このような米国からの厳しい態度は，日本国内での政策立案をハードランディングに向ける大きな影響を与えたが，同年9月，アジア通貨危機の余波を受けたロシアがルーブル切り下げ，短期政府証券のデフォルト（債務不履行）そして対外債務支払い停止を宣言したことを端に，LTCM問

61　武藤敏郎大和総研理事長。日本経済新聞社（2009），前掲，158-159頁。
62　西野（2001），前掲，75-79頁。

題[63] として米国にも「飛び火」し自国市場の状況も危機化する中で，逆に，「初めて，資本注入を積極的に活用するよう米側は求めてきた[64]」。(サマーズ財務副長官（当時）は，一転して，資本注入枠の「13兆円を使い切れ」，「13兆円で足りるのか」と榊原財務官に詰め寄っている[65]。) また米国金融危機の後にも，サマーズは，「もし（リーマン・ショック時点で政府内にいて）1つ違うことをやっていたとすれば，自分はリーマンを倒産させなかっただろう」と全く違うスタンスを語っている[66]。他人事の時点ではハードランディング路線を唱えるものの，自分の国の危機にも現実に直面して，その困難さに思い至ったものであろう。

このような危機に直面してのソフトランディング路線への転換は，日米金融危機に共通して見られたことである。日本金融危機においても，2003年のりそな銀行への資本注入は，当初は国有化を辞さないというハードランディング路線の姿勢を示していた竹中金融担当大臣自身による，一転しての，資本注入のソフトランディング路線への変更でなされたものであった。そしてその国有化回避の決定は，長らく日本が苦しんだ金融危機からの脱出をもたらすこととなった。

---

63 ロングターム・キャピタル・マネジメント（Long-Term Capital Management）の経営破綻問題。
　　同社の幹部には，デリバティブ（金融派生商品）の理論価格を算出するブラック・ショールズ方程式を構築しノーベル経済学賞を受賞したマイロン・ショールズとロバート・マートン（なお，同方程式のもう1人の貢献者フィッシャー・ブラックは故人であったため受賞できず）も名を連ね，金融工学の最先端を駆使するヘッジ・ファンドとして，大手投資銀行がこぞって巨額の資金をつぎ込み，またその投資モデルを模倣していた。
　　ロシア経済危機をトリガーにLTCM破綻を象徴としてシステミック・リスクが発現しかねないと事態を重く見たニューヨーク連銀マクドナー総裁（当時）のイニシアティブで，LTCMと大きな取引をしているウォール・ストリートの主要メンバー（欧米の大手投資銀行等）が集められ，9月23日，14行による民間共助の救済措置が決められた。（ただし，ベアー・スターンズとBNP（パリ国立銀行：後日2000年にパリバと合併しBNPパリバとなる）は参加拒否。）
　　Nicholas Dunbar (2000), *Inventing money: the story of Long-term Capital Management and the legends behind it.* John Wiley & Sons, 及び，淵田康之 (1998),「ヘッジファンド問題の行方」,『資本市場クォータリー』, 1998年秋号，野村資本市場研究所に詳しい。
64 西野 (2001), 前掲，214頁。
65 前掲書，244頁。
66 April 6, 2011. as a guest speaker at the class of "The Financial Crisis", Stanford Graduate School of Business.

　つまるところ，市場機能が著しく深刻に病んでいるその時に，市場原理に任せて潰した方がよいというのは本末転倒であり，政府が抱えて頑張るしかないということではなかろうか。そして，政府はその努力により，将来経済回復に伴い投入した公的資金が返ってくるという報酬を得る可能性を確保できる。（国有化がその可能性を閉ざしてしまうことは，本項にて先述のとおりである。）

　しばしば経済学者は，モラル・ハザードを気にして，全ての金融機関を救うのは適切ではないということを強調しがちである。しかし，これらは危機脱却後の「平時」の金融機関の行動の問題である。それは，金融危機の歴史に精通するキンドルバーガーが，「金融危機は自然に収束するのに任せるべきだと主張する際に，モラルハザードは強い論拠になるが，そのためには長期的な視点から，現在の危機と変わらぬほど将来の金融危機を懸念することが条件になる。現在の危機にかんする関心が低いことが不可欠なのである」（ママ）と警句しているとおりである[67]。つまり，「危機時」の対応は目前の問題であり「最後の貸し手[68]」の救済は危機からの回復にかかる死活問題であるが，一方で，モラル・ハザードは「平時」の規制でも補正可能な部分がある。（その文脈で，米国が，「次回の金融危機では潰すかもしれない」という戦略的曖昧さを信用付けるために，日本のような整理プロセスの法整備をしておくという意味はあろう[69]。）——このモラル・ハザード問題については，第5節で改めて論じる。

　いずれにせよ，少なくとも今では，その後米国経済の回復が順調に相当進んで二番底も回避し，むしろ当座V字回復を実現したとも言い得る経緯となっており，今般の危機対応が総じて効果的であったと評価できる現在の視点からは，日米両危機を通じて見た場合，「国有化」（非救済的公的資金投入）によって危機からの早期回復が得られるとは言いがたいと思われる。

67　キンドルバーガー（2004），前掲，215頁。

68　前掲書，第10章（240-269頁）。

69　この点，2016年8月24日に面会した際，Hoshi and Kashyap（2010）共著者の一人である星教授は，（米国金融危機を踏まえ金融機関の自己取引等の規制を強化した）ドッド・フランク法の関連法改正により，本件を米国はカバー・アップした，と評価する旨語った。同法は，システミックな重要性を持つノンバンク金融会社（nonbank financial companies）に適用する破綻処理制度も導入している。大和総研（2017），前掲，86-88頁参照。

　前章最終節で示したように，日米金融危機後の今では，「資本注入の投資的側面」が認知されるようになっている。つまり，市場心理が安定し経済が回復するまで，問題化し資本注入した金融機関を政府が支え続ければ，当該金融機関の株価が資本注入時を上回り，投下された公的資金が戻って来得る。実際に，それは日米金融危機ともにそういう事例を実現している。——例えば，日本の早期健全化法に基づく資本注入については，損益は1兆2,780億円のプラスと預金保険機構から公表されており[70]，うち8,000億円は国庫にまで納付された[71]。また，TARPによる資本注入では，約160億ドルのリターンがあったと議会に報告されている[72]——。「国有化」は，この政府にとっても納税者にとっても喜ばしい望みを，施策実施時に絶ってしまう点でも，懸念のある対応策であると言える。

　政治経済学的観点からしても，金融機関への救済は著しい不人気政策であるだけに，これを強制的に倒産させる非救済的公的資金投入＝「国有化」は支持が集まりやすいというバイアスがあり，先進民主主義国家において安易に採りやすい。「ダメな金融機関を潰してしまえ」という「公衆」の声に乗るのは，政権にとって人気取りとして魅力的であろう。しかし，上記のように，本書の「『問題化した金融機関』のバランス・シートを通じた分析」からも，日米金融危機の経験からも，「国有化」は，著しく深刻な金融危機においては，市場の下方スパイラルに拍車をかけかねず，賢明な施策とは言いがたく，注意すべきである。

　以上により，星＆カシャップ（2010）の挙げる「教訓⑥：適切な整理

70　預金保険機構（2020），『令和元年度預金保険機構年報』，41頁。「早期健全化法に基づく資本増強」の欄参照。
　　前章第2節に記した1999–2000年資本注入の後も，同法に基づく資本注入が（規模は比較的小さいが）2002年に至るまで数件続いており，1兆2,780億円の益が，資本注入計8兆6,053億円に対するものである。

71　前掲書，84・86頁。早期健全化勘定の1兆2,780億円の益に，配当金収入等を加えた同勘定の利益剰余金：1兆5,926千億（2018年度末）の約半分に当たる8千億円を，2019年度に預金保険機構から国庫納付したもの。

72　U.S. Treasury, Troubled Asset Relief Program. May 10, 2021. "Monthly Report to Congress: April 2021." <https://home.treasury.gov/system/files/256/2021-04-March-Monthly-Report-to-Congress.pdf（May 30, 2021現在）>. p. 5（Lifetime Cost）の "Capital Purchase Program" の欄，参照。

（resolution）権限の価値」については，「『問題化した金融機関』のバランス・シートを通じた分析」に照らし，そして政治経済学的観点からも，そもそも日本の公的資金投入の経験からの教訓としては賛成し難く，外すべきと考える。星＆カシャップ（2010）執筆時には，いまだ米国経済の先行きが混沌としていたため分からなかったことだが，現時点で見れば，結局のところ，日本は国有化を実施して回復が遅れ，米国は国有化無しで早期に当座V字回復とも言い得る経済好転を実現したからである。

　（なお，仮に教訓と認め，学んだかどうかだけを考えれば，米国が整理プロセスを法整備していないのはそのとおりであり，学んでいない（"Lessons not learned"）ケースと位置付けることに異論はない。）

　むしろ，本書の研究の結果として，ここに「【新】教訓：国有化の危険性」を提示したい。日米金融危機いずれにおいても，『問題化した金融機関』は厳しく罰するべきであり，ハードランディング路線をとるべきであるとの「公衆」・「メディア」あるいは有識者からの主張は強いものがあり，強制的倒産である「国有化」策への強い誘因があった。しかしながら，日本金融危機では「国有化」は危機の長期化をもたらし，一方，米国金融危機は「国有化」無しに克服された。つまり，両危機を通じ，「国有化」（＝「非」救済的公的資金投入）は解決策ではなかった。（解決の鍵となったのは，日米金融危機ともに，厳格な検査・資産査定が伴うものの，むしろ「救済的」資本注入であった。）しかしながら，先進民主主義国家において，両危機のような著しく深刻な金融危機の場合には採るべきでない「国有化」を，「公衆」からの人気故に採用しかねないことから，両危機の【新】教訓として，「国有化の危険性」を据えるべきであると考える。

　そして，この【新】教訓について，米国は，日本からしっかり「学んだ」と言えよう。TARP 2による資本注入をする一方で，日本の1998年の日本長期信用銀行・日本債権信用銀行の国有化のように，（救済的）資本注入だけとは異なる「混然としたメッセージ」（mixed message）を市場に発し，この先また主要金融機関が倒産する，金融危機が続くかもしれないという先行きへの不安・委縮効果を出すことをせず，──それこそシティ・バンクを2008年11月の

142

追加資本注入の代わりに「国有化」するようなことなく——米国経済の当座V字回復とも言い得る好転を実現したからである。

第7項 「教訓⑦ （中小企業向け貸出促進など）政治主導的貸出の危険」の検討

「教訓⑦：（中小企業向け貸出促進など）政治主導的貸出の危険」について，星＆カシャップ（2010）は，8つの教訓の中で唯一，米国が日本から学んでいるケースと認め「良いニュース（"The good news"）」としている[73]。彼らの主張は，日本政府が資本注入行に対し中小企業への貸出増加を求めたことから，問題の中心が，危機当初の不動産関連債権から，2000年代初めにこれら中小企業向けの「政治的主導的貸出」へ移行し，結果として回復が遅れたとするものである[74]。そして，この教訓⑦に照らすと，米国は，自動車産業への援助に懸念が残るものの，総体として非金融の「ゾンビ会社」を作るには至っていないとしている[75]。

米国が日本から学んでいるという結論は，本研究の仮説（「米国の金融危機対応に当たっては，日本の金融危機対応の経験から，政策決定・執行過程に影響を与える学習効果が存在した」）に沿っており，付言する必要はないかもしれないが，当該主張にはコメントしたい点が多い。

まず，政治経済学的観点からすれば，このような「政治主導的貸出」は，不人気で議論を呼ぶ公的資金投入政策を導入する際の，先進民主主義国におけるコストと言い得ることである。つまり，日本金融危機においては，中小企業向け貸出を増やすという条件を付けて「公衆」の理解を慫慂しなければ，公的資金投入を政治的に実現することが難しかったわけである。これに対し，米国金融危機において政治主導的貸出を要することが比較的少なかったのであれば，政治経済学的観点からも，このような先進民主主義におけるコスト・危険を回

73 Hoshi and Kashyap（2010），前掲，pp. 415-416。
74 前掲論文，p. 413。
75 前掲論文，pp. 415-416。

避して公的資金投入を導入したという意味で，米国社会が日本の経験から「学んだ」と言う論拠となる。――この点，上記第6項に関連するが，「公衆」のカタルシス（及び米国からの圧力）のために，「国有化」による主要金融機関の強制的倒産を経てからでないと効果的な公的資金投入に辿りつけなかった日本に比べ，「国有化」を回避して効果的な公的資金投入に至った米国に，「学習効果」が見出せることとパラレルである。また，仮に日本が「国有化」を回避できていれば，主要金融機関のさらなる破綻はないという「統一されたメッセージ」の下で，より早期に経済回復を得られ，中小企業向け債権の問題が生じなかった可能性もあろう。

　次に，彼らが2000年代初め（具体的には2001年）から，中小企業向け債権が，不良債権問題全体に対してより重要な決定項となってきている[76]とする論拠についてである。同論文のTable 2がその論拠となっているが，しかし，そこで示された不良債権率との相関係数を見ると，実は2003年まではいずれも，不動産関連債権（"Real estate loan"）の方が高い数値を示し続けている。たしかに2004・2005年には数値の高低が逆転するが，それでも中小企業向け債権（"SME loan"）の係数の数字自体は，0.1前後に止まり，これに対して1997-2002年まで最低でも0.2超，最大では10.0を記録している不動産関連債権と比べ，不良債権全体への影響力は相当弱く出ていると言わざるを得ない。つまり，日本金融危機において不動産関連債権だけが問題ではなく2000年代初めに別の中小企業向け債権の問題が浮上してきたこと自体は肯定できるが，そのインパクトは結局，不動産関連債権問題の比ではないということである。（2004・2005年には，GDP・株価・不動産価格いずれも既に回復基調に入っていることにも留意すべきである。）

　いずれにせよ，――不動産関連債権問題とは異なる――中小企業向け債権問題が，日本金融危機の後期に浮上してきたことが，日本経済の回復を遅らせた一要素であったことは認め得ることから，「教訓⑦：（中小企業向け貸出促進など）政治主導的貸出の危険」自体を日米金融危機を通じた教訓とすること，そ

76　前掲論文, pp. 402-403。

して，この教訓⑦について米国が日本から「学んだ」とする星＆カシャップ
（2010）の結論自体には，異論がない。

第8項　「教訓⑧　銀行の回復におけるマクロ経済成長の重大な役割」の検討

　当該「教訓⑧：銀行の回復におけるマクロ経済成長の重大な役割」について，
星＆カシャップ（2010）は，先述の経済成長と銀行資本の「双方向因果関
係[77]」に触れつつ，日本金融危機においては，金融システムの回復とは独立し
た，米国・中国向けを中心とする輸出の増大が，2000年代半ばのマクロ経済回
復に貢献したことを指摘している。そして，「マクロ経済政策が景気回復への
刺激に成功できる限りにおいて，それは資本注入も助ける」と記している[78]。
　その上で，米国で経済成長がどれだけ資本注入の助力となるかについて判断
するには，まだ早すぎるとし，米国が日本から学んでいるかどうか「曖昧な
ケース」（"ambiguous cases"）の1つに位置付けている[79]。

　教訓②同様，星＆カシャップ（2010）発表時点で，米国経済の反転がいまだ
不透明であったことを踏まえた当該意見留保は，穏健なものとは思われるが，
今では，その後米国経済の相応の回復が順調に進み，今般の米国危機対応が総
じて効果的であったと評価できるであろう。その現在の視点からすれば，今回
の米国の金融危機において「教訓⑧：銀行の回復におけるマクロ経済成長の重
大な役割」は十分に理解され，その意味で日本から「学んだ」と評価をし直し
て良いのでないかと考える。

　その関係で2点特筆すれば，第1点としてまず，星・カシャップ自身も指摘
しているように[80]，米国の経済危機対策において，米国当局が能動的に，銀行
以外の景気対策にも意を払っていたと言い得ることである。

77　経済成長が銀行資本を充実させる一方，銀行資本が経済の回復を支える関係。本節第2項参照。
78　Hoshi and Kashyap（2010），前掲，p. 413。
79　前掲論文，p. 415。
80　前掲論文，p. 415。

　具体的には，FRBは，金融（マネタリー）政策において，2008年9月のリーマン・ショック後，迅速に年末までにFF金利[81]を過去最低水準を更新する0-0.25％に引き下げ，事実上のゼロ金利政策に移行している。また，非伝統的手段としての量的緩和[82]についても，同時期にいわゆるQE 1[83]をスタートし，住宅ローン担保証券や米国債の大量買い入れに一気に踏み切っている[84]。

　米国政府においても，ブッシュ政権は，リーマン・ショック前の2008年2月の緊急経済対策法[85]で総額1,680億ドルにより中低所得者への税金還付などを行った上で，前述のTARP（不良資産救済プログラム：総額7,000億ドル）を中心とする2008年緊急経済安定化法[86]でも，銀行等金融機関支援だけでなく，修正案で追加された減税等の一般国民向け経済対策や，TARP内のプログラムとして自動車産業金融プログラム（約800億ドル）や住宅対策等も行っている[87]。また，続くオバマ政権では，ガイトナー新財務長官による金融機関のストレス・テストを中心とした金融安定化策（Ficancial Stability Plan）と並走して，2009年米国復興・再投資法[88]により，減税措置，雇用創出，医療関係，インフラ整備など総額7,872億ドルに上る巨大で総合的な景気刺激策が含まれていた[89]。

81　Federal Fund Rate. 米国の銀行がFRBに預けている準備預金を互いに融通し合う際の金利。この金利の誘導目標をFRBが示していくもので，米国における政策金利。

82　政策金利の引き下げではなく，中央銀行が直接大量の資産を購入することにより，市場の通貨量の拡大を図るもの。

83　Quantitative Easing 1。FRBによる第一次量的緩和のこと。

84　Lipscy and Takinami（2013），前掲，及び，内閣府政策統括官室（経済財政分析担当）（2009a），『世界金融・経済危機の現況 ―世界経済の潮流 2009年I―』，平成21年6月，75-76頁，また，経済産業省（2014），「米国の量的金融緩和縮小とその影響」，『通商白書2014』，18-25頁参照。

85　Economic Stimulus Act of 2008. 条文は，https://www.govinfo.gov/content/pkg/PLAW-110publ185/pdf/PLAW-110publ185.pdf（May 30, 2021現在）参照。

86　Emergency Economic Stabilization Act of 2008. 条文は，https://www.govinfo.gov/content/pkg/BILLS-110hr1424enr/pdf/BILLS-110hr1424enr.pdf（May 30, 2021現在）参照。

87　"Financial Stability", U.S. Treasury <https://www.treasury.gov/initiatives/financial-stability/Pages/default.aspx（April 30, 2020 現在）>，及び，みずほ総合研究所（2010），「みずほ米州インサイト　米国金融危機対応の成果と課題　～オバマ政権1年間の総決算～」，2010年2月23日 <https://www.mizuho-ri.co.jp/publication/research/pdf/us-insight/USI048.pdf（May 30, 2021現在）>参照。

88　American Recovery and Reinvestment Act of 2009. 条文は，https://www.govinfo.gov/content/pkg/PLAW-111publ5/pdf/PLAW-111publ5.pdf（May 30, 2021現在）参照。

89　内閣府政策統括官室（経済財政分析担当）（2009a），前掲，63-80頁，及び，内閣府政策統括官室（経済財政分析担当）（2009b），『世界経済の潮流 2009年II―雇用危機下の出口戦略：景気回復はいつ？出口はどのように？―』，平成21年11月，98-174頁。Congressional Budget Office

　そして第２点として，リーマン・ショック時，大きくは「東の金融，西のシリコンバレー」とも言い得たように，米国経済を金融産業とは独立して支えていたシリコンバレーに代表されるIT産業が，リーマン・ショックでも構造的な棄損をせず，2010年代にはGAFA[90]として世界的なプラットフォームと讃え称されるようになる活力と底堅さを見せたことが，──もちろん，リーマン・ブラザーズ破綻の翌日の保険会社AIGへの約９兆円に相当する資本注入，そして翌10月から翌年春にかけてのTARP ２による主要金融機関への資本注入等とあいまって──米国経済に当座V字回復とも言い得る好転をもたらしたと考えられる。

　これらのように，金融分野における資本注入等の銀行等金融機関支援が功を奏するのと並行して，それ以外の景気刺激策，そして，金融だけに偏らない分散的経済構造によって，米国のマクロ経済が，実際に2009年初頭を底として回復へ向かい始めたと見得る。

「第３のマクロ経済政策」としての公的資金投入

　そしてさらに，金融危機対応とマクロ経済との関係について日米両危機の経緯を改めて振り返れば，「マクロ経済政策としての公的資金投入」がハイライトされたと考えられるのではなかろうか。

　すなわち，星＆カシャップ（2010）も，一般的な整理に沿って，マクロ経済政策として，中央銀行の「金融（マネタリー）政策」と，（政府の）「財政政策」との２つのみを挙げている[91]。しかし，上記の「双方向因果関係」（経済成長が銀行資本を充実させる一方，銀行資本が経済の回復を支える）が示すことは，「公的資金投入」も，いわば金融危機時の「第三のマクロ経済政策」として政府が経済回復・成長に影響を与えるツールとなるということである。

（2015）, "Estimated Impact of the American Recovery and Reinvestment Act on Employment and Economic Output in 2014", February 2015参照。

90　米国を代表する巨大IT企業であるGoogle, Apple, Facebook, Amazonの４社の頭文字を取ったもの。情報・サービス・商品等を提供する基盤となる「プラットフォーム」企業としての側面を強調する総称である。

91　Hoshi and Kashyap（2010）, 前掲, p. 415。

　公的資金投入は（税金原資のものも中央銀行拠出のものもあるため）金融機関のバランス・シート改善に焦点を絞った財政あるいは金融政策の一種とも言えようが，第1章第2節第1項で示したような特殊性――非常的性格，不人気政策，イデオロギー的議論惹起，政治的ショック――に鑑みれば，（金融危機対応策として）独立して扱うのが適当であろう。特に，銀行危機において，経済の底抜けを起こしている穴（=『問題化した金融機関』）そのものを塞ぐという，最も直接的なマクロ経済政策とも言えよう。

　このマクロ経済の回復・成長に向けた対策という観点から，日米金融危機の経験を比較すれば，まず「財政政策」については，米国が積極財政を実施して早期の経済回復・成長につながっているように見える一方，リプシー&瀧波（2013）で示されているように，実は必ずしも日本の金融危機対応において財政政策は有効ではなかった――小渕・森内閣における突出して巨額の経済対策による積極財政が日本経済回復につながらず，むしろ財政再建を掲げた小泉内閣において経済回復が見られた――ことから[92]，両危機を通した積極財政の有効性についての示唆は，はっきりしない。

　これに対し，「金融（マネタリー）政策」については，日本の金融緩和が遅く／米国が早かったところ，それぞれの経済回復・成長の遅さ／早さと連動していることから，金融緩和は危機対応に有効である，との受け止めが一般的であろう。――上記のように，FRBはリーマン・ショック後，迅速に，年内中にゼロ金利政策・量的緩和に踏み切っている。これに対し，日銀がゼロ金利政策に転じたのは1999年2月と，1997年11月の危機から1年以上経っており，しかも2000年8月にはゼロ金利政策を解除してしまい，翌2001年3月に，再度導入の上，量的緩和にも遂に踏み切ることとなった。

　その金融（マネタリー）政策の是非までを論じるのは本書の目的ではないが，ここで1つ指摘したいのは，この連動は，公的資金投入でも同じであるということである。要するに，「金融危機時の第3のマクロ経済政策」としての「公的資金投入」も，日本が遅く／米国が早かったところ，それぞれの国の経済回復・成長の遅さ／早さと連動しており，よって，上記の金融（マネタリー）政

92　Lipscy and Takinami（2013），前掲。

策の一般的な受け止めが正しければ，同様に，公的資金投入も金融危機時のマクロ経済対応に有効である，ということになると考えられる。

　このように，日米金融危機が，財政政策・金融（マネタリー）政策に並ぶ「第3のマクロ経済政策」としても，公的資金投入の重要性をハイライトしていることに留意すべきであろう。つまり，マクロ経済の早期回復・成長のためにも，早期の公的資本投入の意義があるということである。

　以上を踏まえ，「教訓⑧：銀行の回復におけるマクロ経済成長の重大な役割」については，今回の米国金融危機において，当該教訓⑧をしっかり米国が日本から「学んだ」と，評価し直すべきと考える。なぜなら，星＆カシャップ（2010）は，同論文の発表時点で米国経済低迷の底打ちが十分に見通せていない状況から，米国が日本から学んでいるかどうか「曖昧なケース」（"ambiguous cases"）の1つに位置付けていたが，その後，米国経済の回復が順調に進み，資本注入等の銀行等金融機関支援と並行した，それ以外の景気刺激策を含め，今般の米国危機対応が総じて効果的であったと評価できるだろうからである。

　そして，「教訓⑧：銀行の回復におけるマクロ経済成長の重大な役割」自体を，日米金融危機を通じた教訓とすることについては，その前提となる経済成長と銀行資本の「双方向因果関係」――経済成長が銀行資本を充実させる一方，銀行資本が経済の回復を支える――を含め，基本的に日米金融危機の経緯で裏書きされていると見受けられることから，これを肯定できると考える。とりわけ，公的資金投入をはじめとするマクロ経済政策が，より早期に打たれた米国において，より早期の金融分野での安定確保そして経済回復・成長につながっていることは，当該教訓⑧を日米危機を通じた教訓として認めるにあたり，説得性を持たせるものであろう。

第3節 ┃ 本研究の見直しに基づく【新7教訓】／日米間の「学習」

　以上，前節による，星＆カシャップ（2010）の「日本の経験からの8つの教訓」の見直し，具体的には，本書の分析枠組み――「『問題化した金融機関』のバランス・シートを通じた分析」，及び，「『公益政治』における国家・社会アクターによる『自己存続』モデル」――を用い，その後の米国経済の順調な相当の回復を確認できる現在の視点，そして，公的資金投入の政治的特殊性を踏まえた政治経済学的観点から，教訓自体の見直しを含めた日米金融危機間の学習及び教訓について検討した結果を整理すると，151頁掲載の表3となる。

　これにより，星・カシャップが示した8教訓から教訓数が1つ減り，新教訓として全【7教訓】[93]となる。

第1項　教訓自体の修正と【日米金融危機からの新7教訓】

修正（1）――「教訓⑤：不良資産のリストラの重要性」を削除

　教訓自体の修正としては，まず，星・カシャップの「教訓⑤：不良資産のリストラの重要性」については，そもそも日米金融危機の教訓として疑問であり，これを教訓リストから外すべきと考える。

　なぜなら，本書の分析枠組みの1つである「『問題化した金融機関』のバランス・シートを通じた分析」からすれば，日米両金融危機のような著しく深刻な危機において問題は，「資産」サイドよりも「資本」サイドにあるため，資産サイドに関わる教訓⑤をことさら強調するのはミスリードであると考える。加えて，前節第3項で詳述したように，日米のような資本主義に基づく経済大国かつ先進民主主義国の政治経済的環境下においては，「資本注入」は銀行の政府保有として政府介入色が強く，特にイデオロギー的な議論を惹起しかねな

93　第1章の注で記したように，本書による新教訓は【　】で括り，元の星＆カシャップ（2010）の教訓については丸数字（①〜⑧）で示している。

い。一方，「不良資産買取り」は，資産に対して対価を払うという双方向性も
分かりやすく，その分，救済色が薄れて「公衆」に説明しやすい。

このような「資本注入」より「不良資産買取り」に流れやすい政治的バイア
スを踏まえれば，それとは逆に日米金融危機の経緯がより重要であることを示
す「資本注入」をハイライトするためにも，「不良資産買取り」を後押しする
「教訓⑤：不良資産のリストラの重要性」を特に両金融危機から導き出すのは，
避けるべきであると考える。——むしろ強調すべきは，「不良資産買取り」の
不十分さに焦点を当てた，「教訓③：ソルベンシー（純資産）問題解決におけ
る資産買取りプログラムの限界」であろう。

**修正（2）——「教訓⑥：適切な整理（resolution）権限の価値」を，「【新】教訓：国
有化の危険性」に差し替え**

また，星＆カシャップ（2010）の「教訓⑥：適切な整理（resolution）権限
の価値」についても，そもそも日米金融危機の教訓として疑問であり，むしろ
「【新】教訓：国有化の危険性」に差し替えたい。

なぜなら，星＆カシャップは，当該教訓⑥を，「国有化」（nationalization）
の勧めとして挙げているが，国有化について，両危機の経緯を比較すれば，日
本は1998年に長銀・日債銀を「国有化」して経済回復が2003年に長引き，米国
は「国有化」なしで2009年に当座Ｖ字回復とも言い得る早期の経済好転を実現
しているのが，現時点の我々が知っている端的な結果だからである。（なお，
モラル・ハザードの問題については，次々節参照。）

「国有化」とは，非救済的公的資金投入であり，国による強制的な金融機関
の倒産に当たるが，日米金融危機いずれにおいても，『問題化した金融機関』
は厳しく罰するべきであってハードランディング路線を採るべきであるとの
「公衆」・「メディア」あるいは有識者からの主張は強く，「国有化」策に向かう
べきとのプレッシャーとなった。しかしながら，上記のように結局，両危機を
通じ，「国有化」は解決の鍵ではなかった。もし仮に星＆カシャップ（2010）
の示唆どおりに2008年11月のシティ・バンクへの追加資本注入の代わりに国有
化に突き進んでいたら，それこそ日本の1998年の日本長期信用銀行・日本債権
信用銀行の国有化のように，資本注入だけとは異なる「混然としたメッセー
ジ」（mixed message）を市場に発し，この先また主要金融機関が倒産する，

表3　星・カシャップの主張（8教訓／日米間の「学習」の評価）と，本研究による修正（7教訓／学習の再評価）

		日本→米国の学習に関する，星＆カシャップの評価	（主な理由）	政治経済学的観点から，現在の視点で，再評価	（修正理由）
教訓①	銀行が資本支援を断る可能性	×	TARP 2を実施する際，幾つかの金融機関が公的支援を得たくないと強固にこだわった	⇒ ○	主要銀行のCEOを一挙に呼んで，公的資金受領を迫り，拒否を阻止した
教訓②	救済パッケージを十分に大型とすること	△	危機に対処するのに用意されたリソースが十分と証明されるかどうかは（いまだ）明らかではない	⇒ ○	リーマン・ショックから18日後に，日本での最大の公的資金枠に匹敵する7,000億ドルの議会承認を得た（日本は危機から3年要した）
教訓③	ソルベンシー（純資産）問題解決における資産買取りプログラムの限界	△	「不良資産買取り」案（TARP 1等）に時間を浪費した	⇒ ○	「資本注入」に比して「不良資産買取り」に流れやすいという政治的なバイアスにもかかわらず，法案通過後ひと月も置かずに資本注入（TARP 2）に移行・発動した
教訓④	支援を信用性のある検査プログラムと結び付ける重要性	×	TARP 2が当初厳格な監査・検査を経ずして実施された	⇒ △	危機かピークら半年で厳格な検査を伴う資本注入に至った（日本は6年を要した）
教訓⑤	不良資産のリストラの重要性	△	不良資産が多くの金融機関のバランスシート上に残っており，投げ売りの悪影響等の問題が存在する	― （そもそも教訓として疑問）	問題は資産サイドよりも資本サイド
教訓⑥	適切な整理（resolution）権限の価値	×	シティへの追加資本注入の際，国有化に進むことができたはずだが，しなかった	― （そもそも教訓として疑問） ※【新】教訓について ○	国有化をして回復が遅れた日本と，国有化なしにV字回復した米国の経緯 ⇒ ※【新】教訓：国有化の危険性
教訓⑦	（中小企業向け貸出促進など）政治主導的貸出の危険	○	（自動車産業への援助に懸念が残るものの，）総体として非金融の「ゾンビ会社」を作るには至っていない	→ ○ （変更なし）	（米国が総体的に政治主導でない公的資金投入を実現している点は，日本からの学習の論拠となり得る
教訓⑧	銀行の回復におけるマクロ経済成長の重大な役割	△	米国で経済成長がどれだけ資本注入の助力となるかについて判断するには，まだ早すぎる	⇒ ○	現在の視点から両危機の経緯を見れば，マクロ経済対策としての公的資金投入がハイライトされたと考え得る
総計（総評）		○1，△4，×3 （全体として学習に否定的）		⇒ ○6，△1，×0 （よく学習した）	

（注1）○学んだ，△曖昧，×学んでいない
（注2）TARP：Troubled Asset Relief Program～「TARP 1」は不良資産買取り，「TARP 2」は資本注入
（出所）星＆カシャップ（2010）を踏まえ筆者作成

金融危機が続くかもしれないという先行きへの不安・委縮効果が残り，米国の経済は1990年代〜2000年代の日本のように長い停滞に突入していた可能性は十分にあるであろう。

　加えて，「『問題化した金融機関』のバランス・シートを通じた分析」がその可能性を示すように，「資本注入」であれば，将来，図4（本書47頁）の右から左に向けて当該金融機関のバランス・シートが「改善」する，端的には，当該金融機関の株価が回復することによって，注入された公的資金が戻って来得るし，実際，前節第6項で説明したように，日米金融危機ともにそういう具体的事例を実現している。一方，「国有化」は，その手を打った瞬間に，この納税者にとっても喜ばしい可能性を絶ってしまう点で，残念な策でもある。

　このように，「国有化」は，政治経済学的観点から「公衆」・「メディア」等の支持が集まりやすいというバイアスがある一方で，日米金融危機の経験からも，両危機の解決策とはなっておらず，投入した公的資金の将来の回収の可能性も望めない，著しく深刻な金融危機の市場下方スパイラル時には賢明な施策とは言い難いものであることから，特に注意が必要なため，（「国有化」を勧める）「教訓⑥：適切な整理（resolution）権限の価値」に替えて，「【新】教訓：国有化の危険性」を提示したい。

　これら2点の修正により——政治経済学的観点から，危機後の米国経済の早期の好転も踏まえ，「『問題化した金融機関』のバランス・シートを通じた分析」及び「『公益政治』における国家・社会アクターによる『自己存続』モデル」を用いて，星&カシャップ（2010）の8教訓を再評価の上，改めて提示する——，本書の「日米金融危機の教訓」は，
【第1教訓】　銀行が資本支援を断る可能性
【第2教訓】　救済パッケージを十分に大型とすること
【第3教訓】　ソルベンシー（純資産）問題解決における資産買取りプログラムの限界
【第4教訓】　支援を信用性のある検査プログラムと結び付ける重要性
【第5教訓】　国有化の危険性
【第6教訓】　（中小企業向け貸出促進など）政治主導的貸出の危険

【第7教訓】　銀行の回復におけるマクロ経済成長の重大な役割
の第1～7教訓となる。

　これに基づき，前節で詳述した，日米金融危機間の「学習」について改めて
整理すると，次項以下となる。

第2項　【新第1教訓】銀行が資本支援を断る可能性
　　　　：日米間の「学習」についての修正×→○

　星＆カシャップ（2010）が「学んでいない」（"Lessons not learned"：×）
に分類しているが，これを「学んだ」（○）との評価に修正すべきなのは，
「【新第1教訓】銀行が資本支援を断る可能性」（＝星＆カシャップ（2010）の
教訓①）である。

　当該教訓について，星・カシャップは，TARP 2を実施する際，いくつか
の金融機関が公的支援を得たくないと強固にこだわったことから，「学んでい
ない」と評価しているが，米国当局各トップが揃って主要銀行のCEOを一挙
に呼んで，公的資金受領を迫り，拒否を阻止したという政策執行過程を仔細に
見れば，むしろ「銀行が資本支援を断る可能性」という教訓を踏まえて説得に
向けて行動し実際に公的資金投入を飲ませた米国は，政治経済学的観点から，
当該教訓を「学んだ」と再評価すべきであろう。これは，当該教訓が，危機対
応者たる政府に向けたものであり，金融機関に対し向けたものではない[94]こ
とからも，裏打ちされる。

94　前節第1項の注に詳述した星教授とのやりとり等を参照。

第3項　【新第2教訓】救済パッケージを十分に大型とすること
　　　　【新第3教訓】ソルベンシー（純資産）問題解決における資産買
　　　　取りプログラムの限界
　　　　【新第7教訓】銀行の回復におけるマクロ経済成長の重大な役割
　　　　：日米間の「学習」についての修正△→○

　星＆カシャップ（2010）は，米国が日本から学んだか「曖昧なケース」
（"ambiguous cases"：△）としているが，これを修正して「学んだ」（○）と
再評価すべきなのは，「【第2教訓】救済パッケージを十分に大型とすること」，
「【第3教訓】ソルベンシー（純資産）問題解決における資産買取りプログラム
の限界」，そして，「【第7教訓】銀行の回復におけるマクロ経済成長の重大な
役割」の各教訓である。

　「【第2教訓】救済パッケージを十分に大型とすること」（＝星＆カシャップ
（2010）の教訓②）については，星・カシャップは，執筆時米国経済の先行き
にまだ不透明さがある中で，危機に対処するのに用意されたリソースが十分と
証明されるかどうかは明らかではないとして，米国が日本から学んだか「曖昧
なケース」に位置付けたが，その後の米国の当座V字回復とも言い得る順調な
相当の経済経過を見れば，TARPによる7,000億ドルの公的資金枠をはじめと
する米国の金融危機対応は，十分に大型だったと評価し得るであろう。
　そしてそれ以上に，"too little, too late"（少なすぎ，遅すぎる）と批判され
た日本の公的資金投入に比べ，リーマン・ショックからわずか18日後に，日本
での最大の公的資金枠に匹敵する7,000億ドルの議会承認を得た（一方，日本
はこの公的資金枠に到達するのに危機から3年要した）という対応は，不人気
かつ議論を呼ぶ公的資金投入の政治的制約を考慮した政治経済学的観点からも，
高く評価し得るものであり，米国が当該教訓を「学んだ」と再評価できると考
えられる。

　「【第3教訓】ソルベンシー（純資産）問題解決における資産買取りプログラ
ムの限界」（＝星＆カシャップ（2010）の教訓③）についても，星・カシャッ

プは，「不良資産買取り」案（TARP 1 等）に時間を浪費したとして，米国が
日本から学んだか「曖昧なケース」としている。たしかに，星・カシャップ自
身が「より根源的な教訓は，不良資産買取りだけでは資本不足を解決しそうに
ないということである」とする当該教訓のベースとなる考えは，本書の分析枠
組みの一つである「『問題化した金融機関』のバランス・シートを通じた分析」
が示す，日米金融危機のような深刻な金融危機において問題は「資本」サイド
であり「資産」サイドではない，という見解と整合するだけに，何ゆえ「不良
資産買取り」に時間を取られたのかという両氏の不満は，よく共感できる。

　しかし，「不良資産買取り」は，「銀行の政府保有」として資本主義下におい
て特にイデオロギー的な議論を呼びやすい「資本注入」に比べれば，まだ資産
に対して対価を払うという双方向性も見えやすく，救済色が薄れて「公衆」に
説明しやすい。加えて，米国には，不良資産買取りによるいわゆるS&L問題解
決という自国の「成功体験」が存在する。このような，「資本注入」に比して
「不良資産買取り」に流れやすいという政治的なバイアスにもかかわらず，
TARP関連法案通過後，ひと月も置かずに米国が「資本注入」（TARP 2）に
移行・発動したのは，当該教訓について，日本から「学んだ」ものと，政治経
済学的観点から再評価すべきと考える。

　そして，「【第7教訓】銀行の回復におけるマクロ経済成長の重大な役割」
（＝星＆カシャップ（2010）の教訓⑧）についても，星・カシャップの「曖昧
なケース」と位置付けを，「学んだ」と修正すべきと考える。

　星＆カシャップ（2010）は，本教訓についても，米国金融危機において経済
成長がどれだけ資本注入の助力となるかについて判断するには，まだ早すぎる
と，執筆時の不透明さを理由に結論を留保したわけであるが，今では，その後
米国経済の相応の回復が順調に進み，資本注入等の銀行等金融機関支援と並行
した，それ以外の景気刺激策を含め，今般の米国危機対応が総じて効果的で
あったと言い得るであろう。その現在の視点からすれば，今回の米国の金融危
機において，当該教訓は十分に米国に理解され，その意味で日本から「学ん
だ」と評価をし直して良いと考える。

　そして，同著が強調する，「双方向因果関係」（経済成長が銀行資本を充実さ

せる一方，銀行資本が経済の回復を支える）を踏まえ，日米金融危機の経緯を見れば，政府が経済回復・成長に影響を与えるためのツールという意味において，金融（マネタリー）政策・財政政策に並び，公的資金投入は，金融危機時の「第3のマクロ経済政策」として有効であることが，両危機の経験からハイライトされたと考えられるのではなかろうか。

第4項 【新第4教訓】支援を信用性のある検査プログラムと結び付ける重要性：日米間の「学習」についての修正×→△

　星＆カシャップ（2010）が「学んでいない」（"Lessons not learned"：×）教訓の1つとするものを，米国が日本から学んだか「曖昧なケース」（"ambiguous cases"：△）に位置付けるべきなのが，「【新第4教訓】支援を信用性のある検査プログラムと結び付ける重要性」（＝星＆カシャップ（2010）の教訓④）である。

　当該教訓について，星・カシャップは，TARPによる資本注入が，当初，厳格な監査・検査を経ずして実施されたことを以て，「学んでいない」に分類している。たしかに，ブッシュ政権，ポールソン財務長官の下では，必ずしも厳格な検査・資産査定なく，TARP 2による資本注入を実施している。

　しかしながら，2009年年明けのオバマ政権スタートによるガイトナー財務長官就任後は，早急に厳しい検査プログラムである「ストレス・テスト」（大幅な景気等の変動を想定したストレスをかけても金融機関の健全性が保たれるかを確認する資産査定）を2月に発表し，3月にはこれに伴うAIG追加資本注入を直ちに行っている。これは，米国金融危機のピークである2008年9月のリーマン・ショックから半年後であり，日本においては，厳しい検査を伴った2003年のりそな公的資金投入まで日本金融危機のピーク（1997年）から6年を要していることと考えれば，十分に評価できることではなかろうか。

　特に，日本により精通したガイトナー財務長官のイニシアティブでこの厳格なストレス・テストの導入が決まっていることは，日本からの学習を強く示唆するものと考えられる。公的資金投入を導入する政治的な難しさも踏まえれば，政治経済学的観点からも，少なくとも，米国が日本から学んだか「曖昧なケー

ス」（"ambiguous cases"）とは再評価できるであろう。

　（なお，当初，ポールソン財務長官時，厳しい検査プログラムなしにTARP２による資本注入の「実施」に踏み切っているのは，そのとおりであり，この点，TARP１による「不良資産買取り」が構想のみで実施までに至らず，実際の実施はTARP２から始まったこととは違っているため，上記「【第３教訓】ソルベンシー（純資産）問題解決における資産買取りプログラムの限界」のように「学んだ」とまで評価することは，控える。）

第５項　【新第６教訓】（中小企業向け貸出促進など）政治主導的貸出の　　　　危険：日米間の「学習」○で修正なし

　「【第６教訓】（中小企業向け貸出促進など）政治主導的貸出の危険」（＝星＆カシャップ（2010）の教訓⑦）については，星・カシャップが，自動車産業への援助に懸念が残るものの，総体として非金融の「ゾンビ会社」を作るには至っていないとして，米国が日本から「学んだ」（○）ケースと位置付けているが，この結論については，異論がない。

　なお，政治経済学的観点からすれば，このような「政治主導的貸出」は，不人気で議論を呼ぶという政治的制約を有する公的資金投入政策を導入する際の，先進民主主義国におけるコストと言える面があることに，留意が必要である。要するに，米国がこの先進民主主義におけるコスト・危険を比較的に回避して公的資金投入を導入できたということは，米国が当該教訓について，総体的に日本の経験から「学んだ」と言う論拠となるであろう。

第６項　【新第５教訓】国有化の危険性──本書が提示する新教訓　　　　：日米間の「学習」○

　本書が新しく提示する教訓（※星＆カシャップ（2010）にない【新】教訓）である「【新第５教訓】国有化の危険性」についても，米国が日本から「学んだ」（○）ケースと位置付けられる。

　同教訓は，星・カシャップが国有化（nationalization）の勧めとして挙げた

「教訓⑥：適切な整理（resolution）権限の価値」の代わりとして本書が差し替えたものであるが，上述のように，米国は，国有化を実施することなく，TARP 2による資本注入で，主要金融機関のさらなる破綻はないという「統一されたメッセージ」の下，米国金融危機を早期に乗り越えた。これは，1998年・1999-2000年と資本注入をする一方で，長銀・日債銀を国有化で強制的に潰すという「混然としたメッセージ」（mixed message）を市場に発し，この先また主要金融機関が倒産する，金融危機が続くかもしれないという先行きへの不安・委縮効果が残る中で，長きにわたり経済停滞から抜け出せなくなった日本と，大いなるコントラストを見せている。

　政治経済学的観点からも，金融機関への救済は著しい不人気政策であるだけに，これを強制的に倒産させる非救済的公的資金投入，つまり，「国有化」は支持が集まりやすいという政治的バイアスがあり，先進民主主義国家において安易に「国有化」を採りやすい。米国は，今般の金融危機対応において，この日本がはまってしまったトラップに陥らず，経済の当座V字回復とも言い得る好転を確保できたと評価することができ，「【第5教訓】国有化の危険性」について，十分に日本から「学んだ」と考えられる。

第7項　まとめ──【日米金融危機からの新7教訓】／日米間の「学習」の再評価

　以上，本節では，星＆カシャップ（2010）の8項目の教訓及び日本から米国への学習に関する評価を，米国金融危機が当座V字回復とも言い得る経済好転を辿り一定に収束したことが確認できる「現在の視点」で，公的資金投入の顕著な性質も踏まえた「政治経済学的観点」から，教訓自体の変更も含め，見直した。

　その結果をまとめたのが，表3（本書151頁）である。

　以下，星＆カシャップ（2010）の示す「学習」・「教訓」への変更点を中心に，各教訓ごとに改めて概説する。

　星＆カシャップ（2010）の「教訓①：銀行が資本支援を断る可能性」につい

て，両氏は，2008年10月に米国でTARP 2（資本注入）を実施する際，いくつかの金融機関が公的支援を得たくないと強固にこだわったことを以て，この点米国は日本の教訓を「学んでいない」としている。しかしながら，その際，米国財務省・FRB等米国政府当局揃って，主要銀行のトップを一挙に呼んで公的資金受領を迫り，その拒否を阻止したという経緯を踏まえれば，政治経済学的観点からは，米国（特に『国家アクター』たる米国政府）は日本からむしろ「学んだ」と評価を修正するのが，適切と考えられる。

　星＆カシャップ（2010）は，「教訓②（救済パッケージを十分に大型とすること）」に関し，同論文の発表当時まだ米国経済の先行きが明らかではなかったこともあり，公的資金投入をはじめとする米国の救済パッケージについて「危機に対処するのに用意されたリソースが十分と証明されるかどうかは明らかではない」とし，米国が日本から学んでいるかどうか「曖昧なケース」の1つに位置付けている。しかし，米国経済が順調に相応の回復をしたと言い得る今の視点からは，リーマン・ショックからわずか18日後に，日本金融危機での最大の公的資金枠に匹敵する7,000億ドルの議会承認を得た救済パッケージは，十分に大型であったと考えられるであろう。特に，日本が最大公的資金枠に至るまで，危機のピークから3年かかり，"too little, too late"（少なすぎ，遅すぎる）との批判を受け，そして長期の経済停滞を招いてしまったことと比較すれば，当該教訓②を米国がしっかりと「学んだ」と評価し直してよいと考える。

　「教訓③：ソルベンシー（純資産）問題解決における資産買取りプログラムの限界」については，星＆カシャップ（2010）は，米国政府がTARP 1等の「不良資産買取り」案に時間を浪費したことに不満を示し，米国が日本から同教訓を学んだか「曖昧なケース」としているが，政治経済学的観点から見直せば，「学んだ」ケースと評価できると考えられる。すなわち，銀行の政府保有として特にイデオロギー的な議論を呼びやすい「資本注入」に比べれば，「不良資産買取り」はまだ資産に対して対価を払うという双方向性も見えやすく，「公衆」に説明しやすいため，「資本注入」よりも「不良資産買取り」に向かいやすいという政治的なバイアスがある。加えて，米国には，1980年代後半の

S&L問題において「不良資産買取り」が効果を上げたという自国の「成功体験」があった。それにもかかわらず，TARP法案が議会に審議されているその最中に，米国財務省・FRBがTARP 2（資本注入）に向けて舵を切り，実施段階ではTARP 1（不良資産買取り）は捨て去って，法案通過後ひと月も置かずに「資本注入」を発動したというのは，当該教訓③に照らして極めて敏速な対応と言うべきと考えられる。

　「教訓④：支援を信用性のある検査プログラムと結び付ける重要性」について，星＆カシャップ（2010）は，TARP 2の「資本注入」が当初厳格な監査・検査を経ずして実施されたことを以て，日本の教訓を「学んでいない」一例としている。しかし，公的資金投入を実現する政治的な難しさ，特に「教訓①：銀行が資本支援を断る可能性」も併せて考えれば，まずは検査・監査にこだわらずに主要金融機関の公的資金受領を優先させたことは，検査と結び付いた公的資金投入に向けた政治過程上の１つのステップとも考えられる。その意味で，1997年危機から厳しい検査を伴った2003年のりそな公的資金投入まで６年かかった日本に比べ，2008年９月のリーマン・ショックから翌２月の厳しい資産査定であるストレス・テスト発表まで半年足らずで済ませた米国の対応は，十分評価できるのではないだろうか。とりわけ，ストレス・テストの導入が，財務長官がポールソンから日本に精通したガイトナーに交替した直後であったことは，日本からの学習を示唆するものに思われる。よって，当初この教訓④に従っていなかったとしても，早期にその穴を埋めており，少なくとも，米国が日本から学んだか「曖昧なケース」に評価を修正すべきであろう。

　星＆カシャップ（2010）の「教訓⑤：不良資産のリストラの重要性」については，そもそも日米金融危機の教訓として疑問であり，これを教訓リストから外すべきと考えられる。なぜならば，第３章で追った日米金融危機の経緯は，資産サイドからの公的資金投入である「不良資産買取り」には十分な効果がないことが見て取れ，むしろ鍵は，資本サイドからの公的資金投入である「資本注入」であったことを示している。
　具体的には，日本金融危機では，小規模の「資本注入」で問題解決に至らず，

民主党主導で「不良資産買取り」にも動いたものの，長期経済低迷の後，最終的にりそな銀行への「資本注入」でようやく収束を迎え，そして，米国金融危機では，リーマン倒産の翌日に保険会社AIGに迅速かつ大型な「資本注入」をし，市場の下方スパイラルの中で，Troubled Asset Relief Program（「不良資産救済プログラム」）という名称に掲げる「不良資産買取り」（TARP 1）をかなぐり捨てて，主要9行をはじめとする「資本注入」（TARP 2）に移行・実施し，最終的に翌2月の厳しい資産査定であるストレス・テスト発表及びこれに伴う同3月のAIG追加「資本注入」で経済底打ちに至っている。

　本書の分析枠組みの1つである「『問題化した金融機関』のバランス・シートを通じた分析」からも，両危機のような著しく深刻な金融危機において，問題は「資産」サイドよりも「資本」サイドにあるということが導かれ，これら日米金融危機の経過を裏書きしている。また，この点，星＆カシャップ（2010）自身の「教訓③：ソルベンシー（純資産）問題解決における資産買取りプログラムの限界」とも整合的であるし，同教訓③に関連して説明したように，とりわけ「公益政治」環境下で，「資本注入」より「不良資産買取り」に流れやすい政治的バイアスを踏まえれば，「不良資産買取り」を後押しする「教訓⑤：不良資産のリストラの重要性」を特に両金融危機から導き出すのは，避けるべきであると考える。それよりもむしろ，「不良資産買取り」の不十分さに焦点を当てた，「教訓③：ソルベンシー（純資産）問題解決における資産買取りプログラムの限界」を強調すべきであろう。

　同様に，教訓自体の見直しをすべきものと考えられるのが，星＆カシャップ（2010）が「国有化」（nationalization）の勧めとして挙げている「教訓⑥：適切な整理（resolution）権限の価値」である。両氏は，日本長期信用銀行・日本債権信用銀行の「国有化」を称揚し，米国はシティ・バンクへの追加資本注入の際，国有化に進むことができたはずであるのにそれをせず，この日本からの教訓を「学んでいない」旨を主張している。しかし，──星＆カシャップ（2010）執筆時には，未だ米国経済の先行きが不確定で，分からなかったことだが──現時点で見れば，結局のところ，日本は長銀・日債銀の国有化を実施して回復が遅れ，米国はそのような国有化無しで当座V字回復と言い得る比較

的早期の経済好転を実現したというのが，日米金融危機の経緯である。

　この経緯を踏まえ，本研究としては，むしろ，逆に「【新】教訓：国有化の危険性」を提示したい。すなわち，両危機を通じ，回復の鍵となったのは（救済的）「資本注入」であって，「国有化」（＝「非」救済的資本注入）は解決策ではなかったが，一方，先進民主主義国家において，「公衆」からの人気ゆえに，（両危機のような著しく深刻な金融危機の場合，人工的な下方スパイラルの拍車ともなりかねず，採用すべきでない）「国有化」をあえて実施しかねないことから，両危機の【新】教訓として，「国有化の危険性」を据えるべきであると考える。

　そして，この【新】教訓についての米国の日本からの学習については，TARP 2による資本注入をする一方で，シティ・バンクを2008年11月の追加資本注入の代わりに「国有化」するようなことなく，米国経済の当座V字回復と言い得る早期の好転を実現しており，当該新教訓について米国は，日本からしっかり「学んだ」と言えよう。

　「教訓⑦：（中小企業向け貸出促進など）政治主導的貸出の危険」について，星＆カシャップ（2010）は，日本金融危機時，問題の中心が，危機当初の不動産関連債権から2000年代初め中小企業向けの「政治的主導的貸出」に移行し，結果として回復が遅れたとし，一方，米国は，自動車産業への援助に懸念が残るものの，総体として非金融の「ゾンビ会社」を作るには至っていないとして，唯一米国が日本から「学んでいる」ケースと認めている。政治経済学的観点からすれば，このような「政治主導的貸出」は，不人気で議論を呼ぶ公的資金投入政策を導入する際，「公衆」の理解を慫慂するための，先進民主主義国におけるコストとも言え，これを米国金融危機において回避して公的資金投入を実現していることは，日本からの学習の根拠となり得ると考えられる。本書としても，当該教訓について，日米金融危機を通じた教訓とすること，及び，米国が「学んでいる」との結論に，異論はない。

　「教訓⑧：銀行の回復におけるマクロ経済成長の重大な役割」について，星＆カシャップ（2010）は，経済成長と銀行資本の「双方向因果関係」──経済

成長が銀行資本を充実させる一方，銀行資本が経済の回復を支える——に触れ
つつ，同論文の発表時点で米国経済の底打ちが十分に見通せていない状況から，
米国で経済成長がどれだけ資本注入の助力となるかについて判断するには，ま
だ早すぎるとし，米国が日本から学んでいるかどうか「曖昧なケース」に位置
付けている。しかし，今では，その後米国経済の回復が相応に順調に進み，資
本注入等の銀行等金融機関支援と並行した，それ以外の景気刺激策を含め，今
般の米国危機対応が総じて効果的であったと判じられることから，当該教訓⑧
を米国が日本から「学んだ」と再評価し直すべきと考える。そして，両金融危
機の経緯は，公的資金投入が，財政政策・金融（マネタリー）政策と並び，金
融危機時の「第3」のマクロ経済政策として政府が経済回復・成長に影響を与
えるツールとなり得るという意味で，「マクロ経済政策としての公的資金投入」
をハイライトしていると思料される。

　　以上，各教訓別に考察した星＆カシャップ（2010）の「日本の経験からの8
つの教訓」への修正をまとめると，教訓数が1つ減り，本研究が提示する新
【日米金融危機からの7教訓】が示される。
　　すなわち，【第1教訓】銀行が資本支援を断る可能性，【第2教訓】救済パッ
ケージを十分に大型とすること，【第3教訓】ソルベンシー（純資産）問題解
決における資産買取りプログラムの限界，【第4教訓】支援を信用性のある検
査プログラムと結び付ける重要性，【第5教訓】国有化の危険性，【第6教訓】
（中小企業向け貸出促進など）政治主導的貸出の危険，【第7教訓】銀行の回復
におけるマクロ経済成長の重大な役割である。

教訓の修正と2つの中心的結論

　　ここで，本書の分析枠組みである「『問題化した金融機関』のバランス・
シートを通じた分析」及び「『公益政治』における国家・社会アクターによる
『自己存続』モデル」から導かれ，教訓自体の修正につながった，本研究が日
米金融危機から導出した特記すべき「中心的結論」と言えるものが，2点ある。
（詳細については，本章第5節参照。）
　　まず1点は，「日米金融危機のような著しく深刻な金融危機において，問題

は『資産』サイドではなく，『資本』サイドである。すなわち，『不良資産買取り』ではなく，『資本注入』が鍵である」であり，これが星＆カシャップ（2010）の元「教訓⑤：不良資産のリストラの重要性」の削除につながった。

　もう１点は，「（国による強制的倒産である）『国有化』は，著しく深刻な金融危機への対応としては経済回復を遅らせかねず，むしろ『問題化した金融機関』の債務超過が確定する前に，できる限りスピーディーに十分な『資本注入』を行うべきである」であり，これが星＆カシャップ（2010）の元「教訓⑥：適切な整理（resolution）権限の価値」から本研究の「【新第５教訓】国有化の危険性」への差し替えにつながった。

　そして，本研究が提示する新【日米金融危機からの７教訓】に沿って，日米金融危機間の「学習」について改めて整理すると，米国が日本から「学んだ」６件，「曖昧」１件，「学んでいない」０件となり，米国は日本の経験から，大いに「学んだ」と結論付けられる。――これは，星＆カシャップ（2010）が，元「日本の経験からの８つの教訓」について，「学んだ」１件，「曖昧」４件，「学んでいない」３件として，米国は全体として日本から「学んでいない」とする主張から，大きく様相を変えるものである。

　以上のように，当座Ｖ字回復とも言い得る米国経済の比較的早期の好転を確認できる現在の視点で，公的資金投入の政治的に特異な性質も踏まえた政治経済学的観点からの，星＆カシャップ（2010）の元「日本の経験からの８つの教訓」の再評価は，本研究の仮説である「米国の金融危機対応にあたっては，日本の金融危機対応の経験から，政策決定・執行過程に影響を与える学習効果が存在した」を裏書きする結果を明示するものであった。そして，この分析の成果として，日米金融危機を通じた【日米金融危機からの７教訓】を提示することができた。

第4節 ┃ 日本から米国への「積極的学習」とその意義

　ここで，「学習」の意味を，改めて考えたい。ここまでの議論については，星＆カシャップ（2010）も筆者も基本的に，米国が打ち出した政策が「結果として」日本の教訓から外れていなければ「学んだ」とするメルクマールで，「学習」を捉えている（いわば「消極的学習」。第1章第2節第4項（「学習」・「教訓」の定義）参照）。

　しかし，より積極的な意味での学習――そして，それはむしろ一般的な意味での「学習」であろう――，すなわち，日本の経験を「意識して」具体的にその教訓を採り入れたという「積極的学習」を考えた場合，米国は日本からの積極的学習を行っていたのであろうか。

　この点，1990年代以降，長らく「ジャパン・パッシング（Japan Passing）」，「ジャパン・ナッシング（Japan Nothing）」と言われ世界的関心を得られなかった日本にもかかわらず，金融危機対応においては，数多くの積極的学習の事例が認められる。

背景：米国における日本金融危機についての「知識」の存在

　まず背景として，米国金融危機期における米国政府内の，日本金融危機についての知識の存在が確認できる。そのような「知識」を有する主要な関係者を改めて整理をすれば，前政権下で発生したリーマン・ショック時にニューヨーク連銀総裁であり，大統領交代後もオバマ政権の財務長官として続けて金融危機対応に当たった，ティモシー・ガイトナーは，日本語を話し，かつて東京の米国大使館のアタッシェとして日本に在住した経験があり，日本金融危機の際には，米国財務省においてローレンス・サマーズ財務長官（当時。後にオバマ政権で国家経済会議委員長）の下で，G7案件を含む国際問題担当として働いていた。サマーズは，日本金融危機及び「失われた10年」に対応するため，より迅速かつ大胆なステップを取るよう日本政府に強く要求した財務長官として有名であり，結果的に日本は壮大な「実験場」となった。ガイトナー同様，前

政権からその地位を維持し，また，大恐慌についての特別な研究者として知られるベン・バーナンキFRB議長は，日本金融危機の際，日本の金融（マネタリー）政策についての論文も書いている[95]。

米国金融危機における，数多くの「積極的学習」の具体的事例

このような人材配置の背景の下，積極的学習の具体的な事例が，今回の米国金融危機対応において数多く見受けられる。網羅的ではないが，代表的な一部だけを挙げても，例えば，

- バーナンキは，2008年8月ワイオミング州ジャクソン・ホール（米国の主要経済学者等が集う毎年恒例のカンザス連銀主催のカンファレンスが開催される）にて，「我々は，多くを大恐慌と日本から学んでいるので，どちら（の深刻な不況）にもならない」と発言しており[96]，FRBを含む米国政府が，いかに日本から学んだかということを端的に示している。

- リーマン・ショック直後の「最も暗黒の時」，スウェイゲル財務次官補（経済政策担当）は，ポールソン財務長官の「御前会議」で，政治的失敗を恐れて問題対処を回避することなくより大胆に動く必要性を強調するため，「日本みたいになりたくないでしょう？」と発言した。日本の失敗を指摘することで，ポールソンにTARPによる公的資金投入に向かうよう，強く迫ったものである[97]。

- オバマ大統領は，ホワイトハウスにおける最初の記者会見において，日本の経験に言及し，「我々は日本で1990年代に何が起きたかを見た。彼らは十分大胆かつ迅速に動くことができず，その結果，90年代を通じて意味ある経済成長を基本的に全く得ることができないという『失われた10年』に苦しんだ。」と語った。そして大統領は，自分の経済担当高官がこのような長期の

---

95 Bernanke（2000），前掲。
　　米国金融危機後，ノーベル賞受賞者のクルーグマンは，「約20年にわたり日本は，警戒すべき物語，先進経済国をあのように運営してはいけない実例として挙げられてきた」とした上で，自らとバーナンキを，日本の政策への痛烈な批判者だった代表2人として挙げ，「我々は（日本に）謝らなければならないとしばしば思う」と言うに至っている。Paul Krugman（2014），"Apologizing to Japan", *The New York Times*, Oct. 30, 2014.

96 Sorkin（2010），前掲，p. 223.

97 Wednesday, September 17, 2008。前掲書，p. 422参照。

停滞を回避するため力を尽くしている旨，アナウンスした[98]。これは，米国が日本に「失敗」を指摘することで，自分達の政策を正当化し「公衆」や他の『オピニオン・リーダー』を説得することが可能であり，実際そのようにした，という顕著な例である。

- ガイトナーは，2010年10月シリコンバレーでの講演会にて，日本からの教訓は何かという質問に対する回答として，「今回の危機に対する大統領の判断・戦略は，『このような危機の時は，圧倒的な金融的な力（"financial force"）を投入して金融パニックを止めるため，とても迅速に動かねばならない』というものであった。」，「別の戦略，すなわち，漸進策によって自然治癒を願う方法を採った場合，そして，もし政府が有する力・ツールについて積極的でない場合，長い低成長期に追いやられる。」，「この（米国の採った）戦略の利のおかげで，今我々は米国の経済成長が，日本よりもずっと早く戻りつつあるのを確認できる。」[99]と，話している。ここでガイトナーは "financial force" というやや珍しい用語を使っており，積極財政や金融緩和も含み得ようが，それ以上に，公的資金投入もカバーし得ることに，留意が必要である。日本金融危機の経験を踏まえて，危機対応における公的資金投入の重要性をガイトナーが認識していたのではないか，との推論を可能とするからである。（この点，本章第2節第8項，及び，前節における，「第3のマクロ経済政策」としての公的資金投入参照。）
- バーナンキは，2012年2月の上院予算委員会において，「日本は，2009年に米国が銀行に資本増強したほど早くは動いていない。日本はこうした状況に陥った最初の国であり，他の国を参考にする便益を受けられなかった。我々は日本から学んでいる。」と証言している（傍点筆者）[100]。日本からの学習を直截に認めていることに加え，公的資金投入を重視していること，米国の後発者としての有利さを認めていることが，注目される。

　このように，「反面教師」的ではあるが，──前節までに分析した，星＆カシャップ（2010）の元「日本の経験からの8つの教訓」，及び，その修正であ

98　2009年2月9日ホワイトハウスにおけるオバマ大統領プレス・カンファレンス。（*Wall Street Journal.* February 10, 2009.（再掲））

99　Speech at the Commonwealth Club, October 18, 2010 at Palo Alto, CA.（再掲）

100　Witness Statements at the Senate Budget Committee. February 7, 2012.（再掲）

る本研究の新【日米金融危機からの7教訓】に関連するものの他——より「積極的」な学習を米国が日本から行ったという事例が，多々見受けられる。それは，日本を先例として意識している当局者らの高位さ，かつ，当事者としての政策立案・実施への関わり方，そして，その多様な数において，単なる断片的なエピソードを超えているであろう。

「日本から米国へ」の特別さ

この日本から米国へという流れは，戦後の日米間の政策決定の相互影響の方向として，非常に特別な事象である。

第二次大戦後，金融に限らず，市場関連の政策，独占禁止法を含む産業政策など幅広い経済政策全般において，ほぼ全て，米国から日本が「積極的学習」をするのが通常の流れであった。日本の政策当局者や有識者は，総じて，米国における政策を研究し，その日本での適用の是非を検討するのが，一般的であった。（例えば，日本金融危機においても，80年代後半の米国S&L問題対応時に不良資産買取りで効を奏したと言われる米RTC（Resolution Trust Corporation：整理信託公社）を参考にした，整理回収機構（日本版RTC）の創設。）逆に，米国側が，日本の政策を意識し，自国の政策立案にあたってその是非を論ずるというのは，見受けがたいことであった。

しかし，米国金融危機への対応においては，戦後それまで通常なかった，日本から米国が「積極的学習」を行うという流れが起きた。米国金融危機後でも，未だ根強い日本異質論[101]などから，認めるのを躊躇する識者もいるかもしれないが，本節で詳しく述べたように，今般，米国金融危機への対応において——仮に反面教師的であっても——米国が日本を「先例として意識」し，日本金融危機時の対応を研究して日本から「積極的学習」をしたことは，否定しがたい事実である。つまるところ，従前の日米間の政策決定の相互影響の方向と，「逆」のことが起きており，非常に意義深いことと言えよう。

けだし，序文でも記したように，近年，我が国が「課題先進国」と言われることが多くなっているが，金融危機対応は，まさにその最初の一例だったので

101　例えば，上川（2010）参照。

はなかろうか。グローバル化し大きく拡大した現代の経済下で，先進民主主義国家かつ資本主義に基づく経済大国を襲った，著しく深刻な金融危機という事象に，他国に先んじて遭遇し，「日本化」（"Japanization / Japanisation"あるいは"Japanification"[102]）とも称されるデフレと低成長圧力にさらされた日本については，世界的に「学習」すべき先進例となったということである。本書が中心的に述べてきた公的資金投入の他，若干触れた量的緩和（日本2001年〜／米国2008年〜）やゼロ金利政策（日本1999年〜／米国2008年〜）も，米国に先んじて，日本が日本金融危機の際に導入したものであり，その後，米国はじめ主要各国で一般的に採られるに至っている。

　なお，バーナンキFRB総裁は，当初，FRBの量的緩和政策を"Quantitative Easing（量的緩和）"ではなく，"Credit Easing（信用緩和）"と呼ぶことにこだわった。これは，"Quantitative Easing"は，日銀が2000年代前半（2001年3月〜）に行った「（失敗した）プログラム"(unsuccessful) Japanese programs"」を指す言葉であり，長期金利低下の一手段として実施しているFRBと違う目的（マネーサプライ増加）で実施するものであったから，としている[103]。しかしながら，中央銀行の国債等の直接大量購入という点には変わりなく，結局，金融業界はじめ一般に「量的緩和（Quantitative Easing）」と呼ばれるようになり，バーナンキ自身も自伝中の一章の名称として"Quantitative Easing"を使用するに至っている[104]。それだけバーナンキが，公的資金投入以外でも，日本金融危機の先例を（反面教師としてだが）意識していた事例の1つと言えよう。

なぜ，米国の対応・回復は早かったのか？

　さて，この「積極的学習」との関連で，先述の「研究的パズル（謎）」について考えたい。すなわち，本書の研究課題を追うにしたがって浮き上がってくる疑問——日米両国は，同種の大規模な金融危機に対し，政治経済的に似通った条件・制約の下で，いずれも公的資金投入を行ったが，その危機対応そして

102　第1章第2節第2項参照。
103　Bernanke（2015），前掲，p. 418参照。
104　前掲書，Chapter 19。

回復の「スピード」にかなりの差が生じたのはなぜなのか？（＝なぜ，米国の対応・回復は早かったのか？）である。

的を射ない主張──米国が優れていた／日本が異質だった／米国の金融機関のプレゼンスが強かったから

「米国が国として優れていたから，早かった」という主張では，学術的に意味がないだけでなく，論理的にも単なるトートロジーで説明力がないだろう。（それであれば，危機後にも拡大し，米国社会を蝕んでいる格差問題なども，「優れた」米国は解決していなければならないであろう。）

また，「日本異質論」に基づく主張（「日本は特殊なので，遅かった」など）も，本書の分析枠組み「「『公益政治』における国家・社会アクターによる『自己存続』モデル」」を通じた，前章及び本章における日米金融危機の経緯分析が示したように，すでに「鉄の三角形（トライアングル）」等と言われた日本政治の特殊性は過去のものとなり，米国はじめ先進民主主義国家において一般的な「公益政治」に変容していることから，そもそも検討の俎上に乗りがたい主張と言えよう。

あるいは，「米国での金融機関の強いプレゼンス・政治的影響力が，早期の政府救済を生んだ」という，特に米国で世上よく聞かれる主張も，日本金融危機時において，日本の金融機関も同様に強いプレゼンス・政治的影響力を有していたことを知らない議論，というのが適当であろう。（さらに，そのような主張は，いわゆるレント・シーキング論の図式に基づく考えであろうが，前章で追った日米金融危機の経緯及び本章の分析から，むしろそのような考えとは逆に，日米の金融機関は共に公的資金受領に腰が引けていたのが実情であることが分かっており，的を射ない主張と言えよう。）

日米金融危機の「違い」からの分析

そこで，この「研究的パズル（謎）」に一定の見解を示すには，まず日米の具体的な「違い」を整理する必要があろう。

上記のように大きく非常に共通する日米金融危機においても，もちろん全てが同じではない。前章第1節でも触れたように，例えば，(1) 日本金融危機が，（商業銀行が中心である）伝統的バンキング・システムの中で発生したのに対

し，米国金融危機が，（非伝統的な，投資銀行やヘッジ・ファンド等が主流化した）シャドウ・バンキング・システムの下で起こった。(2) 日本金融危機が先に起きたため，米国は日本の対応を参考にする余地があったが，先行した日本には当然その機会はなかった，という違いもある。また，(3) 危機に至る経済悪化のスピード・プロセスは日本では比較的時間がかかったが，米国では非常に短かった。そして，(4) 1990・2000年代において唯一の超大国と言える米国は，いわゆるグローバル・スタンダード・セッターの地位を有していたが，日本はその地位は有していなかった。

(1)　**伝統的バンキング・システム vs. シャドウ・バンキング・システム**

　(1) の違い——日本の伝統的バンキング・システム vs. 米国のシャドウ・バンキング・システム[105]——について検討すれば，不人気な公的資金投入を行うのに「公衆」の支持を得るためには，「皆さんの預金を守るため」と言えた方が容易であり，実際，日本では公的資金投入は基本的に預金を有する商業銀行を助けるものであった。米国のようなシャドウ・バンキング・システムにおいて主流化する，預金のない投資銀行（＝証券会社）や保険会社等を救済する方が，「公益政治」下において，より困難なはずである。よって，このバンキング・システムの違いが，米国の早期の対応・回復につながったと説明するのは，難があろう。

(2)　**先例の存在**

　これに対し，(2) の違い——米国は先に起きた日本金融危機の対応を参考にする余地があったが，日本にはその機会はなかった——と，米国の早期の対応・回復とを結び付けることは，本書の議論と非常に整合的である。とりわけ，本節で詳述してきた，日本から米国への「積極的学習」の存在は，まさに先行する日本金融危機の経験を「先例として意識」して，日本の対応の良し悪しを検討し，それに基づき米国の危機対応を決定するというプロセスを示しており，米国に後発者（"second-mover"[106]）としての有利さをもたらし，これにより，早期の対応・回復に至ったと，説得的に説明できる根拠となっている。

105　第3章第1節で注記したように，この違いは，第1章第1節で触れた日米の間接金融中心 vs.直接金融中心の相違に関連するものと言えよう。

106　Lipscy and Takinami（2013），前掲を参照。

⑶ 危機に至る経済悪化のスピード・プロセス

　(3) の違い——危機に至る経済悪化のスピード・プロセスが日本では時間が
かかったが，米国では非常に短かった——は，そのままでは，米国の早期の対
応・回復と直接つながりにくいものであろう。なぜなら，危機が急に到来する
こと自体は，対応をむしろ困難にし得るものだからである。

　しかし，上記 (2) でも説明した，「積極的学習」により，同種の先行事例
（日本金融危機）から，効果的な対応策（資本注入を中心とする公的資金投入）
が分かっているのであれば，話は別である。危機に至る経済悪化のスピード・
プロセスが早いことで，むしろ，「公益政治」環境下でも，「公衆」含め危機感
を共有でき，——不人気政策である公的資金投入すら含み得る——政策選択の
自由度が得られる。つまり，日本から米国への「積極的学習」により，(2) の
「日本金融危機という先行事例の存在」は，この (3)「危機に至るスピード・
プロセスが急であった」ことと結合して，米国の早期の対応・回復につながっ
たと言い得よう。

⑷ グローバル・スタンダード・セッターの地位

　(4) の違い——米国はグローバル・スタンダード・セッターの地位を有して
いたが，日本はその地位は有していなかった——にも，注目すべきところがあ
ろう。前章及び本章ですでに見たように，日本金融危機の際は，グローバル・
スタンダード・セッターたる米国から，「すべての大銀行に公的資金が使われ
るとすれば，それは（日本の）国際的信用を落とす」（サマーズ財務副長官）
との牽制があり，このような考え方と同調する内外の『オピニオン・リーダー』
からのプレッシャーの中で，横並びの「資本注入」だけでなく「国有化」も行
わざるを得ない状況に追い込まれ，長期の経済低迷となった。一方，米国は，
このような国際的制約からは自由であった。以前の日本への「アドバイス」に
反し，米国金融危機において米国も「横並び」資本注入を行ったが，日本が受
けたような国際的批判は特に受けなかった。（サマーズ本人が，リーマン・
ショック後に「もし1つ違うことをやっていたとすれば，自分はリーマンを倒
産させなかっただろう」と言っているのは，当時の日本の関係者からすれば，
釈然とはしないだろうと思うが，）いずれにせよ，米国のグローバル・スタン
ダード・セッターとしての利点が，早期の対応・回復に寄与したと言い得る面

はあろう[107]。

　ただし，この点についても，国際的制約からの政策選択における自由度を説明するに止まっているので，何が効果的な危機対応策かが分かっていなければ，価値を十分に持たない。よって，前記（3）と同様に，（2）「日本金融危機という先行事例の存在」と結合してこそ生きてくるものであろう。

米国の早さの理由と，「積極的学習」の意義

　以上のように，決して網羅的ではないであろう——他にも日米の違いで，米国の早期の対応・回復につながる要素[108]があり得ることを否定はできない——が，なぜ米国の対応・回復が早かったのか？　という「研究的パズル（謎）」に対しては，上記（2）・（3）・（4）で示した各要素，つまり，「先行事例としての日本金融危機の存在」・「危機に至る経済悪化のスピード・プロセスの急激さ」・「グローバル・スタンダード・セッターの地位」が，米国のアドバンテージとして，結合的に米国の早期の対応・回復をもたらしたと言い得るのではないだろうか。そして，これらの「結節点」となっているのは，「先行事例としての日本金融危機の存在」であり，だからこそ（反面教師的であったとしても）「先例として意識」して日本の各公的資金投入の是非を検討した上で米国の対応策を採ったという「積極的学習」の意義が，ここに見出せるであろう。

　要するに，日本から米国への「積極的学習」による「学習効果」こそが，米国に効果的な公的資金投入の政策選択という対応と，結果としての経済回復に「早さ」を与えた大きな要素だったと考えられるのである。

　以上，本節で詳述したように，——前節及び前々節における星＆カシャップ（2010）の「8つの教訓」についての政治経済学的観点及び現在の視点を踏ま

　107　サマーズの発言については，第4章第2節第6項参照。
　108　例えば，筆者が，瀧波（2011），前掲，121-123頁で示した「国家首脳及び首脳直属組織の行動」——日本総理大臣・内閣官房に比べ，米大統領・ホワイトハウスによる，より早期の直接関与があった——も，「公衆」を説得し市場心理を改善できる，首脳の特別の地位の使用として，米国の早期の回復に効果があった一要素と考え得る。（但し，「国家首脳及び首脳直属組織の行動」は「対応」そのものであるので，早期の「回復」の理由としての位置づけが中心となることに留意が必要であろう。）
　　なお，この点は，第1章第1節で触れた日米の議院内閣制 vs. 大統領制の相違にも関連するものと言えよう。

えた再検討による，日本から米国への「（消極的）学習」の明示に加え——日本の経験が「先例として意識」され，「反面教師」的ではあるものの，米国政府によく研究され「積極的学習」をなされている数多くの事例が存在しており，これが米国の早期の効果的な公的資金投入と，結果としての経済好転にもつながっていると考えられ，本研究の「米国の金融危機対応にあたっては，日本の金融危機対応の経験から，政策決定・執行過程に影響を与える学習効果が存在した」との仮説を強く裏書きするものと言えよう。

　そして，この日本から米国への「積極的学習」は，戦後の日米間の政策決定の相互影響の方向としては非常に異例であるという点，並びに，上記のように米国の金融危機対応と経済回復の「早さ」に大きく寄与している点において，重要な意義を有するものであろう。

第5節 ┃ 2つの中心的結論と，モラル・ハザード問題

　本章では，「政治経済学的観点から，公的資金投入による日米金融危機対応の間で学習があったのか？ 両危機からの教訓は何か？」という研究課題（リサーチ・クエスチョン）に対し，第2章に示した先行研究，及び，それを踏まえた本研究の分析枠組みを受けて，前章で追った日米金融危機の経緯を紐解きながら，公的資金投入を巡る日米の学習・教訓について，日米金融危機対応の比較分析を行った。

　具体的には，特に，星＆カシャップ（2010）が示す「日本の経験からの8つの教訓」について，本書の分析枠組み——「『問題化した金融機関』のバランス・シートを通じた分析」，及び，「『公益政治』における国家・社会アクターによる『自己存続』モデル」——を用い，米国金融危機が当座V字回復とも言い得る早期の経済好転を辿り一定に収束したことが確認できる現在の視点，そして，公的資金投入の政治的に特異な性質も踏まえた政治経済学的観点から，それぞれ検討を加えた。

　また，これら星＆カシャップ（2010）の8つの教訓と学習の見直しの他，積

極的に日本の経験を「先例として意識」して検討し米国の危機対応を決定するという「積極的学習」の事例を数多く確認し，その意義を整理した。その中で，日米で対応・回復のスピードにかなりの差が生じたのはなぜか？　という本書の「研究的パズル（謎）」についても，この日本から米国への「積極的学習」による「学習効果」こそが，米国の早期の対応・回復に大きく寄与しているとの検討結果をまとめた。

　ここで，本書の核である，星＆カシャップ（2010）の8教訓及び日米間の学習についての修正上，大きなポイントとなった本研究の「中心的結論」2点について特に説明したい。いずれも，教訓自体の修正につながったものであって，本研究が日米金融危機から導出した特記すべきものである。

　具体的には，第1点が，「日米金融危機のような著しく深刻な金融危機において，問題は『資産』サイドではなく，『資本』サイドである。すなわち，『不良資産買取り』ではなく，『資本注入』が鍵である」。

　そして，第2点が「（国による強制的倒産である）『国有化』は，著しく深刻な金融危機への対応としては経済回復を遅らせかねず，むしろ『問題化した金融機関』の債務超過が確定する前に，できる限りスピーディーに十分な『資本注入』を行うべきである」。

　要するに，第1点は，「不良債権買取り」vs.「資本注入」の問題であり，第2点は，「国有化」vs.「資本注入」の問題である。両点いずれも，日米金融危機共通の脱却の鍵となったと見受けられる「資本注入」が，——両危機のように著しく深刻な金融危機対応としては——より効果的で適切ではないか，というのが帰結である。

　もちろん，米国S&L問題や北欧金融危機[109]のように，日米金融危機ほどには深刻ではない危機時には，「不良債権買取り」あるいは「国有化」も有効であり得るように[110]，各金融危機の様態はそれぞれであって，適切な処方箋も変

---

[109]　北欧金融危機では「国有化」が効果的であったとの議論について，例えば，大森健吾（2020），前掲参照。

[110]　先述のとおり，前掲の星＆カシャップ（2005）は，金融危機対応の海外の「完全な」成功例として，1990年代の北欧の銀行危機と1980年代の米国S&L問題を挙げている。第2章第2節第2項参照。

わってこよう。よって，この中心的結論は，あくまで，「著しく深刻な」金融危機対応という限りにおいて，ではある。

しかし，前章で詳しく見た日米金融危機の経緯は，やはり「資本注入」の重要性を示しており，グローバル化し大きく拡大した現代の経済下で，世界最大級の経済大国かつ先進民主主義国家において発生した著しく深刻な金融危機の事例は，両金融危機において他にない。（第2章第3節第1項における，数百年の金融危機を追ったラインハート＆ロゴフによる日米金融危機の顕著さについての評価を参照されたい。）よって，単に事例が2つしかないということを以て，日米金融危機の示すところを軽視することはできず，とりわけ両危機のような著しく深刻な金融危機の場合，その影響も甚大であるため，重く受け止めるべきであろう。——加えて，危機がより深刻化した場合という「最悪に備えて」政策を準備するという政策立案の心構えとして，両危機の教訓は普遍性を持ち得るものでもあろう。

(1) 本研究の中心的結論：第1点——「資本注入」が鍵

さて，まず「中心的結論」の第1点については，本書の分析枠組みである「『問題化した金融機関』のバランス・シートを通じた分析」が理論的に示し，それを日米金融危機の経緯も裏書きしているものである。

第2章第4節第2項に詳述したように，「『問題化した金融機関』のバランス・シートを通じた分析」が示しているのは，単なる「流動性（キャッシュ・フロー）問題」のレベルを超え，より深刻な危機，つまり，「ソルベンシー（純資産）問題」に至っている状況（図4[111]における右のバランス・シート）においては，「不良資産買取り」といった資産サイドからの対応は十分に機能せず，「資本注入」による資本サイドからのアプローチを採らなければ，危機脱却の処方箋となりがたいということである。

加えて，変動する資産価値の足下の実態を正確にはつかみがたい，一定のタイムラグもあるという「知覚プロセス」の問題がある[112]。ある瞬間において，いまだ流動性問題レベルか，ソルベンシー問題に陥っているかは，はっきりと

---

111 本書47頁。
112 第2章第4節第2項及び本章第2節第3項参照。

しないものであり，その中で，仮にソルベンシー問題であったとしても効果的な「資本注入」は，『問題化した金融機関』（ひいては経済全体）に対する，より強力な支えを確保し得る「鍵」となる。

　このことは，日米金融危機の経過が，まさに示したことである。具体的には，本章第3節のとおり，米国政府は，TARP（Troubled Asset Relief Program「不良資産救済プログラム」）として，その名前が示すように当初の計画である「不良資産買取り」——TARP 1——を実施しようとしたが，予想以上の資産価値の下落により頓挫し，「資本注入」——TARP 2——に移行せざるを得なくなった。当初は，ブッシュ政権下のポールソン財務長官も，1980年代後半の米国S&L問題解決に「不良資産買取り」を中心業務としたRTC（整理信託公社）が効を奏したとされる「成功体験」にひきずられ，また，（資本注入で取得する株式ではなく）「資産を買い取ることで，政府と民間セクターの明確な境界も維持することもできる」と，自由市場 vs. 政府介入というイデオロギー的議論への備えをしていた。にもかかわらず，急速な市場の下方スパイラルの中で，なすすべもなく，バーナンキFRB総裁そしてガイトナー・ニューヨーク連銀総裁等の説得を受けて，TARP 1の不良資産買取りをついに実施せずに，早急にTARP 2による資本注入に移行せざるを得なかった。そして，翌2009年年明けにオバマ政権発足により財務長官となったガイトナーが，ストレス・テスト付きの資本注入を行うと共に，米国経済は当座V字回復とも言い得る早期の復調を見せた。

　日本でも，本章第2節のとおり，1998年，民主党を中心とする野党提案に「日本版RTC」（＝整理回収機構）が盛り込まれ，与党がこれを「丸のみ」して成立した「金融再生法」関連法により整理回収機構が設立され「不良資産買取り」を行うこととなったが[113]，結局，整理回収機構が十分に効果を上げるこ

113　正確には，一括審議されて1998年10月12日に成立した金融再生法を含む8関連法案（金融機能の再生のための緊急措置に関する法律案，預金保険法の一部を改正する法律案，金融再生委員会設置法案，金融再生委員会設置法の施行に伴う関係法律の整備に関する法律案，債権管理回収業に関する特別措置法案，金融機関等が有する根抵当権により担保される債権の譲渡の円滑化のための臨時措置に関する法律案，競売手続の円滑化等を図るための関係法律の整備に関する法律案，特定競売手続における現況調査及び評価等の特例に関する臨時措置法案）のうち，預金保険法改正案で整理回収機構が設立され，そこに「不良資産買取り」の権限を付与したのが金融再生法案である。
　鎌倉（2005），前掲，3頁，及び，参議院審議概要：第143回国会【臨時会】，委員会審議経過

とはなく，長銀・日債銀の国有化の混乱，「失われた10年」とも称される長期経済低迷を経て，最終的にりそな銀行への「資本注入」でようやく収束を迎えた。危機脱却の鍵となる公的資金投入は，日米金融危機いずれにおいても，「資本注入」であった。

　このような日米金融危機の経緯から，本書では，「不良資産買取り」を後押しする星＆カシャップ（2010）の「教訓⑤：不良資産のリストラの重要性」を，新しい【日米金融危機からの7教訓】から外したが，これは，資本主義に基づく先進民主主義国において金融危機に対応する政府当局としては，頭の痛い話である。なぜなら，「公的資金投入」自体が不人気政策である上に，その中でもとりわけ，企業の支配権である「株式」を取得することになる「資本注入」は，米国金融危機においてポールソン財務長官が直面したように，イデオロギー的議論を特に惹起しやすいからである。

　本書のもう1つの分析枠組みである「『公益政治』における国家・社会アクターによる『自己存続』モデル」が示す，「公益政治」環境下にあるであろう資本主義に基づく先進民主主義国において，この困難を突破するのは容易ではないが，しかし，日米金融危機の経験が示すことは，ソルベンシー（純資産）問題に至っているかもしれない深刻な金融危機から脱出するには，これを乗り越えなければならないということである。しかも，「できるだけ早期に」，である。

(2) 本研究の中心的結論：第2点──「国有化」の危険

　この「できるだけ早期に」が，本書の「中心的結論」第2点である「（国による強制的倒産である）『国有化』は，著しく深刻な金融危機への対応としては経済回復を遅らせかねず，むしろ『問題化した金融機関』の債務超過が確定する前に，できる限りスピーディーに十分な『資本注入』を行うべきである」につながる。

　なぜならば，市場の下方スパイラルが続くということは，『問題化した金融

（金融問題及び経済活性化に関する特別委員会）<https://www.sangiin.go.jp/japanese/gianjoho/old_gaiyo/143/1435131.pdf（2021年5月30日現在)>参照。

機関』のバランス・シートにおいて，流動性（キャッシュ・フロー）問題から
ソルベンシー（純資産）問題に向けてどんどん悪化するということ，つまり，
未だ純資産（＝資本）がプラスな状況から，債務超過（純資産がマイナス）に
陥ってしまう方向に刻一刻と向かっていくということである。

　本当に債務超過が確定している場合，もはや「資本注入」は不可能となって
しまい，「国有化」を含めた破綻処理に入らざるを得ない。どこの国において
も，「死亡が確定してしまった」金融機関を救済することは，政治的にも不可
能であろう[114]。「死にそうな」金融機関に対し，金融システム維持上必要な場
合に，「資本注入」するのである。だからこそ，当該『問題化した金融機関』
が「死亡」（＝債務超過の確定）する前に，「できるだけ早期に」スピードを身
上に「資本注入」に動かねばならない。

　日米金融危機における両国当局も，（そして多くの金融危機に直面する各国
当局もそうであろうが，）基本的に『問題化した金融機関』をみすみす「死亡」
させることはなかった。何か手が打てないかを必死に模索している。

　米国金融危機の中心たるリーマン・ブラザーズについても，米国当局は最後
まで主要銀行を招集し，救済協議を続けている。ただ，そこに「政治的制約」
があったことを認識しなければならない。リーマン破綻時には，その数か月前
のベアー・スターンズ救済への「公衆」の反発であった。

　日本金融危機では，住専問題以来の国内の「公衆」・「メディア」の厳しい論
調そしてそれに乗るポピュリスト的「政治家」だけでなく，グローバル・スタ
ンダードを体現する米国当局からも[115]，救済反対のプレッシャーがあって政治

114　この点，アリバーは，流動性危機がソルベンシー危機に陥ってしまう可能性を制するために
　　中央銀行は惜しみなく（ただし懲罰的金利で）融資すべきという"Bagehot doctorine"（バジョッ
　　ト・ドクトリン）を引用して，この論理であれば，債務超過の銀行にも，中央銀行ないしは政
　　府機関が支援することも正当化される，と主張している。(Kindleberger and Aliber (2015)，
　　前掲，p. 322。キンドルバーガーは米国金融危機の前に没しているため，この章（14章：リー
　　マン・パニック）は，アリバーの手によるものである。)
　　　しかし，理論上そのような説明を完全に否定はしないが，政治経済学的観点から見て，日米
　　金融危機の経緯上も，先進民主主義国家において，政治的にそれが耐えられるとは思いがたい。
115　後の米国金融危機時の自らの対応に照らしても，日本金融危機時の米国当局は，やや傲慢で
　　あったとの誹りは免れないのではないかと思われる。榊原財務官（当時）は，アジア危機が深
　　刻化した要因の1つは，IMFがインドネシアなど各国に押し付けた画一的な緊縮財政・金融再
　　編の構造改革プログラムにあると分析の上，「そうした政策上のミスを認めたくないから，ア

180

　的制約が嵩じ，総理以下での救済協議も功を奏せず，遂に長銀・日債銀につい
て，国による強制的倒産である「国有化」にまで踏み込むはめになった。政治
的制約の中で「手遅れ」になったというのが的確であろう。

　両行の「国有化」は，政治的には「スケープゴート」となったわけであるが，
それが両金融危機を通じて見れば，すでに本章でも詳細に説明したとおり，結
果的に人工的な下方スパイラルの拍車ともなる「残念な」対策となったと言わ
ざるを得ない。

　この「中心的結論」第2点も，日米金融危機の経過が裏書きしたことである
が，論理的基礎としては，「『問題化した金融機関』のバランス・シートを通じ
た分析」だけでなく，もう1つの分析枠組みである「『公益政治』における国
家・社会アクターによる『自己存続』モデル」がより強く支えるものである。

　なぜなら，「『公益政治』における国家・社会アクターによる『自己存続』モ
デル」が示す政治経済学的観点からは，特に「公益政治」環境下と見られる先
進民主主義国においては，「公衆」そしてその公衆の支持を形成・解釈する
「メディア」が政策形成に強く影響を与えることが想定され，金融危機を招い
た張本人とみなされる金融機関を，懲罰的に強制倒産させる「国有化」は，ど
うしても「公衆」そして「メディア」に受けの良い人気政策となりやすく，勢
い「国有化」が採用される可能性が高い。日本金融危機においては，まさにこ
の「陥穽」にはまってしまったわけだが，米国金融危機において，米国はこれ
をよく回避し，危機からの相応の脱却に辿り着いている。

　日米金融危機を通じた以上の分析を踏まえ，「国有化」を勧める星＆カシャッ
プ（2010）の「教訓⑥：（適切な整理（resolution）権限の価値）の検討」につ
いて，本書では，これを外し，替わりに「【第5教訓】国有化の危険性」に差
し替えたものである。

　けだし，「うちの会社が潰れそうになっても政府は救ってくれないのに，な
ぜ金融機関は助けるんだ」との素朴な「公衆」の意見は，日米金融危機におい

ジア危機と日本経済の低迷を強引に結び付けているだけじゃないか」としている（西野（2001），
前掲，75頁）。当時，米国当局は，IMF，他のG7各国も動員して，日本に対し，不良債権問題
解決と追加的な財政出動による内需下支えを迫っている（同79-81頁）。

てもそうであったように，先進民主主義国家，とりわけ「公益政治」下におい
て，非常に強い政治的プレッシャーとなる。しかしながら，金融機関への——
「国有化」ではなく——「資本注入」が，経済全体の更なる底抜けを防ぎ，結
果として金融危機からの早期脱却そして社会の活力回復につながるということ
を，日米金融危機の経緯も引用しながら説得していくのは，今や『オピニオ
ン・リーダー』，中でも「政治家」の責務となったと言えよう。その意味で，
人気取りのポピュリズムでは，著しく深刻な金融危機対応は成しがたいという
ことである。

モラル・ハザード問題との関係

　最後に，モラル・ハザードの問題との関係を整理したい。日米金融危機のよ
うに著しく深刻な金融危機時に特に効果的な対応が（厳しい検査・資産査定付
きであるが）「資本注入」であり，国家による強制的倒産にあたる「国有化」
は避けるべきというのが結論ならば，「平時においていくらでもリスクを取っ
て行けばいいではないか，そちらの方がアップサイドのリターンは大きく，ダ
ウンサイドは最後には国が面倒を見てくれるから」とする金融機関が出てしま
う，というモラル・ハザードの懸念は，そのとおりである。

　難しい問題であるが，ただ，本章第2項第6項でも触れたように，「危機時」
と「平時」の違いを踏まえる必要があると考える。

　著しく深刻な金融「危機時」においては，やはり，本研究の示す新【日米金
融危機からの7教訓】に沿って，対応すべきである，との本書の所見は変わら
ない。なぜならば，米国も日本もあるいは両国に類する経済大国において，将
来，1990・2000年代の日米金融危機のような著しく深刻な金融危機に陥った場
合，公的資金投入——とりわけ「資本注入」——により，経済の底抜けを起こ
している『問題化した金融機関』という穴を塞がずに放置（し，あるいは，さ
らに「国有化」を実施して穴を拡大）すれば，日本の平成金融危機による長期
経済停滞という失敗の二の舞になりかねず，逆に，早期にその穴を塞げば，米
国経済が実現した当座V字回復とも見える相応のリーマン・ショックからの脱
却の再来も期待できるからである。——様々な留保はあるものの，やはりこれ
が，本書がこれまで見てきた，日米金融危機の強い警句と推奨と言えよう。

　この点を踏まえ，本書としては，むしろ，基本的にモラル・ハザードの問題は，「平時」における規制・監督等を通じて対処すべきではないか，と考える。すでに，米国金融危機後，金融機関の自己取引等の規制を強化したドッド・フランク法の制定や，国際的なベイルイン（Bail-in）——公的資金投入によるベイルアウト（Bailout）ではなく，危機時に株主，そして，預金者を含む債権者による損失負担がされるような準備を図る——の議論[116]などがなされているところである。

　このようなモラル・ハザード回避のための「平時」の具体的な制度・体制作りについては，本書の範疇ではなく他の研究に委ねるが，ここで，本書の結論からも，モラル・ハザード防止となる含意がある旨を示しておきたい。

　まず，上記のように，日米金融危機のように著しく深刻な危機時には適切な対策が「資本注入」でも，米国S&L問題や北欧金融危機のようにそこまで深刻ではない危機時には，「不良債権買取り」あるいは「国有化」も有効であり得るように，各金融危機の様態はそれぞれであり，適切な処方箋も変わってくる。加えて，各危機の深刻さのレベルは，一見明らかでなく，1997年拓銀・山一破綻や2008年リーマン破綻など，突如起きてみて深刻さが判明する面がある。つまり金融危機となれば，必ず常に「資本注入」が正解となるわけではない，深刻さ等の各状況に左右される，ということである。

　その上でさらに，効果的な対応をしたと解される米国金融危機においても，

116　TLAC（Total Loss-Absorbing Capacity：総損失吸収力）合意は，その国際的議論の1つの結果である。
　　具体的には，2015年のFSB（Financial Stability Board：金融安定理事会。主要国の中央銀行・金融当局，関係国際機関等が参加する金融システム安定のための組織）において合意した国際的金融規制であり，G-SIBs（Global Systemically Important Banks：グローバルなシステム上重要な銀行）に対し，資本転換可能なローンなどを一定率，平時より用意させることで，危機時に（政府のベイルアウトではなく，）債権者・株主によって損失を負担させ資本の再構築を行える「総損失吸収力（TLAC）」の確保・維持を義務付けるものである。日本では，3メガバンク（三菱UFJフィナンシャル・グループ，三井住友フィナンシャル・グループ，みずほフィナンシャル・グループ）及び野村ホールディングスが対象となっている（2021年4月現在）。
　　Financial Stability Board（FSB），July 2, 2019.“Review of the Technical Implementation of the Total Loss-Absorbing Capacity（TLAC）Standard”.<https://www.fsb.org/2019/07/review-of-the-technical-implementation-of-the-total-loss-absorbing-capacity-tlac-standard/>（May 30, 2021現在）>参照。

リーマン・ブラザーズ自体は倒産したように，本書の教訓に沿ったとしても，著しく深刻な危機を示す『危機ピークに直面して崩れた金融機関』自体は，救われない可能性が高い。

　このように，本書の教訓に従った金融危機対応を，将来日米金融危機のような著しく深刻な金融危機に襲われた先進民主主義国かつ経済大国の政府が採るとしても，リスクを大きく取る金融機関が「必ず得をするわけではない」ことを，本章の最後に特記しておきたい。

終章

結　論

第1節 | 日米間の「学習」と「教訓」
／日米対応のスピードの差（なぜ米国の対応・回復は
早かったのか？）

　本書では，アドマティ（2009）の観点を基に発展させた「『問題化した金融
機関』のバランス・シートを通じた分析」，及び，戸矢（2003）を基礎として
米国への援用に向け修正・発展させた「『公益政治』における国家・社会アク
ターによる『自己存続』モデル」の2つの分析枠組みを特に用いて，日米金融
危機――1997年の北海道拓殖銀行・山一証券の破綻をピークとする日本の金融
危機（いわゆる平成金融危機）と，2008年のリーマン・ブラザーズ破綻とAIG
の倒産危機・救済をピークとする米国の金融危機（いわゆるリーマン・ショッ
ク）――における公的資金投入に関する政治経済学的な比較分析を行ってきた。
つまり，本研究のテーマは，「日米金融危機における公的資金投入の政治経済
学的比較分析」となる。
　そして，グローバル化し大きく拡大した現代の経済下で，日本と米国という
先進民主主義国家[1]かつ資本主義に基づく経済大国である両国において歴史的

　1　「先進」の趣旨については，第1章第2節第2項参照。

に見て比較的近接して発生した両金融危機への対応，特に公的資金投入に関し，日米の間で何らかの「学習（learning）」があったのか？ 公的資金投入に関する日米金融危機からの「教訓（lessons）」は何か？ が，本書の「研究課題（リサーチ・クエスチョン）」である。

　また，これに付随して，浮き上がってくる「研究的パズル（謎）」が，日米が政治経済的に似通った条件・制約の下であったのに，危機対応そして回復の「スピード」にかなりの差が生じたのはなぜなのか？ である。（この点については，特に前章第4節の考察参照。）

　本書は，この研究課題等の検討——上記の政治経済学的な比較分析による，特に星＆カシャップ（2010）の見直し——により，日米金融危機を通じた教訓を提示すると共に，前著[2]以来，本研究の仮説である「米国の金融危機対応にあたっては，日本の金融危機対応の経験から，政策決定・執行過程に影響を与える学習効果が存在した」の検証を行うものである。

　本章では，まず，第1章から第4章の考察を要約する。その上で，特に第4章における日米金融危機対応の比較分析を通じて明らかになった点を整理しつつ，上記の研究課題等に即して本書の結論を提示し，本研究を締めくくる。

第2節 ┃ まとめ

　本節では第1章から第4章の考察を要約する。

第1章

　第1章では，端的に本書の研究課題（「政治経済学的観点から，公的資金投入による日米金融危機対応の間で学習があったのか？ 両危機からの教訓は何か？」）を提示しつつ，その背景について論じた。

2　瀧波（2012）・瀧波（2011），前掲。

　具体的には，まず本書の研究対象政策として，金融機関への公的資金投入に
注目する理由を，政治経済学的な分析上，際立った4つの特徴（非常的性格，
不人気政策，イデオロギー的議論惹起，政治的ショック）を挙げて説明した。
　次に，日米金融危機の共通性を整理しつつ，経済史上枚挙にいとまがない金
融危機の中で両者を比較する意義について，米国S&L問題や1980年代末の北欧
金融危機等と比べて危機の深刻さのレベルが飛びぬけていることなど8点を列
挙し，明らかにした。
　続けて，研究対象期間について，日本金融危機としては，バブル崩壊を踏ま
えた1992年の宮澤首相「公的援助」発言から始まり，2003年のりそな銀行への
公的資金投入を契機とした株式市場の底打ちまでを，そして，米国金融危機と
しては，2006年米国住宅価格の反転に伴うサブプライム・ローン問題に発し，
2009年オバマ政権発足後，株価反転等の一段落までを対象とすることを示した。
　そして，研究課題中のキーワードである「学習」・「教訓」の定義を行い，基
本的に，星&カシャップ（2010）が使用する"learn"・"lesson(s)"の用例に基
づく定義を採用する旨を明確にした。ただし，学習については，星・カシャッ
プは，米国が打ち出した政策が「結果として」日本の教訓から外れていなけれ
ば「学んだ」とする基準で「学習」を捉える，いわば「消極的学習」の定義を
使っているが，これに加え，日本の経験を「先例として意識」して検討し米国
の対応を決定する，いわば「積極的学習」も別途定義し，この基準での検証も
行う旨を明らかにした。
　最後に，本研究の構成を提示した。

第2章

　第2章では，金融危機に関する先行研究と，本書の分析枠組みについて整理
した。金融危機についての先行研究は，大量かつ多岐にわたることから，本研
究のテーマである「日米金融危機における公的資金投入の政治経済学的比較分
析」を踏まえ，〈1〉日米金融危機，〈2〉公的資金投入，〈3〉政治経済学と
いう3つの視点に沿って，先行研究を整理した。これらの視点を兼ね備えた先
行研究は多くはなく，その中で，本書の研究課題（リサーチ・クエスチョン）

である「公的資金投入に関し，日米の間で何らかの『学習（learning）』があったのか，そして，公的資金投入に関する日米金融危機からの『教訓（lessons）』は何か」に，直接関連する画期的な先行研究として，星＆カシャップ（2010）に焦点が当たる。同論文は，公的資金投入に関する「日本の経験からの8つの教訓（lessons）」を掲げつつ，米国は十分学んでいない（not learned）という論調を示しているが，一方で，政治的制約については立ち入らないとしている。しかし，非常に大きな政治的ショックをもたらすといった特徴を有する公的資金投入について，政治的な文脈を度外視するのは不十分であろう。また，同論文は，掲載の時点ではまだ米国の対応評価をするには早すぎるとして，判断を留保している部分が多く見られる。そこで，当該星＆カシャップ（2010）の8項目の教訓及び日本から米国への学習に関する評価を，「政治経済学的観点」から，「現時点」で見直すことが，本研究の眼目である旨を明確にした。

　続けて，その見直しにあたって本書が用いる2つの分析枠組みを，それぞれ先行研究との関係を踏まえ整理した。1つは，「『問題化した金融機関』のバランス・シートを通じた分析」である。これは，「静的（スタティック）」なアドマティ（2009）の視点を基礎として，より「動的（ダイナミック）」に発展させたものであり，具体的には，その存続が『問題化した金融機関』——経済の底抜けを起こしている穴そのものであり，当該金融危機の深刻さ自体を代表するものとして考え得る——のバランス・シート（貸借対照表）がどのような状態になっているかを通じ，公的資金投入の政策分析を行う分析枠組みである。
　もう1つの分析枠組みは，「『公益政治』における国家・社会アクターによる『自己存続』モデル」である。これは，戸矢（2003）が，1995年以降の日本の金融政治において，「公衆」の支持を獲得するという目的のため「公益政治」が支配的となったことを示す際に使用した，日本政府における政治的インプットのダイアグラムを基礎とするものであり，それを，米国への援用も視野に修正・発展させた分析枠組みである。具体的には，（「利益集団政治」の環境下に比べ）「公衆」の支持が重要化した「公益政治」下における，『国家アクター』（「政治家」と「官僚」）と『社会アクター』（「企業・利益集団」，「メディア」及び「公衆」）の，「自己存続」を究極の目標とした合理的な計算に基づく戦略

的相互作用が，政治的な結果をもたらすとするモデルである。

第3章

　第3章では，これら2つの分析枠組みを踏まえながら，日米金融危機の経緯を追った。

日本金融危機

　1997年の三洋証券・北海道拓殖銀行・山一証券の巨大連続破綻をピークとする「日本金融危機」──いわゆる平成金融危機──については，まずバブル崩壊と1992年宮澤首相の「公的援助」発言から分析を始めた。同発言が想定する公的資金投入は，「『問題化した金融機関』のバランス・シートを通じた分析」を踏まえ整理すると，金融機関が持つ担保不動産を買い取る構想であり「不良資産買取り」に当たるものである。後に日米ともに踏み込む公的資金投入策で，本研究が重視する「資本注入」ではないが，このバブル崩壊後かなり初期の段階で，不人気政策である公的資金投入を提言したのは，注目すべきである。

　しかし，「公衆」の理解が得られるはずがないと判断した財界（「企業・利益集団」）も官界（「官僚」）もこの発言を支持せず，実現に至らなかった。「『公益政治』における国家・社会アクターによる『自己存続』モデル」からすると，日本政治は未だ基本的に「利益集団政治」の環境であったと考えられることから，当該宮澤発言についても，『国家アクター』である「政治家」（自民党），「官僚」（大蔵省）と，『社会アクター』の「企業・利益集団」（経済団体）が合意すれば，実現する可能性があったと推論できる。しかし，上記のように各アクターの多くが，「公衆」の反応を懸念して反対した。翌1993年の自民党下野に向けて「公益政治」到来が近づいていたとも見ることができるが，それにもまして，公的資金投入の元来的な不人気さが反映したものと考えられよう。

公的資金投入のタブー化──住専問題

　その公的資金投入のタブー化を起こしてしまったという点で，（奇しくも，米国金融危機につながったサブプライム・ローン問題と同様，住宅貸付に関連

して発生した）1995年の住専問題は，政治経済学的視点から非常に重要である。翌1996年のいわゆる住専国会に対し，政府は，「税金」を原資とする6,850億円の公的資金投入を案として臨んだ。これは，金融機関からみた場合，住専への貸付という資産サイドからの支援であったので，「不良資産買取り」に類するものであった。

　これに対し，「メディア」は「金融業界の特別扱い」に反対報道を急増させ，1996年2月の世論調査によれば，87％の「公衆」は公的資金投入に反対に回った。この反応を前に政府は，住専問題の解決の後，ノンバンク等に公的資金を投入しない旨，約束せざるを得なかった。1995年以降「公益政治」が顕著になった転換を正に示しており，公的資金投入の不人気さが明確となって，「政治家」（自民党），「官僚」（大蔵省），「企業・利益集団」（財界，農業団体）がかろうじて6,850億の公的資金投入案を通したものの，以降は「公衆」の意思に沿い，「タブー」となった公的資金投入自体を封印せざるを得なかった。

危機ピーク（拓銀・山一破綻）と，遅れた少ない「資本注入」

　これが，その後の危機対応に深刻な制約を加えることとなった。1997年，日本は遂に，（ちょうど米国のリーマン破綻と似て突然に，）超大型連続破綻を経験する。準大手証券である三洋証券，都銀の一角をなす北海道拓殖銀行，四大証券会社の1つである山一証券までもが，同年11月のうちに次々と破綻した。この1997年の危機ピークは，ようやく「メディア」を含め公的資金投入議論の再開に道を開き，「公衆」も徐々にその必要性を認め始め，1997年12月の世論調査では，公的資金投入への反対が57％に弱まった。

　この流れの中，（組織再編問題及び不祥事問題のため「機能麻痺」化していた金融当局等の「官僚」ではなく，）橋本首相，三塚蔵相ら「政治家」の主導で，翌1998年の通常国会にて2月金融機能安定化緊急措置法等が成立したことにより，政府は公的資金投入路線に戻った。「公益政治」環境の下，住専問題でいったんタブー化した公的資金投入が，危機のピークから3か月後の法案成立でようやく復活したわけであるが，後述の米国金融危機ではピークからわずか18日で公的資金投入法案成立に至っており，その後の両国の経済回復の差を

見れば，後知恵ではあるものの，この遅れは痛いと言わざるを得ない。

　いずれにせよ，上記法律は，同月に成立した1997年度補正予算による公的資金枠総計30兆円を伴うものであった。このうち，13兆円が「金融機能安定化緊急措置法」に基づく「資本注入」用とされた。預金保険機構内に設置された金融危機管理審査委員会の審査・決定により，同3月大手銀行18行及び地方銀行3行を対象に，約1.8兆円が「資本注入」された。なお，米国からは「すべての大銀行に公的資金が使われるとすれば，それは（日本の）国際的信用を落とす」という強い懸念が示されたが，日本は，資本注入した銀行は問題を抱えているとのレッテル貼りを招く"negative signal"の問題を避けるため，主要銀行への「横並び」資本注入を選んだ。

　遅まきながら「資本注入」が実施されたわけであるが，日本長期信用銀行の経営危機が表面化する等，引き続き金融不安は続行した。（全般的に日本の対応は"too little, too late"（少なすぎ，遅すぎる）と呼ばれた。）1998年7月参院選での与党自民党過半数割れの後，秋のいわゆる「金融国会」で自民党は，野党に譲歩せざるを得なくなり，民主党を中心とする野党案を「丸のみ」し，国による強制的倒産である「国有化」等を定める「金融再生法」が成立した。続けて，自民党案の「資本注入」の新しい枠組みを定める「金融機能早期健全化措置法」が成立した。公的資金枠は，1998年度2次補正予算により60兆円に拡大された。

長銀・日債銀の「国有化」等によるつまずき

　銀行に厳しい態度を取る民主党の立場を反映した金融再生法に基づき，日本長期信用銀行及び日本債権信用銀行は，新しく設置された政府の金融当局である金融再生委員会の決定によって，1998年10月及び12月にそれぞれ強制的に「国有化」された。そして，株主責任を問うため無補償で100％減資がなされた後，当該国有化によって実現化した損失を埋めるため，各々3.6及び3.2兆円の公的資金が投入された。前者は米国外資に，後者はソフトバンク等にそれぞれ「わずか」10億円で売られた。

　この「国有化」は，米国政府からの圧力に象徴される，内外の『オピニオン・リーダー』からの，銀行を厳しく扱うべきとの強い意見に従ったものだっ

たが，経済の底で損失を実現化することを意味したため，「『問題化した金融機関』のバランス・シートを通じた分析」が示唆する将来当該銀行が回復した際に公的資金が返ってくるという余地を絶ってしまい，約7兆円の税金喪失が確定してしまった。

　一方，金融機能早期健全化措置法に基づく，金融再生委員会の審査・決定により，1999年3月から2000年10月にかけて25行に対し計約8.4兆円が「資本注入」された。1998年3月の資本注入と同様，「横並び」救済で，公的資金枠は，2000年度予算において終に最大値の70兆円に到達した。

　なお，この際，民主党を中心とした野党側の提案をベースとして，整理回収機構（日本版RTC）が創設された。これは，S&L問題の解決に効を奏したと言われる米RTC（整理信託公社）を範にしたものであり，「不良資産買取り」を中心業務として提案されたものである。「『公益政治』における国家・社会アクターによる『自己存続』モデル」を踏まえれば，民主党は，戦後長く与党の座を占めた自民党の「利益集団政治」を批判し，より「公益政治」を掲げた党であり，その提案が，銀行に厳しい「国有化」とともに，「不良資産買取り」につながる「日本版RTC」を主張しているのは，「資本注入」に比べた場合，まだ「公衆」に説明しやすいという面の現れと考えられる。

　このように，「国有化」，「不良資産買取り」という比較的「公衆」に受け入れやすい方策を認めつつ，1998年より規模の大きい「資本注入」が実施された（1999-2000年資本注入）。けれども，残念ながら，これら各措置は十分ではなく，我が国はいわゆる「失われた10年」を経験することになった。

りそな「資本注入」による経済底打ち

　ようやく日本経済が回復したのは，2003年，当時の日本5大銀行の1つであるりそな銀行への「資本注入」によってである。小泉首相を議長とする「金融危機対応会議」が官邸で開催され，約2兆円の「資本注入」を決定した。この際の資産査定は特に厳しく，経営陣の退陣，ボーナス・給与減といった厳しい

リストラも要求するものだった。一方，りそなの存続は維持されており，「国
有化」ではなく「資本注入」に当たる。

　「公衆」の支持を頼りに「構造改革」を断行する小泉政権は，「公益政治」を
日本政治に如実に現出させた例と言える。りそな銀行への公的資金投入の評価
にあたっては，竹中金融担当大臣の銀行への厳しい姿勢が好意的に取り上げら
れることが多いが，「『問題化した金融機関』のバランス・シートを通じた分
析」を踏まえると，むしろ，「本番になると，国有化の決断を回避した」との
指摘が的確と言えよう。株式が無価値化する国有化でなかったため，市場関係
者にアピールし，ついに株式市場が底打ちし，経済成長率もようやく安定回復
した。長らく続いた日本金融危機が遂に終了した。

米国金融危機

　2008年のリーマン破綻をピークとする「米国金融危機」──いわゆるリーマ
ン・ショック──については，1990年代より基本的に上昇し続けた米国住宅価
格がついに崩れて引き起きた，サブプライム・ローン問題から考察をスタート
した。

前哨戦：ベアー救済

　2008年3月，レバレッジ率が米国5大投資銀行（＝日本では証券会社に該
当）の中で最も高かった第5位ベアー・スターンズが，流動性不足となり，商
業銀行JPモルガンに買収された。その際，ニューヨーク連銀ガイトナー総裁
を中心とする仲介による，同連銀からの290億ドル緊急融資とJPモルガンから
の10億ドルでLLC（有限責任会社）が設立され，ベアー・スターンズのモー
ゲージ関連証券等の不良資産を引き受けた。これは，「『問題化した金融機関』
のバランス・シートを通じた分析」に照らせば，合併に伴うものであり救済対
象金融機関への直接の支出ではないが，広義の「不良資産買取り」に位置付け
られる。

　「『公益政治』における国家・社会アクターによる『自己存続』モデル」を踏
まえれば，この際の政治過程は，「利益集団政治」によるものであったと言え
よう。特に，議会からも独立した中央銀行からの拠出であったことで，より容

易に救済が実現された。しかし，このベアー救済により，バーナンキFRB議長・ガイトナー総裁・ポールソン財務長官らは，「公衆」・「メディア」からの批判にさらされ，これがリーマン破綻対応への制約となる。

危機ピーク（リーマン破綻）と，AIG倒産危機・救済

リーマン破綻のひと月前の2008年8月，バーナンキ議長は，「我々は，多くを大恐慌と日本から学んでいるので，どちら（の深刻な不況）にもならない」と発言している。しかし，投資銀行は，第4位リーマン・ブラザーズをはじめとして，皆キャッシュ・フロー問題と株価下落に悩まされていた。ベアー救済への世論の批判を踏まえ，当局（財務省・FRB・SEC）は，民間共助の道を探るべく，9月12日金曜日，主要銀行のCEOを招集し，週末も協議を続けた。買収先は米商業銀行バンク・オブ・アメリカあるいは英商業銀行バークレイズのいずれかに絞られたが，結局前者は，第3位投資銀行のメリル・リンチ買収に向かうことを決めた。バークレイズとの買収が成るかに見えたが，英政府がこの取引に留保を表明し，リーマン・ブラザーズの倒産が決まった。

9月15日月曜日，リーマンは倒産申請し，保険会社AIGの資金不足が浮上した。FRBを含む米国政府は，再び民間共助を模索したが，失敗に終わった。リーマンを救済しなかったことで「メディア」や議会（「政治家」）からは称賛されたが，AIGは，保険業界での巨大なプレゼンスに加え，クレジット・デフォルト・スワップ（対象金融商品のデフォルトの際，損失を補填する一種の保険契約）を通じ，各銀行が自己資本基準を満たすのに不可欠な存在だったため，その倒産は，金融システム自体の崩壊に直結しかねなかった。ここで，バーナンキもポールソンも，連邦準備法第13条3項（「異常かつ緊急」状況における商業銀行以外へのFRBからの融資）を発動するというガイトナーの救済プランに同意するに至った。同項に基づきFRBは，9月16日，AIGの株式の79.9％を取得する代わりに850億ドルの融資を行った。「『問題化した金融機関』のバランス・シートを通じた分析」に照らせば，この救済は，中央銀行からの拠出であるが，株式の取得によるものであり「資本注入」に該当する。

「『公益政治』における国家・社会アクターによる『自己存続』モデル」を踏

まえれば，公衆を意識した「公益政治」環境の中で，リーマン破綻にあたり不人気政策である公的資金投入というカードを切れなかったのは，日本の1997年危機時と同じであったと言える。しかし，リーマン倒産の翌日には，早くもAIG救済に舵を切った。日本金融危機をよく知るガイトナーの主導で，リーマン「非」救済への「公衆」の称賛にもかかわらず，驚くほど短期に公的資金投入路線に復帰したと評せる。

　しかし，リーマン破綻のショックは止まらず，残る投資銀行——第２位モルガン・スタンレーそして最大手ゴールドマン・サックス——も経営難に陥り，ついに両社は，FRBの融資へ直接的なアクセスを得るために，銀行持ち株会社への転身を決定した。また，モルガン・スタンレーは日本の三菱東京UFJフィナンシャル・グループから，ゴールドマン・サックスは米国を代表する投資家ウォーレン・バフェットからの大型出資を得て，自社の株価急降下を何とか押し止めた。

迅速・大規模な「資本注入」（TARP 2）——「不良資産買取り」（TARP 1）は実施されず

　このような混乱の中，米国政府は「税金」を原資とする公的資金投入に動く。TARP（Troubled Asset Relief Program）を含む緊急経済安定化法案を連邦議会に提出し，7,000億ドルを要求した。同法案はいったん否決され，マーケットを動揺させたが，S&L最大手ワシントン・ミューチュアルの破綻に続く大手商業銀行ワコビアの経営不安，法案の修正により，リーマン・ショックから18日後の10月３日に修正法案が成立した。

　TARP（不良資産救済プログラム）は，当初，その名前どおり金融機関からの「不良資産買取り」戦略（TARP 1）であった。ポールソンが，S&L問題の解決に奏功したと言われるRTCの前例も踏まえ，政治的に最も受け入れられやすいと考えたからである。しかし，予想以上の資産価値の下落の中，実施時には，「資本注入」（TARP 2）に姿を変えていた。著しく深刻な危機には，「不良債権買取り」では効かず，「資本注入」が必要となるというのは，「『問題化した金融機関』のバランス・シートを通じた分析」がまさに示すとおりで

あった。

　そのTARP 2実施のため，10月13日，財務省，FRB，FDIC共同で主要9銀行のCEOを招集し，これら3機関のトップ（ポールソン，バーナンキ，ベア）そしてガイトナーが臨席した。日本の時と同様，健全行が難色を示したが，政府側は，公的資金を例外なく一律に受領することを強く要請し，その場でCEO全員からサインを取った。そして翌14日，これら主要9行以外も含む金融機関の最優先株の取得により最大2,500億ドルの「資本注入」実施を発表した。一律横並び救済であり，さらに，形式的な審査すらなく決定されたのは日本でも見られなかったことだった。

　米国の金融規制・監督体制は，関係官庁が多岐にわたり，分断されたものであったが，危機に面して迅速に統一歩調が取られたのは，戸矢（2003）を基礎に米国への適用を想定して修正・発展させた「『公益政治』における国家・社会アクターによる『自己存続』モデル」を整理する際，正に意識した点，つまり，米国では，組織としての一貫性というよりも，時々のトップの個性で戦略が強く左右されるという特色の表れと言えよう。

　そして，危機ピークから公的資金投入法案成立まで3か月を要した日本と比して，米国はわずか18日と非常に早く法案成立に至った背景としては，まず，ガイトナーやバーナンキなど『国家アクター』である米国政府内での日本金融危機についての知識が挙げられる。また，『社会アクター』であって『オピニオン・リーダー』でもある，ウォーレン・バフェットなどの経営者達からも，公的資金投入は比較的支持を受けた。「公衆」も，あくまで比較的であるが，公的資金投入への批判は穏やかだった。2008年10月の世論調査において，「米国の金融機関が直面する問題に対処するため，政府が7,000億ドルまでの支援を提供する法律を成立させたことは，悪いことである」と考えている米国人は41％にとどまった。連邦議員ら「政治家」は，緊急経済安定化法案を危機からわずか4日後に修正可決した。日本金融危機という先行事例も踏まえ，「公衆」に顕著に不人気という公的資金投入の問題を早期に乗り越えたと言えよう。

「国有化」回避と，ストレス・テスト付「資本注入」による経済底打ち

　TARP ２実施の発表により，米国株式市場は一進一退に入るかに見えたが，11月大手商業銀行シティ・バンクの経営不安が高まる中，再び急落。財務省・FRB・FDICはシティへ200億ドルの追加資本注入を決定した。──星＆カシャップ（2010）は，この際，「国有化」に進むことができたはずであると残念そうに指摘しているが，米国政府はそれをしなかった。さらに12月，バンク・オブ・アメリカは予定していたメリル買収に二の足を踏んだ。合併実現のため，米国当局は再度200億ドルの追加資本注入を，シティと同じ大手商業銀行のバンク・オブ・アメリカにも行った。

　2009年１月，オバマ新大統領は，ホワイトハウスでの初会見で日本の経験に言及し，「我々は日本で1990年代に何が起きたかを見た。彼らは十分大胆かつ迅速に動くことができず，その結果，90年代を通じて意味ある経済成長を基本的に全く得ることができないという『失われた10年』に苦しんだ」と語った。日本の「失敗」を指摘することで，自分達の政策を正当化し他の『オピニオン・リーダー』そして「公衆」を説得できたという典型例である。

　オバマ大統領は，日本をよく知るガイトナーを財務長官にし，２月末に大手金融機関の「ストレス・テスト」実施の発表，３月頭にAIGへの300億ドルの追加資本注入がなされ，３月上旬ようやく株価が上昇傾向に転じた。同様に経済成長率も2009年第１四半期に回復し始めた。まるで2003年のりそな銀行資本注入の際の日本の経済底打ちの軌跡を見るようであり，米国での特筆すべき効果的な公的資金投入とは，2009年のストレス・テスト付の資本注入と言えよう。

　この点，バーナンキが，2012年２月の上院予算委員会において，「日本は，2009年（ママ）に米国が銀行に資本増強したほど早くは動いていない。日本はこうした状況に陥った最初の国であり，他の国を参考にする便益を受けられなかった。我々は日本から学んでいる」（傍点筆者）と証言していることは，日本からの学習，そして米国の後発者としての優位さを認めており，公的資金投入，中でも特にストレス・テスト付の2009年資本注入を重視していることもあって，特に総括的に注目される。

198

第4章

　第4章では，以上の日米金融危機の経緯を踏まえ，公的資金投入を巡る日米の学習・教訓について，日米金融危機対応の比較分析を行った。具体的には，星＆カシャップ（2010）が示す「日本の経験からの8つの教訓」について，本研究の2つの分析枠組み——「『問題化した金融機関』のバランス・シートを通じた分析」及び「『公益政治』における国家・社会アクターによる『自己存続』モデル」——に照らし，米国金融危機が米国経済の当座V字回復とも言い得る形で一定に収束したことが確認できる現在の視点，そして，公的資金投入の政治的に特異な性質も踏まえた政治経済学的観点から，「教訓自体の見直し」にも踏み込んで，8教訓それぞれを考察した。

　この分析の結果として，新たに公的資金投入に関する【日米金融危機からの7教訓】を提示し，併せて，これら各新教訓についての米国の日本からの学習を整理すると，星＆カシャップ（2010）の主張と大きく様変わりし，米国は日本の経験から，大いに「学んだ」と結論付けられるものとなった。

　その結論は次節で改めて説明するが，同章では，加えて，この結論を補強する数多くの事例——日本の経験が米国政府に大変に意識・研究され，「積極的学習」がなされていることを示すもの——を列挙している。そして，この「積極的学習」が示す，2点の重要な意義を示した。すなわち，戦後において非常に異例であるが，政策決定の相互影響の方向として通常と「逆」に，日本から米国に向かっている点と，そして，「研究的パズル（謎）」に答えるものとして，この「積極的学習」こそが，米国の危機対応と経済回復の「早さ」に対し「結節点」的に大きく寄与していると考えられる点である。

第3節｜結語：【日米金融危機からの7教訓】と2つの中心的結論（「資本注入」が鍵／「国有化」の危険）

　本書では，「政治経済学的観点から，公的資金投入による日米金融危機対応

の間で学習があったのか？ 両危機からの教訓は何か？」という研究課題（リサーチ・クエスチョン）に対し，最も関連する先行研究と言い得るであろう星＆カシャップ（2010）の「日本の経験からの8つの教訓」及び日本から米国への学習に関する評価を，当座V字回復とも言い得る早期の米国経済の好転を確認できる現在の視点で，「『問題化した金融機関』のバランス・シートを通じた分析」及び「『公益政治』における国家・社会アクターによる『自己存続』モデル」を用い，政治経済学的観点から，教訓自体の変更も含め，見直しを行った。（詳細は，前章及び表3参照）

　その結果として，本書は，教訓の削除1つ・変更1つにより，新たに【日米金融危機からの7教訓】を提示する。

　すなわち，

【第1教訓】銀行が資本支援を断る可能性

【第2教訓】救済パッケージを十分に大型とすること

【第3教訓】ソルベンシー（純資産）問題解決における資産買取りプログラムの限界

【第4教訓】支援を信用性のある検査プログラムと結び付ける重要性

【第5教訓】国有化の危険性

【第6教訓】（中小企業向け貸出促進など）政治主導的貸出の危険

【第7教訓】銀行の回復におけるマクロ経済成長の重大な役割

である。

　この教訓自体の修正につながった本書の中心的結論は，以下の2点である。（詳細な考察は，特に前章第4節参照。）

- 「資本注入」が鍵——日米金融危機のような著しく深刻な金融危機において，問題は「資産」サイドではなく，「資本」サイドである。すなわち，「不良資産買取り」ではなく，「資本注入」が鍵である。
- 「国有化」の危険——（国による強制的倒産である）「国有化」は，著しく深刻な金融危機への対応としては経済回復を遅らせかねず，むしろ『問題化した金融機関』の債務超過が確定する前に，できる限りスピーディーに十分な「資本注入」を行うべきである。

　そして，この修正後の【日米金融危機からの7教訓】に沿って，本書の分析枠組みに基づき，日米間の「学習」を整理すると，米国が日本から「学んだ」6件，「曖昧」1件，「学んでいない」0件となり，──数多くの「積極的学習」の事例と併せ──米国は日本から大いに「学んだ」と結論付けられる。

　これは，星＆カシャップ（2010）の示す，元「日本の経験からの8つの教訓」について，「学んだ」1件，「曖昧」4件，「学んでいない」3件として，米国は全体として日本から「学んでいない」とする主張から，大きく様相を変えるものである。

　つまり，星＆カシャップ（2010）の見直し，そして，日本から米国への「積極的学習」の質・量を備えた多様な事例は，「米国の金融危機対応にあたっては，日本の金融危機対応の経験から，政策決定・執行過程に影響を与える学習効果が存在した」との，本研究の仮説を証すると言い得るであろう結果を明らかにした。

　以上のように，本研究は，2つの分析枠組みに基づき，現在の視点から，公的資金投入を導入する際の政治的制約を政治経済学的に分析した結果，（「日本の経験からの8つの教訓」を掲げ，日本からの学習に否定的な見解を示す）星＆カシャップ（2010）を修正し，新たに【日米金融危機からの7教訓】を提示することができた。また，米国は，公的資金投入という金融危機対応について，同じく経済大国であり先進民主主義国家である日本が経験した，歴史的に近接する危機への対応から「学んだ」と言い得ることを示した。

あとがき

　筆者の博士論文に加筆修正をした本書の上梓にあたり，まず何より，博士課程における当初の指導教官である北村歳治先生に，心よりの感謝を申し上げたいと思います。大蔵省の先輩で，早稲田大学大学院アジア太平洋研究科教授として教鞭を執られていた北村先生にお会いしたのは，2009年に財務省からスタンフォード大学APARC（Asia-Pacific Research Center）に客員研究員として派遣が決まった時でした。そのご縁に導かれ，客員研究員として折角研究をするのであれば学位にもつなげられたらと，2010年に同研究科の博士後期課程の選考に合格し，カリフォルニア州シリコンバレーのスタンフォード大学に居ながら，遠隔指導をいただきつつ，日米金融危機対応の比較分析を進めました。2011年の帰国後も役所勤務の合間に，スタンフォード大学で書き上げた英語論文を日本語に翻訳しながら，さらに研究を進めたものの，前任の参議院議員である松村龍二先生から後継のお話があり，2012年の年末に財務省を退官しふるさと福井に戻って出馬してからは，なかなか研究に割く時間がなかったことは，序文に記したとおりです。北村先生には，私の本業の状況にご理解いただきながら，辛抱強くご指導を賜り，言葉に表すことができないほど，誠に有難かったです。重ねて衷心より御礼申し上げます。

　一方，そうしている間に，北村先生は教授を引退され，指導教官を引き継いでいただいたのは，篠原初枝教授でした。篠原先生は，国際関係論そして日米関係史のご専門で重なる部分はあるものの，他の教授の博士論文指導を引き継ぐこと自体難しいことであるのにもかかわらず，北村先生と新旧指導教官のタッグを組んで，休学をしていた時期も含め，温かく見捨てることなく指導し励ましていただいたおかげで，ようやく論文の完成まで辿り着くことができたものであり，感謝してもしきれません。本当に有難うございます。リカレント教育と言えば聞こえはいいものの，ようやく2021年9月の学位授与式にて篠原先生とご一緒できた際は，長いご心労をおかけしたと大変頭の下がる思いでいっぱいでした。

　三友仁志先生そしてフィリップ・リプシー先生には，口述試験（ディフェン

ス）において，鋭く的確なコメントをいただき，本論文の学術的に足らざる点
を磨き上げるために重要なご指導を賜りました。コロナ禍で生じた時間の中で
はあったものの，口述試験における様々な厳しいご指摘に9月卒業に間に合う
か一瞬自信をなくしかけましたが，口述試験の最後にいただいた三友教授から
の激励の一言で，踏ん張ることができました。

　スタンフォード大学APARC所属時から，同大政治学部のファカルティで
あったリプシー先生には，特に長くご指導いただいています。日本に通じた先
生とは，リプシー＆瀧波（2013）[1]も共著させていただき，本著に至る研究の
過程の中で英語論文・日本語論文両面にわたり貴重なアドバイスを続けていた
だいており，今回の口述試験でも新天地のトロント大学から現地夜間にわざわ
ざオンラインでご参加賜りました。コロナ禍が明けて，御礼方々また直接お会
いできる日が楽しみです。

　同様にスタンフォード大学時代からご縁をいただいたのは，本研究が最大の
基礎とする先行研究，星＆カシャップ（2010）の筆頭著者たる星岳雄先生です。
学術的に大変恐れ多いことですが，胸を借りる思いで，同論文について政治経
済学的観点かつ現在の視点からの見直し・修正を図ったのが，本研究です。米
国においても，また日本に戻り東京大学大学院経済学科にて教鞭を執られてい
る今も，星先生にはインタビューのように直にご指導いただけて幸いです。星
先生そして同論文との出会いがなければ，本著は成立し得ませんでした。

　政治経済学的な分析においては，政策立案・執行に関わった政策責任者への
インタビューを活用することがしばしばあります。本研究においても，日米で
それを試み，自叙伝を含む各種著作への補足的ではあるものの，有意義なエピ
ソードを得ることができました。米国では，フィリップ・スウェイゲル元財務
次官補（経済政策担当）であり，日本では，安倍晋三元総理大臣でした。前者
インタビューについては，論文中に盛り込むことができましたが，後者の安倍
元総理インタビューについては，残念ながら学術的な制約の中で博士論文（本
書の第1章〜終章に該当）からは欠けてしまいました[2]。そこで，このあとが

　1　Lipscy and Takinami（2013），前掲。
　2　博士論文に至る本研究の途中段階に当たる，スタンフォード大学客員研究員としての成果物で
　　あるHirofumi Takinami（2011b），"Political Economy of the Financial Crises in Japan and the
　　United States: Why the Difference in Speed to Respond and Recover?", the annual research

きにおいて，安倍元総理の日米金融危機の比較としてのご所見の一部を，感謝を込めてここでご紹介したいと思います。

　当時2010年，まだ民主党政権下で自公政権復活の前でしたが，スタンフォードから帰国して初めて直にお話しした安倍元総理は，「金融危機においても，日本は失業率をアメリカ程には下げていないのが特徴だ」と強調され，「ある時，ダン・クエール元副大統領が国家安全保障対話を口実にやって来たが，実はサーベラス・キャピタル・マネジメントの幹部としてのビジネスの内容で，日本の金融危機に対するアメリカのハードランディング要求は，日本でビジネス・チャンスを作ろうとしている面があるとの印象を受けた」との一幕などをご教示いただきました[3]。

　この次に安倍総理とお会いしたのは，私が，——稲田朋美自民党福井県連会長の下，国会議員選挙の公認候補推薦者を選ぶのに，福井県連では初めて行われた——党員投票を何とか勝ち抜き，党本部からの公認を得た時でした。インタビュー時の過去を遠く語る眼差しから，一転して，政権を再び担う燃える目であったことが印象深いです。

　この他，リプシー先生に先立ちスタンフォード大学APARCにて指導教官を務めていただいたマイケル・アマコスト元駐日大使，APARCの生みの親と言うべきダニエル・オキモト教授，APARCマネージャーのデニース・マスモト，本論文の分析枠組みの1つの基礎をいただいたスタンフォード大学ビジネス・スクールのアナット・アドマティ教授，そして，修士号を得たシカゴ大学大学院においてクラスメートであった妻共々ご指導いただき続け，本論文にも多々ご示唆頂戴した「恩師」のラージ・サー教授をはじめとする，米国からご助力いただいた皆々様にも感謝申し上げます。

　また，日本においては，国会図書館の関係者に本当にお世話になりました。多くの蔵書・図書館ネットワークから迅速に文献を見つけ出し提供いただける

paper as 2010-2011 Visiting Fellow, Shorenstein APARC（Asia-Pacific Research Center），Stanford Universityには，ここで紹介したご発言以外も含め，安倍元総理インタビューを盛り込んでいる。
3　安倍晋三元内閣総理大臣インタビュー，2010年8月25日，於，衆議院第一議員会館。このインタビュー実現に当たっては，大学の同級生であり同じ勉強会サークルのメンバーでもあった畏友，岩田明子NHK解説委員にお世話になった。この場を借りて御礼申し上げる。

といった国会図書館の機能ぶりは，誠に見事であり，我が国の学術・知識を支える国の宝として今後も維持・充実されるよう微力を尽くしたいと思います。早稲田大学大学院アジア太平洋研究科の事務局の皆様にも，長年のご支援をいただきました。そして，刊行をご快諾下さった中央経済社代表取締役社長の山本継氏に感謝申し上げます。同社の担当編集者である浜田匡さんには，本書の刊行に当たり，時間のない筆者に寄り沿い並走していただき，大変お世話になりました。

　最後に，我が瀧波家が筆者で数えて13代にわたり住み続けてきた奥越（福井県東部：奥「越前」の意）大野市において，三世代で同居する家族：妻子・両親に感謝して，本書を締めくくりたいと思います。とりわけ妻，史織には，出身地である南国の大都会：台北より，雪国のふるさと：奥越まで，国境を越え国籍を替えてついて来てくれたこと，普段なかなか言えないことなので，特に記したいと思います——人生を共に歩んでくれて本当に有難う。本書を家族に捧げます。

〈追記〉

　参院選と共に出版準備も大詰めとなっていた，2022年7月8日，敬愛する安倍晋三元総理が凶弾に倒れられました…。

　本研究を通じて初めて近しくご面会する事ができた時から，様々にご指導賜っており，正に「太陽を失った」かのようです。

　ご逝去の約2か月前，5月11日にも面会し，本書への推薦文を頂戴しておりました。「学術論文だから，こんな感じで」とおっしゃいながら頂いた推薦文冒頭のフレーズは，2019年に私が再選に向け参議院選挙に立候補した際にも頂いていたもので[4]，改めて身が引き締まる思いでした。

　安倍総理がお示しされた我が国を守る道を，しっかりと進んで参りたいと思います。

　ご指導に心からの感謝を込めて…合掌。

4　【福井選挙区 自民党公認候補】安倍総裁応援メッセージ2019年7月8日（0:30〜ご参照）<https://youtu.be/syGCu5w9_VY（2022年7月31日現在）>

参考文献

※　本文の注にも記したように，本研究において，本文では外国の著者はカタカナで表記する。一方，
注や参考文献等では，日本語版を引く時は日本語の表記と頁数など（例，ラインハート＆ロゴフ
（2011），10頁），英語版を引用する時は英語の表記と頁数など（例，Kindleberger and Aliber（2015），
p. 20）を使用している。
　　また，同様に本文及び注に記したように，英語文献を引用する際の和訳については，いずれも筆
者訳である。和訳本等が出ているものについては適宜参照したが，本研究での訳は筆者によるもの
である。
　　なお，文献探し等にあたり，アジア太平洋研究所などスタンフォード大学関係者や国立国会図書
館関係者をはじめ多くの方にご支援をいただいたことを感謝しつつ付記する。

〔日本語文献〕

相沢幸悦（1992），『EU通貨統合の展望』，同文舘出版。

青木武（2003），「米国の銀行制度はなぜ複雑なのか」，信金中金 地域中小企業研究所。

アンドリュー・ロス・ソーキン（2010），『リーマン・ショック・コンフィデンシャル』（上）（下），加
　　賀山卓朗訳，早川書房。

池尾和人（2009），「銀行破綻と監督行政」，同編，『バブル／デフレ期の日本経済と経済政策 4 不良
　　債権と金融危機』，慶応義塾大学出版会，79-108頁。

井上武（2007），「ノーザン・ロックへの取り付けとその影響」，野村資本市場研究所，『資本市場クォー
　　タリー』，2007年秋号，88-95頁。

井上武（2008），「ノーザン・ロックの国有化」，野村資本市場研究所，『資本市場クォータリー』，2008
　　年春号，49-57頁。

猪口孝（1983），『現代日本政治経済の構図——政府と市場』東洋経済新報社

岩田一政・吉川洋（2008），「日本の経験から得られる金融危機への教訓」，経済財政諮問会議提出資料，
　　2008年10月31日。

岩田規久男（1998），『金融法廷』，日本経済新聞社。

岩田規久男・宮川努（2003），『失われた10年の真因は何か』，東洋経済新報社。

大嶽秀夫（2006），『小泉純一郎 ポピュリズムの研究 — その戦略と手法』，東洋経済新報社。

大村敬一（2008），「アメリカの公的資金投入議論にわが国の経験は生かせるのか」，『金融財政事情』，
　　2008年5月5日版，81-85頁。

大森健吾（2017），「金融機関への公的資金投入をめぐる議論」，『調査と情報』第944号，国立国会図書
　　館。

大森健吾（2020），「金融危機対応の政策手段と金融危機管理　—パンデミック後を見据えて—」，『調
　　査と情報』第1124号，国立国会図書館。

岡田靖・飯田泰之（2004），「金融政策の失敗が招いた長期停滞」，浜田宏一・堀内昭義・内閣府経済社
　　会総合研究所編，『論争 日本の経済危機 —— 長期停滞の真因を解明する』，日本経済新聞社，
　　149-174頁。

岡本至（2004），『官僚不信が金融危機を生んだ』，弘文堂。

岡本至（2005），「金融ビッグバンはなぜ失敗したのか —官僚主導改革と政治家の介入—」，『社會科學
　　研究』，第56巻 第2号，109-139頁。

小野亮 (2009),「米国を中心とする金融危機と政策対応 〜プルーデンス政策の系譜〜」,『みずほ総研論集』, 2009年Ⅰ号, 1 -48頁。

鎌倉治子 (2005),「金融システム安定化のための公的資金注入の経緯と現状」,『調査と情報』第477号, 国立国会図書館。

上川龍之進 (2005),『経済政策の政治学 ── 90年代経済危機をもたらした「制度配置」の解明』, 東洋経済新報社。

上川龍之進 (2010),『小泉改革の政治学』, 東洋経済新報社。

カーメン・M・ラインハート & ケネス・S・ロゴフ (2011),『国家は破綻する 金融危機の800年』, 村井章子訳, 日経BP社。

軽部謙介・西野智彦 (1999),『検証 経済失政 ── 誰が, 何を, なぜ間違えたか』, 岩波書店。

河合晃一 (2017),「金融行政組織の制度設計をめぐる90年代日本の政治過程」,『金沢法学』, 59巻2号, 75-115頁。

河合正弘・高木信二 (2009),「為替レートと国際収支 ──── プラザ合意から平成不況のマクロ経済」, 伊藤元重編,『バブル/デフレ期の日本経済と経済政策3 国際環境の変化と日本経済』, 慶応義塾大学出版会, 235-275頁。

菊池英博 (1998),「金融大恐慌と金融システム」,『文京女子大学経営論集』, 第8巻 第1号, 111-143頁。

吉川顕麿 (1999),「公的資金投入と自己資本 ─「金融早期健全化法」「金融再生法」と金融再編─」, 『金沢経済大学論集』, 第33巻第2号 (通巻83号), 1 -16頁。

金融庁 金融市場戦略チーム (2008),「第二次報告書 ─『開かれた金融力のある国』を目指して」, 2008年6月12日。

久米郁男 (2009),「公的資金投入をめぐる政治過程 ──── 住専処理から竹中プランまで」, 池尾和人編, 『バブル/デフレ期の日本経済と経済政策4 不良債権と金融危機』, 慶応義塾大学出版会, 215-249頁。

経済産業省 (2014),「米国の量的金融緩和縮小とその影響」,『通商白書 2014』, 18-25頁。

経済産業省 (2019),「グローカル成長戦略〜地方の成長なくして, 日本の成長なし〜」, 2019年5月15日。

五味廣文 (2012),『金融動乱 金融庁長官の独白』, 日本経済新聞社。

サイモン・ジョンソン & ジェームズ・クワック (2011)『国家対巨大銀行 ── 金融の肥大化による新たな危機』, ダイヤモンド社。

榊原英資 (2000),『日本と世界が震えた日 ── サイバー資本主義の成立』, 中央公論新社。

佐藤一郎 (2014),「りそな銀行への公的資金投入の意義に関する考察 ─10年経過時点における再評価の試み─」,『城西現代政策研究』, 第7巻第2号, 城西大学, 3 -14頁。

佐藤誠三郎・松崎哲久 (1986),『自民党政権』中央公論社。

ジリアン・テット (2009),『愚者の黄金 大暴走を生んだ金融技術』, 平尾光司監訳, 日本経済新聞出版社。

白川方明 (2009),「経済・金融危機からの脱却：教訓と政策対応 ── ジャパン・ソサエティNYにおける講演の邦訳」, 2009年4月23日, 日本銀行。

菅原房恵 (2007),「「平時」に向かう預金保険制度 ─金融危機への対応を振り返って─」,『レファレンス』, 平成19年7月号, 国立国会図書館, 39-61頁。

菅原房恵 (2008),「公歴資金投入による金融システム安定化の経緯と課題」,『RESEARCH BUREAU 論究』, 第5号, 衆議院調査局, 237-252頁。

妹尾芳彦・塩屋公一・鳴原啓倫（2009），「バブル及びデフレについて —基本的概念と歴史的事実を中心に—」，New ESRI Working Paper Series No. 9，内閣府経済社会総合研究所。

大和総研（2017），「諸外国における金融制度の概要 報告書」，平成29年3月，（金融庁調査委託）。

高橋亀吉・森垣 淑（1993），『昭和金融恐慌史』，講談社学術文庫。

瀧波宏文（2011），「日米金融危機の政治経済学：金融機関救済に関する比較研究」，『フィナンシャル・レビュー』，財務省財務総合政策研究所，第106号（2011年3月），111-125頁。

瀧波宏文（2012），「日米金融危機対応における公的資金投入 — 米国は日本から学んだのか —」，『アジア太平洋研究科論集』，早稲田大学大学院アジア太平洋研究科，24号（2012年10月），1-22頁。

竹中治堅（2004），「バブル発生の政治経済学 — 一九八五年〜一九八九年の金融政策：制度，選好，マクロ経済政策 —」，『レヴァイアサン』34，2004年春，木鐸社。

竹中治堅（2005a），「地価バブルへの対応はなぜ遅れたか —— 東京の問題が日本の問題に転じるまで」，村松岐夫編著，『平成バブル先送りの研究』，東洋経済新報社。

竹中治堅（2005b），「日本型分割政府と法案審議 — 拒否権プレーヤーと『金融国会』再論 —」，『選挙学界紀要』第5号。

竹中平蔵（2006），『構造改革の真実 竹中平蔵大臣日誌』，日本経済新聞社。

田中素香（1996），「後期EMS —— 資本移動自由化，通貨統合，中心・周辺問題」，同編，『EMS—欧州通貨制度—』，有斐閣，138-167頁。

田中素香編著（2010），『世界経済・金融危機とヨーロッパ』，勁草書房。

チャールズ・P・キンドルバーガー（2004），『熱狂，恐慌，崩壊 —— 金融恐慌の歴史』，吉野俊彦・八木甫訳，日本経済新聞社。

チャールズ・P・キンドルバーガー & ロバート・Z・アリバー（2014），『熱狂，恐慌，崩壊［原著第6版］金融危機の歴史』，高遠裕子訳，日本経済新聞社。

德丸浩（2018），「1990年代における金融危機管理のケース分析」，『金融危機管理の成功と失敗』，日本評論社，75-121頁。

戸矢哲朗（2003），『金融ビッグバンの政治経済学 — 金融と公共政策策定における制度変化』，東洋経済新報社。

内閣府政策統括官室（経済財政分析担当）（2009a），『世界金融・経済危機の現況 —世界経済の潮流 2009年 I—』，平成21年6月。

内閣府政策統括官室（経済財政分析担当）（2009b），『世界経済の潮流 2009年 II —雇用危機下の出口戦略：景気回復はいつ？ 出口はどのように？—』，平成21年11月。

内藤純一（2002），「平成デフレと1930年代米国の大恐慌との比較研究—信用経済がもたらす影響を中心に」，『PRI Discussion Paper Series』，No. 02A-12，2002年4月，財務省財務総合政策研究所。

中井省（2002），『やぶにらみ金融行政』，財経詳報社。

西川善文（2011），『ザ・ラストバンカー 西川善文回顧録』，講談社。

西村吉正（1999），『金融行政の敗因』，文藝春秋。

西村吉正（2003），『日本の金融制度改革』，東洋経済新報社。

西村吉正（2009），「不良債権処理政策の経緯と論点」，池尾和人編，『バブル／デフレ期の日本経済と経済政策 4 不良債権と金融危機』，慶応義塾大学出版会，251-283頁。

西野智彦（2001），『検証 経済迷走 — なぜ危機が続くのか』，岩波新書。

西野智彦（2003），『検証 経済暗雲 — なぜ先送りするのか』，岩波新書。

西畑一哉（2012），「平成金融危機における責任追及の心理と真理 — Public Anger（世論の怒り）の発生とその対処 —」，『信州大学経済学論集』，第63号，41-122頁。

日本経済新聞社（2000a），『検証バブル 犯意なき過ち』，日本経済新聞社。

日本経済新聞社（2000b），『金融迷走の10年 ― 危機はなぜ防げなかったのか』，日本経済新聞社。

日本経済新聞社（2009），『大収縮 検証・グローバル危機』，日本経済新聞社。

日本経済新聞社（2014），『リーマン・ショック 5年目の真実』，日本経済新聞社。

野口瑞昭・丸山秀文（2007）「資本増強関連業務」，『預金保険研究』，2007年4月，41-78頁

服部泰彦（2001），「長銀の経営破綻とコーポレート・ガバナンス」，『立命館経営学』，第40巻第4号，2001年11月，31-68頁

服部泰彦（2003），「拓銀の経営破綻とコーポレート・ガバナンス」，『立命館経営学』，第41巻第5号，2003年1月，1-32頁。

原和明（2009），「米国における銀行破綻処理」，『預金保険研究』，2009年4月，預金保険機構，92-94頁。

氷見野良三（2005），『検証 BIS規制と日本』，第2版，金融財政事情研究会。

氷見野良三（2011），「金融危機後における国際基準設定過程の変化とわが国の対応」，日本国際経済法学会編，『日本国際経済法学会年報』，第20号，法律文化社，54-68頁。

深尾京司・金榮愨（2009），「生産性・資源配分と日本の成長」，深尾京司編，『バブル／デフレ期の日本経済と経済政策1 マクロ経済と産業構造』，慶應義塾大学出版会，323-358頁。

深尾光洋（2007），「失われた10年における銀行監督と会計」，『三田商学研究』，第50号第4巻，慶應義塾大学商学部，15-37頁。

深尾光洋（2009），「サブプライムローン問題と金融市場」，『学術の動向』，第14巻6号，2009年6月，58-67頁。

淵田康之（1998），「ヘッジファンド問題の行方」，『資本市場クォータリー』，1998年秋号，野村資本市場研究所。

ベン・バーナンキ（2012），『連邦準備制度と金融危機 バーナンキFRB理事会議長による大学生向け講義録』，小谷野俊夫訳，一灯舎。

ベン・バーナンキ（2013），『大恐慌論』，栗原潤・中村亨・三宅敦史訳，日本経済新聞社。

星岳雄，アニル・カシャップ（2005），「銀行問題の解決法：効くかもしれない処方箋と効くはずのない処方箋」，伊藤隆俊，H・パトリック，D・ワインシュタイン編，『ポスト平成不況の日本経済』，日本経済新聞社，139-178頁。

真渕勝（1997），『大蔵省はなぜ追いつめられたのか―官政関係の変貌』，中央公論社。

みずほ総合研究所（2010），「みずほ米州インサイト 米国金融危機対応の成果と課題 ～オバマ政権1年間の総決算～」，2010年2月23日。

みずほ総合研究所（2011），「日本化現象のグローバル化 ～ 日本化現象は日本固有のものではない，日本化現象が世界にもたらすものはなにか ～」，『みずほリポート』，2011年10月27日

三菱東京UFJ銀行（2008），「グローバル金融危機の行方 ～ 主要国の金融危機分析からの視点 ～」，『経済レビュー』，2008年11月6日，No. 2008-14。

宮尾龍蔵（2004），「銀行機能の低下と90年代以降のデフレ停滞 ――「貸し渋り」説と「追い貸し」説の検討」，浜田宏一・堀内昭義・内閣府経済社会総合研究所編，『論争 日本の経済危機 ―― 長期停滞の真因を解明する』，日本経済新聞社，217-243頁。

武藤敏郎編著（2010），『甦る金融―破綻処理の教訓』，金融財政事情研究会。

村松岐夫・奥野正寛編（2002），『平成バブルの研究』，東洋経済新報社。

藻谷浩介（2010），『デフレの正体 ―― 経済は「人口の波」で動く』，角川書店。

山口和之（2014），「銀行の投資業務の分離をめぐる欧米の動向」，『レファレンス』，平成26年3月号，

国立国会図書館，7-33頁。

山家悠紀夫（2004），「1997-1998年の景気下降と財政政策の効果」，浜田宏一・堀内昭義・内閣府経済社会総合研究所編，『論争　日本の経済危機 —— 長期停滞の真因を解明する』，日本経済新聞社，132-140頁。

預金保険機構（1998），『平成9年度預金保険機構年報』，預金保険機構。

預金保険機構（2007），『平成金融危機への対応 — 預金保険はいかに機能したか』，金融財政事情研究会。

預金保険機構（2009），『預金保険研究「諸外国における銀行破綻処理と金融危機への対応」』，第10号，2009年4月。

預金保険機構（2020），『令和元年度預金保険機構年報』，預金保険機構。

吉川洋（2013），『デフレーション』，日本経済新聞出版社。

吉冨勝（1998），『日本経済の真実 — 通説を超えて』，東洋経済新報社。

リチャード・クー（1998）『金融危機からの脱出—沈みゆく日本経済をどう救うか』，PHP研究所。

渡邉将史（2017），「金融行政の現状と課題 — 転換期にある金融行政 —」，『立法と調査』，2017年11月No. 394，参議院調査室，18-32頁。

〔英語文献〕

Admati, Anat（2009）. "Lecture note for the class of Finance", Stanford Graduate School of Business.

Admati, Anat and Martin Hellwig（2013）, *The Bankers' New Clothes : What's Wrong With Banking and What to Do About It*. Princeton University Press.

Almunia, Miguel, Agustín S. Bénétrix, Barry Eichengreen, Kevin H. O. Rourke and Gisela Rua. （2009）, "From Great Depression to Great Credit Crisis: Similarities, Differences and Lessons", Presented at the 50th Economic Policy Panel Meeting, held in Tilburg on October 23-24, 2009.

Amyx, Jennifer（2001）, "Informality and Institutional Inertia: The Case of Japanese Financial Regulation", *Japanese Journal of Political Science*, p 47-66. United Kingdom: Cambridge University Press, 2001.

Aoki, Masahiko（1988）, *Information, Incentives, and Bargaining in the Japanese Economy*. Cambridge University Press.

Ball, Laurence M.（2018）, *The Fed and Lehman Brothers: Setting the Record Straight on a Financial Disaster*. Cambridge University Press.

Berger, Allen N. Christa H.S. Bouwman, Thomas Kick and Klaus Schaeck（2016）, "Bank liquidity creation following regulatory interventions and capital support", *Journal of Financial Intermediation*, Volume 26, April 2016, pp. 115-141.

Berger, Allen N. and Raluca A. Roman（2016）, "Did TARP Banks Get Competitive Advantages?", *The Journal of Financial and Quantitative Analysis*, Vol. 50, No. 6, December 2015, pp. 1199-1236.

Berger, Allen N. and Raluca A. Roman（2017）, "Did Saving Wall Street Really Save Main Street? The Real Effects of TARP on Local Economic Conditions", *Journal of Financial and Quantitative Analysis*, Volume 52, Issue 5, October 2017, pp.1827-1867.

Berger, Allen N.（2018）, "The Benefits and Costs of the TARP Bailouts: A Critical Assessment", *The Quarterly Journal of Finance*. Vol. 08, No. 02, pp. 1-29.

Berger, Allen N. and Raluca A. Roman（2020）*TARP and other Bank Bailouts and Bail-Ins around the World: Connecting Wall Street, Main Street, and the Financial System*, Academic Press.

Bernanke, Ben (2000), "Japanese Monetary Policy: A Case of Self-Induced Paralysis?" in Adam S. Posen and Ryoichi Mikitani, editors, *Japan's Financial Crisis and Its Parallels to U.S. Experience*, Washington, DC: Institute for International Economics.

Bernanke, Ben S. (2015), *The Courage to Act : A Memoir of a Crisis and Its Aftermath*. W. W. Norton & Company.

Bisignano, Joseph R., William C. Hunter, George G. Kaufman and Fereral Reserve Bank of Chicago, editors (2000), *Global Financial Crises: Lessons From Recent Events*, Kluwer Academic Publishers.

Black, Lamont K. and Lieu N. Hazelwood (2013), "The effect of TARP on bank risk-taking", *Journal of Financial Stability*, vol. 9, issue 4, pp. 790-803.

Blinder, Alan S. (2013), *After the Music Stopped : The Financial Crisis, the Response, and the Work Ahead*. The Penguin Press.

Boskin, Michael (2009), "Of Banks and Bailouts", *Project Syndicate*, July 2009.

Brady, Nicholas F. Eugene A. Lndwig and Paul A. Volcker (2008), "Resurrect the Resolution Trust Corp.", *Wall Street Journal*, September 17, 2008.

Brei, Michael, Leonardo Gambacorta and Goetz von Peter (2013), "Rescue packages and bank lending", *Journal of Banking & Finance*, Volume 37, Issue 2, February 2013, pp. 490-505.

Buffet, Warren E. (2010), "Pretty Good for Government Work", *The New York Times* (online), November 16, 2010.

Bulow, Jeremy (2011), "Lecture note for the class of The Financial Crisis", Stanford Graduate School of Business.

Caballero, Ricardo J., Takeo Hoshi and Anil K. Kashyap (2008), "Zombie lending and depressed restructuring in Japan", *American Economic Review* Vol. 98, No. 5, pp. 1943-1977.

Calderon, Cesar and Klaus Schaeck (2016), "The Effects of Government Interventions in the Financial Sector on Banking Competition and the Evolution of Zombie Banks", *Journal of Financial and Quantitative Analysis*, Vol. 51, No 4, August 2016, pp.1391-1436.

Cargill, Thomas F., Michael M. Hutchison and Takatoshi Ito (2001), *Financial Policy and Central Banking in Japan*, MIT Press.

Congressional Budget Office (2015), "Estimated Impact of the American Recovery and Reinvestment Act on Employment and Economic Output in 2014", February 2015.

Cukierman, Alex (2019), "A retrospective on the subprime crisis and its aftermath ten years after Lehman's collapse", *Economic Systems*, Volume 43, Issues 3-4, September-December 2019, pp. 1-20.

Diamond, Douglas W. and Raghuram G. Rajan (2011), "Fear of Fire Sales, Illiquidity Seeking, and Credit Freezes", *The Quarterly Journal of Economics*, Volume 126, Issue 2, May 2011, pp. 557-591.

Duchin, Ran and Denis Sosyura (2014), "Safer ratios, riskier portfolios: Banks' response to government aid", *Journal of Financial Economics*, Volume 113, Issue 1, July 2014, pp. 1-28.

Dunbar, Nicholas (2000), *Inventing money: the story of Long-term Capital Management and the legends behind it*. John Wiley & Sons.

Fackler, Martin (2010), "Japan Goes From Dynamic to Disheartened", *The New York Times*. October 16, 2010.

Financial Crisis Inquiry Commission (2011), *The Financial Crisis Inquiry Report: Final Report of the National Commission on the Causes of the Financial and Economic Crisis in the United States*, Official Government Edition.

Fincancial Service Authority (2009), *The Turner Review : A regulatory response to the global banking crisis*, March 2009, London.

Geithner, Timothy (2014), *Stress Test : Reflections on Financial Crises.* Random House Business Books.

Grimes, William (2001), *Unmaking the Japanese Miracle: Macroeconomic Politics, 1985-2000*, Ithaca: Cornell University Press.

Himino, Ryozo (2021) *The Japanese Banking Crisis.* Palgrave Macmillan.

Hoshi, Takeo and Anil K. Kashyap (2010), "Will the U.S. bank recapitalization succeed? Eight lessons from Japan", *Journal of Financial Economics.* Vol. 97 (3). pp. 398-417.

Hryckiewicz, Aneta (2014), "What do we know about the impact of government interventions in the banking sector? An assessment of various bailout programs on bank behavior", *Journal of Banking & Finance.* Volume 46, September 2014, pp. 246-265.

International Monetary Fund (1998), *World Economic Outlook - Financial Crises : Causes and Indicators.* May 1998.

International Monetary Fund (2003), *Japan: Financial System Stability Assessment and Supplementary Information.* September 2003.

International Monetary Fund (2008), *World Economic Outlook - Financial Stress, Downturns, and Recoveries.* October 2008.

International Monetary Fund (2009), *Grobal Financial Stabilty Report: Navigating the Financial Challenges Ahead.* October 2009.

Ingves, Stefan (1999), "Swedish Experiences and Solution Procedure of Non-Performing Loan Problem including its Macroeconomic Impact", 内閣府経済社会総合研究所,「エコノミック・リサーチ」7号, July 1999。

Johnson, Simon and James Kwak (2010), *13 Bankers : The Wall Street Takeover and the Next Financial Meltdown*, Pantheon Books, New York.

Katz, Richard (2003), *Japanese Phoenix: The Long Road to Economic Revival*, Armonk and London : M.E. Sharpe.

Katz, Richard (2009), "The Japan Fallacy: Today's U.S. Financial Crisis Is Not Like Tokyo's "Lost Decade" ", *Foreign Affairs*, March/April 2009.

Kindleberger, Charles P. (2000), *Manias, Panics, and Crashes: A History of Financial Crises.* 4th edition. Hoboken, NJ : John Wiley & Sons.

Kindleberger, Charles P. and Robert Z. Aliber (2015), *Manias, Panics, and Crashes: A History of Financial Crises.* 7th edition. Palgrave Macmillan.

Koo, Richard (2009), *The Holy Grail of Macroeconomics: Lessons from Japan's Great Recession*, Singapore : John Wiley & Sons (Asia).

Krugman, Paul (1998), "Setting Sun - Japan: What went wrong? ", *Slate,* June 12, 1998.

Krugman, Paul (2008), *The Return of Depression Economics and the Crisis of 2008*, Penguin Books.

Krugman, Paul (2014), "Apologizing to Japan", *The New York Times,* Oct. 30, 2014.

Laeven, Luc, and Fabian Valencia (2008), "Systemic Banking Crises: A New Database", IMF

Working Paper, WP/08/224. Washington : International Monetary Fund.

Li, Lei (2013), "TARP funds distribution and bank loan supply", *Journal of Banking & Finance*, Volume 37, Issue 12, December 2013, pp. 4777-4792.

Lipscy, Phillip Y. and Hirofumi Takinami (2013), "The Politics of Financial Crisis Response in Japan and the United States", Japanese Journal of Political Science, Cambridge University Press, Vol. 14 Part 3, pp. 321-353, Sep. 2013.

Lipscy, Phillip Y. (2018), "Democracy and Financial Crisis", *International Organization*, Volume 72, Issue 4, Fall 2018, pp. 937-968.

McDonald, Lawrence G. and Patrick Robinson (2009), *A Colossal Failure of Common Sense: The Inside Story of the Collapse of Lehman Brothers*, Ebury Press.

Madsen, Robert and Richard Katz (2009), "Comparing Crises: Is the Current Economic Collapse Like Japan's in the 1990s? ", *Foreign Affairs*, May/June 2009.

Milne, Richard (2011), "West Shows worrying signs of 'Japanisation' ", *Financial Times*, August 20, 2011.

Mishkin, Frederic S. (2012), *The Economics of Money, Banking, and Financial Markets*. 10th edition. Princeton Hall.

Mishkin, Frederic S. (2018), *The Economics of Money, Banking, and Financial Markets*. 12th edition. Pearson.

Mourdoukoutas, Panos (2011), "What the Japanization of the World Economy means for Stocks, Bonds, and Commodities", *Forbes*, July 29, 2011.

Muramatsu, Michio and Ellis S. Krauss (1987), "The Conservative Policy Line and the Development of Patterned Pluralism.", Kozo Yamamura et al. eds. *The Political Economy of Japan Vol.1: The Domestic Transformation*. Stanford University Press

Nakaso, Hiroshi (2001), "The financial crisis in Japan during the 1990s: how the Bank of Japan responded and the lessons learnt", BIS Papers No. 6, October 2001, Bank of International Settlements.

Nishimura, Kiyohiko G. (2009), " "The Past Does Not Repeat Itself, But It Rhymes" : Four Lessons Learned from the Financial Crises", Remarks at the Panel Session "Responding to the Financial Crises : Lessons Learned" at the 45th Annual Conference on Bank Structure and Competition sponsored by the Federal Reserve Bank of Chicago, May 8, 2009, Bank of Japan.

Obstfeld, Maurice and Kenneth Rogoff (2009), "Global Imbalances and the Financial Crisis: Products of Common Causes", Prepared for the Federal Reserve Bank of San Francisco Asia Economic Policy Conference, Santa Barbara, CA, October 18-20, 2009.

Office of the Special Inspector General for the Troubled Asset Relief Program (SIGTARP) (2016), *Quarterly Report to Congress*, January 28, 2016.

Paulson, Henry M. Jr. (2010), *On the Brink: Inside the Race to Stop the Collapse of the Global Financial System*. Grand Central Publishing.

Philippon, Thomas and Philipp Schnabl (2013), "Efficient Recapitalization", *The Journal of Finance*, Volume 68, Issue 1, pp. 1-42.

Posen, Adam S. (1998), *Restoring Japan's Economic Growth*, Washington, DC : Institution for International Economics.

Posen, Adam S. (2010), "The Realities and Relevance of Japan's Great Recession: Neither Ran nor

Rashomon", For STICERD (Suntory and Toyota International Centres for Economics and Related Disciplines) Public Lecture, London School of Economics, May 24, 2010.

Reinhart, Carmen and Kenneth Rogoff (2009), *This Time is Different: Eight Centuries of Financial Folly*, Princeton: Princeton University Press.

Rosas, Guillermo (2009), *Curbing Bailouts : Bank Crises and Democratic Accountability in Comparative Perspective.* Ann Arbor, Michigan : University of Michigan Press.

Scott, Kenneth E., George P. Shultz and John B. Taylor, editors (2010), *Ending Government Bailouts as We Know Them*, Stanford : Hoover Institution Press Publication.

Sorkin, Andrew Ross (2010), *Too Big to Fail : The Inside Story of How Wall Street and Washington Fought to Save the Financial System-and Themselves*, (updated ed.) New York : Viking Penguin.

Stiglitz, Joseph E. (2010), *Freefall: America, Free Markets, and the Sinking of the World Economy*, New York : W. W. Norton & Company.

Syed, Murtaza, Kenneth Kang, and Kiichi Tokuoka (2009), " "Lost Decade" in Translation : What Japan's Crisis could Portend about Recovery from the Great Recession". IMF Working Paper, WP/09/287. Washington : International Monetary Fund.

Takinami, Hirofumi (2011a), "Political Economy of the Financial Crises in Japan and the United States : A Comparative Study on the Bailout of Financial Institutions", *Public Policy Review*, Policy Research Instuitute, Ministry of Finance, Japan, Vol. 7, No.1, Jun. 2011. pp. 153-173.

Takinami, Hirofumi (2011b), "Political Economy of the Financial Crises in Japan and the United States: Why the Difference in Speed to Respond and Recover?", the annual research paper as 2010-2011 Visiting Fellow, Shorenstein APARC (Asia-Pacific Research Center), Stanford University.

Taylor, John B. (2009), *Getting Off Track: How Government Actions and Interventions Caused, Prolonged, and Worsened the Financial Crisis*, Stanford : Hoover Institution Press.

Tett, Gillian (2009), *Fool's Gold: How the Bold Dream of a Small Tribe at J.P. Morgan Was Corrupted by Wall Street Greed and Unleashed a Catastrophe.* Free Press.

Tett, Gillian (2011), "America's six key lessons for the creation of 'euro Tarp'. ", *Financial Times.* October 7, 2011.

Walker, David (2009), *A Review of Corporate Governance in UK Banks and other Financial Industry Entities, Final Recommendations*, November 26, 2009.

Wessel, David (2009), *In Fed We Trust: Ben Bernanke's War on the Great Panic.* New York : Crown Business.

Williamson, John (1989), "What Washington Means by Policy Reform", in John Williamson, editor, *Latin American Readjustment : How Much has Happened*, Washington : Institute for International Economics.

索　引

【著者紹介】

滝波　宏文（たきなみ　ひろふみ）

参議院議員（福井県選出）。元 経済産業大臣政務官, 財務省広報室長, スタンフォード大学客員研究員, 財務総合政策研究所客員研究員。米国公認会計士（US CPA）。1971年福井県生まれ。福井県立大野高校, 東京大学法学部卒。シカゴ大学大学院公共政策学科修了, 修士（MPP）取得。本論文により, 早稲田大学大学院アジア太平洋研究科修了, 博士（PhD）取得。

1994年大蔵省入省後, 内閣参事官補佐（内政総括担当）, 財務省の主計局主査, 人事企画室長, 首席監察官等を歴任。2012年財務省を退官し, 退路を断ってふるさと福井に戻る。自民党福井県連初の公募・党員投票を経て公認を得, 2013年参議院議員 初当選。2019年再選。参議院にて経済産業委員会 筆頭理事, 予算委員会理事 等, 自民党にて財政金融副部会長, 「企業等への資本性資金の供給PT」事務局次長 等, 参院自民党の青年局代表, 政策審議副会長 等を歴任。

現在,〈自民党〉金融調査会 事務総長代行／原子力規制特別委員会 幹事長／税制調査会 幹事,〈参議院〉総務委員会 筆頭理事／資源エネルギー調査会 筆頭理事,〈参院自民党〉国会対策副委員長。

主な著作に, "The Politics of Financial Crisis Response in Japan and the United States"（*Japanese Journal of Political Science,* Cambridge University Press, Sep. 2013。Phillip Lipscyとの共著）。

「勤勉・正直・感謝」が信条。趣味は, スキー, 福井のお国自慢。福井県山林協会会長。

日米金融危機の政治経済学
～平成金融危機&リーマン・ショック　7つの教訓～

2022年10月10日　第1版第1刷発行

著　者　滝　波　宏　文
発行者　山　本　　　継
発行所　㈱中　央　経　済　社
発売元　㈱中央経済グループ
　　　　パ ブ リ ッ シ ン グ

〒101-0051　東京都千代田区神田神保町1-31-2
電話　03 (3293) 3371 (編集代表)
　　　03 (3293) 3381 (営業代表)
https://www.chuokeizai.co.jp
印刷／三 英 印 刷 ㈱
製本／㈲ 井 上 製 本 所

© 2022
Printed in Japan